TOREY L. HAYDEN

la Figlia della Tigre

SUPER POCKET

Titolo originale:
The Tiger's Child
Traduzione di Silvia Piraccini

Edizione su licenza della Casa Editrice Corbaccio

ISBN 88-462-0101-9

L'editore ringrazia la Casa Editrice Bompiani per l'autorizzazione a pubblicare i brani tratti da *Il piccolo principe* di Antoine de Saint-Exupéry

Prologo

Fu un momento di *déjà vu*.

Ero a casa, a trovare mia madre nel Montana, e una domenica mattina ero uscita a passeggiare da sola mentre lei e la mia bambina erano andate a nuotare. Erano appena passate le undici e stavo camminando per il centro commerciale. Con i negozi ancora quasi tutti chiusi, l'ampio viale, illuminato soltanto dalle luci di sicurezza, aveva un'aria spettrale.

A un tratto la vidi. Se ne stava in piedi un po' più in là, sul viale, all'ombra di una piantatrice. I capelli, lunghi e scompigliati, le coprivano le spalle; la frangetta le arrivava fin sugli occhi; le labbra, piene e sensuali, sporgevano in un tragico broncio. Aveva le braccia incrociate sul petto, strette l'una contro l'altra, e una feroce espressione di sfida in faccia; eppure c'era un che di commovente, in quella sua ferocia. Immagino che sapesse già che non avrebbe vinto. Avevo percorso un bel tratto di viale, quando la vidi, ma la riconobbi all'istante, tanto che sentii l'adrenalina entrarmi a fiotti nelle vene. *Sheila*.

Uno o due secondi dopo, mi ripresi. Ovvio che non era Sheila. Erano passati più di vent'anni da quel tiepido pomeriggio di giugno in cui l'avevo vista andarsene dalla mia classe. I tempi della scuola, almeno per il momento, me li sono lasciati alle spalle e, a malincuore, ho barattato la giovinezza con la mezza età. Eppure, per quei pochi istanti, al centro commerciale, gli anni scomparvero. Mi sentii trasportare indietro nel tempo, agli anni Settanta e ai miei vent'anni, tornando a essere la lavoratrice incallita di allora, nel mondo di allora.

Poi cominciò a imporsi la realtà, posandosi sull'episodio come un trasparente posato su una pagina. Mi avvicinai incuriosita alla bambina e, quando le fui accanto, finsi interesse per una vetrina per poterla osservare senza che se ne accorgesse. Era più grande della Sheila di allora. Poteva avere sette, otto anni. Aveva i capelli più scuri, castano-cenere più che biondi.

La mia vicinanza non diminuì affatto la sua rabbia. Ero un'estranea, così mi ignorò, concentrando tutta la sua attenzione sulla porta aperta del grande magazzino, gigantesco, alle mie spalle. Non riuscivo a vedere chi l'aveva sconvolta tanto. Chiunque fosse, era sparito nel grande magazzino, ma lei continuava a starsene lì, in piedi, con i pugnetti chiusi e i capelli arruffati che le scendevano sulla fronte, a sprizzare una rabbia disperata e impotente. Io rimasi dov'ero, silenziosa, a un paio di metri di distanza, a meravigliarmi di come un incontro da poco come quello potesse cancellare tanti anni, di come Sheila potesse ancora farmi battere tanto forte il cuore.

* * *

Sheila e io siamo state insieme soltanto cinque mesi, come allieva e insegnante. In quel breve periodo, il nostro rapporto produsse cambiamenti straordinari nel comportamento di Sheila e trasformò il corso della sua vita. Ma grandi cambiamenti li ebbi anch'io, e la mia vita, anche se questo, allora, non fu altrettanto evidente. Quella bambina così piccola ebbe un effetto profondo su di me. Il suo coraggio, la sua capacità di recupero, la sua involontaria propensione a esprimere quella fame di amore che tutti quanti proviamo, in breve, la sua umanità, mi fece scoprire la mia.

Quei cinque mesi in cui Sheila frequentò la mia classe li ho raccontati in *Una bambina*. Era un libro privato, che avevo cominciato a scrivere senza pensare affatto alla pubblicazione, ma soltanto per sforzarmi di capire meglio un rapporto che mi toccava tanto profondamente. Allora insegnavo all'università, dove tenevo un corso post-laurea in educazione speciale, ed è a una studentessa di quella classe che devo i miei ringraziamenti. L'ultimo giorno del corso mi regalò un libro di Ron Jones, *The Acorn People*. Sulla prima pagina aveva scritto: «A Torey, con la speranza che un giorno possa scrivere di Sheila, Leslie e tutti gli altri».

Una bambina, tradotto in ventidue lingue, ha fatto il giro del mondo e mi ha messa in contatto con persone di ogni paese, dalla Svezia al Sud Africa, da New York a Singapore. Un lettore mi ha scritto da una base in Antartide; decine di lettere mi sono arrivate dall'altra parte della cortina di ferro prima che cadesse; e ho da poco rapporti epistolari su *Una bambina* con la Cina continentale. La gioia con cui tutti hanno visto Sheila crescere e cambiare ha necessariamente prodotto una domanda, sempre la stessa: e dopo, che cosa è successo?

Una bambina è una storia vera, tratta dalle esperienze reali di persone reali. Se ho esitato a scriverne un seguito, è semplicemente perché Sheila, a sei anni, era tanto affascinante, e il periodo trascorso insieme era stato tanto costruttivo. E infatti, il mio *editor* di *Una bambina* mi propose addirittura di stralciare, nell'epilogo, la narrazione di quanto era successo a Sheila dopo che ci eravamo lasciate. È raro che la vita reale sia soddisfacente quanto un'opera narrativa, o quanto un'opera non narrativa giudiziosamente rivista, ed era opinione diffusa che il periodo tra lo scioglimento della mia classe e il momento in cui avevo scritto *Una bambina* fosse un finale troppo cupo per una storia tanto lieta. Così, il libro si concludeva con la bella poesia di Sheila ma non forniva ulteriori dettagli.

Ora ho cambiato idea, non soltanto per via delle innumerevoli richieste da parte dei miei lettori, ma anche per Sheila, che, nonostante lo svantaggio iniziale, è diventata una giovane donna affascinante e in grado di esprimersi articolatamente. Quei cinque mesi trascorsi insieme ebbero davvero un effetto profondo su di lei, ma *Una bambina*, contrariamente alle mie intenzioni, raccontava soprattutto la mia storia. Per Sheila l'esperienza fu molto diversa, ed ecco qui, per citare Paul Harvey, il resto della storia.

PARTE PRIMA

1

L'articolo di giornale era brevissimo, considerato il crimine. Parlava di una ragazzina di sei anni che aveva attirato un bimbo del vicinato fuori dal suo cortile e, dopo averlo portato in un giardinetto del luogo, l'aveva legato a un albero e gli aveva dato fuoco. Il piccolo, gravemente ustionato, era in ospedale. La notizia era poco più di un trafiletto sotto i fumetti a pagina sei. La lessi e, disgustata, voltai pagina.

Sei settimane dopo mi telefonò Ed, direttore della sezione classi speciali. Erano i primi di gennaio, il primo giorno di scuola dopo le vacanze di Natale. «Arriverà una bambina nuova nella tua classe. Ricordi la ragazzina che ha dato fuoco a quel bimbo in novembre...?»

* * *

Insegnavo in quella che, nel nostro distretto, veniva affettuosamente chiamata «classe pattumiera». Era l'anno prima che venisse introdotta la legge nazionale di «integrazione», in base alla quale tutti i bambini difficili sarebbero stati educati in un ambiente che fosse il meno restrittivo possibile; così, nel nostro distretto c'era ancora la miriade di aulette per le classi speciali, ciascuna per provvedere alle necessità di un diverso disturbo. C'erano classi per gli handicappati fisici, per i ritardati mentali, per chi aveva disturbi del comportamento, per i ciechi... per ogni disturbo, una classe. Io avevo gli altri otto bambini, quelli esclusi da ogni possibile classificazione. Erano tutti emotivamente labili, ma molti anche mentalmente o fisicamente handicappati. Di quegli otto bambini, cinque maschi e tre femmine, tre non erano capaci di parlare, una ne era capace ma non voleva e un'altra, quando parlava, ripeteva soltanto parole dette da altri. Tre portavano ancora i pannolini e altri due si bagnavano regolarmente. Come previsto dalla legge dello stato, all'inizio dell'anno fui affiancata da un assistente, perché avevo il numero massimo di bambini gravemente disturbati; ma, contrariamente alle aspettative, il mio non risultò essere uno di quegli assistenti brillanti e laboriosi che la scuola aveva già assunto in passato. Il mio era un lavoratore stagionale messico-americano; si chiamava Anton ed era stato pescato dalla lista degli aventi diritto all'assistenza dello stato. Non era mai riuscito a prendere il diploma di scuola superiore, e prima di allora non era mai nemmeno rimasto a nord tutto l'inverno, e di certo non aveva mai cambiato pannolini a un bambino di sette anni. Il solo aiuto che avevo, oltre al suo, era quello che mi dava Whitney, una studentessa delle superiori, una quattordicenne, che rinunciava alle ore di doposcuola per fare volontariato nella nostra classe.

Non avevamo proprio l'aria di una squadra promettente, e all'inizio il caos era all'ordine del giorno; tuttavia, col passare del tempo ci trasformammo. Anton si rivelò sensibile e volenteroso, e il suo attaccamento ai bambini si fece evidente già nelle prime settimane. I bambini, a loro volta, reagirono bene al fatto di avere un uomo in classe e insieme si diedero forza l'un l'altro. Qualche volta, la giovane età di Whitney la rendeva più simile ai bambini che non a una del corpo insegnante, ma il suo entusiasmo era contagioso e ci aiutava a considerare i frequenti incidenti che capitavano delle avventure, piuttosto che i disastri che in realtà erano. I bambini crebbero e cambiarono, e a Natale eravamo diventati un gruppetto unito. E proprio adesso, Ed mi mandava un candelotto di dinamite di sei anni.

* * *

Si chiamava Sheila. Arrivò il lunedì seguente, trascinata in classe da Ed, mentre il preside li seguiva preoccupato, sventolando le mani dietro di lei come se l'aria potesse spingerla in classe. Era una bambina piccolissima, con gli occhi feroci e i capelli biondi lunghi e arruffati, e puzzava. Fui sbalordita nel vederla così piccola. Considerata la sua cattiva fama, me l'ero aspettata decisamente più robusta. Invece non poteva essere molto più grande del bimbo di tre anni che aveva rapito.

Rapito? La osservai attentamente.

La burocrazia è quella che è, nei distretti scolastici, e la cartella di Sheila non arrivò prima di lei; così, il primo giorno, quando andò a pranzo, Anton e io approfittammo di quel momento per scendere in ufficio a dare un'occhiata veloce.

La nostra città, Marysville, era molto vicina a un grande ospedale psichiatrico e a un penitenziario statale, e questo, oltre alla presenza dei lavoratori stagionali, aveva creato un sottoproletariato di proporzioni enormi; molti abitanti vivevano in condizioni di spaventosa povertà. Le abitazioni del campo degli stagionali erano state concepite come alloggi estivi temporanei, e molte non erano altro che, letteralmente, pezzi di legno e carta catramata, sprovviste delle comodità più elementari; ma d'inverno si affollavano degli stagionali che non potevano permettersi niente di meglio. Era là che Sheila viveva col padre.

Tossicodipendente e alcolista, il padre aveva trascorso gran parte dei primi anni della vita di Sheila dentro e fuori dal carcere. Non aveva un lavoro. In quel momento era in libertà vigilata e stava seguendo un programma di disintossicazione dall'alcol, ma non faceva molto di più.

La madre di Sheila aveva soltanto quattordici anni quando, dopo essere scappata di casa, si era messa col padre di Sheila ed era rimasta incinta. Sheila era nata due giorni prima che sua madre compisse quindici anni. Diciannove mesi dopo era arrivato un secondo figlio, un maschio. Il fascicolo non diceva molto di più, riguardo alla madre, anche se non era difficile leggere tra le righe storie di droga, alcol e violenza tra le pareti domestiche. In ogni modo, alla fine doveva averne avuto abbastanza, perché, quando Sheila aveva solo quattro anni, la ragazza lasciò la famiglia. Da quelle brevi osservazioni si capiva che aveva intenzione di portare via con sé tutt'e due i figli, ma poi la polizia trovò Sheila abbandonata in un tratto isolato dell'autostrada, a una cinquantina di chilometri dalla città. Della madre e del fratellino, Jimmie, non si seppe più nulla.

Il grosso del fascicolo forniva particolari sul comportamento di Sheila. A casa, a quanto pareva, il padre non riusciva a controllarla. Era stata trovata più di una volta in giro per il campo in piena notte. L'episodio incendiario aveva dei precedenti, e la bambina era stata citata tre volte per danni dalla polizia locale: non c'era male per una ragazzina di sei anni. A scuola, spesso Sheila si rifiutava di parlare; così, dal fascicolo non si capiva che cosa e quanto avesse appreso. Prima del «rapimento» del bambino, aveva frequentato l'asilo e poi la prima elementare nella scuola accanto al campo, ma le valutazioni non erano riportate nel fascicolo. Al posto dei soliti risultati dei test e delle schede di apprendimento, c'era una lunga serie di orrori che circostanziavano il comportamento distruttivo e spesso violento di Sheila.

Il fascicolo si concludeva con un breve riassunto del rapimento del bambino. Il giudice aveva stabilito che, poiché i genitori non erano in grado di controllarla, la soluzione migliore era sistemarla in un reparto di sicurezza, dove i suoi problemi avrebbero potuto essere affrontati meglio. Il reparto di cui parlava era il reparto pediatrico dell'ospedale psichiatrico dello stato. Purtroppo, al momento dell'udienza il reparto era al completo, così Sheila avrebbe dovuto aspettare che si liberasse un posto. Su un foglietto allegato, che portava una data più recente, si diceva che, considerate l'età della bambina e la legge, bisognava darle una qualche forma di istruzione, ma, riguardo a questo, nessuno aveva fatto spreco di parole. La bambina era in stato di fermo. Questo significava che per il momento doveva andare a scuola, ma io non ero tenuta a insegnare, a lei. Con l'arrivo di Sheila, la mia classe si era trasformata in un distaccamento della prigione.

La giovinezza era la mia riserva più grande, in quella fase della mia carriera. Ancora infervorata dagli ideali, ero fermamente convinta che non esistessero bambini difficili, ma solo una società difficile. Se all'inizio avevo accettato Sheila con riluttanza, non era stato per la bambina in sé, ma perché la mia classe era fin troppo numerosa e le mie risorse ai limiti. Così, quando arrivò, la considerai una mia alunna, e la *mia* classe non era una prigione! La mia fede nell'integrità umana e nel diritto all'integrità di ciascuno dei miei bambini era incrollabile.

Be', quasi. Prima di stancarsi, Sheila diede un bello scossone alla mie convinzioni, e cominciò a farlo proprio quel suo primo giorno di scuola. Mentre Anton e io, durante l'intervallo per il pranzo, ce ne stavamo seduti nell'ufficio a leggere il fascicolo di Sheila, lei era in classe a gettare i pesci rossi fuori dall'acquario, trafiggendogli gli occhi con una matita.

* * *

Sheila si rivelò un ciclone in salopette e T-shirt – l'una troppo corta e l'altra scolorita. Invece di parlare, strillava. E invece di toccare, spaccava, colpiva, calpestava o stritolava. E il mondo intero, me compresa, era Il Nemico. Come diceva Anton, agiva «da animale». Non aveva granché della bambina, in quei primi tempi. Il minimo movimento, quando non se l'aspettava, lo interpretava come un'aggressione. Allora i suoi occhi si rabbuiavano, il volto si faceva paonazzo, il corpo assumeva una vigile rigidità e, in quel momento, le probabilità che combattesse, venisse colta dal panico o scappasse via erano altissime. Quando agiva da animale, i nostri metodi educativi ricordavano più quelli di un domatore che quelli di un insegnante.

Eppure...

Sheila era diversa. C'era un che di elettrico in lei, nei suoi occhi, nell'intensità che sempre accompagnava i suoi gesti, anche nei momenti di maggior efferatezza. Non saprei dire esattamente che cosa fosse, ma sentivo che c'era.

* * *

Ai miei bambini volevo un gran bene, ma non si può dire che fossero brillanti. Quasi tutti i bambini emotivamente labili usano così tanta energia psichica per tirare avanti che gliene rimane ben poca per apprendere. Per giunta, spesso i problemi psicologici sono accompagnati da altre sindromi, che di quei problemi psicologici possono essere concause o effetti. Due miei alunni, per esempio, soffrivano di sindrome da alcolismo prenatale, e un terzo aveva disturbi neurologici che, lentamente, gli stavano deteriorando il sistema nervoso centrale. Perciò nessuno dei miei bambini aveva un grado di efficienza intellettiva pari a quello dei suoi coetanei, anche se, senza dubbio, qualcuno aveva un'intelligenza normale. Così, i primi giorni in cui Sheila era con noi, fu una sorpresa per me scoprire che sapeva fare le addizioni e le sottrazioni, considerato che aveva potuto frequentare la prima solo per tre mesi.

Una sorpresa ancora più grande arrivò qualche giorno dopo, quando scoprii che conosceva il significato di parole insolite per un bambino. Una di queste era «vassallo».

«Dove diavolo hai imparato quella parola?» domandai, quando alla fine cedetti alla curiosità.

Sheila, piccola, sudicia e puzzolente, se ne stava seduta ingobbita sulla sua seggiolina di fronte a me, dall'altra parte del tavolo. Alzò gli occhi verso di me, sbirciando tra i capelli arruffati.

«*Vassallo d'amore*», rispose, e aggiunse, nel dialetto tutto suo: «essere il nome di un libro che io trovato».

«Libro? Dove? Quale libro?»

«Io non rubato», ribatté, mettendosi sulla difensiva. «Essere nel bidone della spazzatura. Io *trovato.*»

«Dove?»

«Trovato», ripeté: evidentemente credeva che fosse quello l'oggetto della mia indagine.

«Sì, d'accordo», dissi, «ma dove?»

«Nei gabinetti della fermata dell'autobus. Ma io *non* rubato.»

Sorrisi. «Sì, lo so che non l'hai rubato. Solo, mi interesserebbe saperne qualcosa.»

Mi scrutò con diffidenza.

«Che ne hai fatto, del libro?» domandai.

Sheila, era chiaro, non riusciva proprio a capire perché volevo sapere quelle cose. «Be', io letto», disse, al colmo dell'incredulità, come se le avessi fatto una domanda cretina. Ma c'era anche una nota di preoccupazione, nella sua voce. Sospettava ancora che la mia fosse un'accusa.

«L'hai letto? Sembra un libro per grandi.»

«Be', io non letto tutto. Ma sulla copertina dice *Vassallo d'amore*, e io essere curiosa, per la figura, per quello che l'uomo sta facendo alla donna sulla copertina.»

«Capisco», commentai, incerta.

Lei scrollò le spalle. «Ma non trovato niente di buono, così buttato di nuovo nella spazzatura.»

Con un quoziente d'intelligenza che, come scoprimmo ben presto, eccedeva di 180 punti la scala, Sheila era proprio elettrica. Anzi, atomica.

* * *

Scoprire che Sheila era una bambina intellettualmente molto dotata non cambiò né la sua penosa povertà, né i maltrattamenti subiti, né il suo comportamento brutale. Non sapendo bene da dove cominciare, tante erano le cose da migliorare, iniziai da quelle più piccole, che sapevo di poter cambiare.

L'igiene personale di Sheila era in uno stato penoso. Aveva due soli capi di abbigliamento: una T-shirt sbiadita, a righe marroni, e una salopette di jeans, logora e troppo piccola. Un paio di scarpe da ginnastica di tela bianca e rossa con due buchi sull'alluce completava il tutto. Aveva le mutandine, ma niente calze. Se mai qualcuno le lavava qualcosa, io non me ne accorgevo.

Di certo nessuno lavava Sheila. Sulle mani, sui gomiti e attorno alle caviglie, era come se il sudiciume le fosse penetrato nella pelle, formando delle strisce scure. Cosa ancora peggiore, bagnava sempre il letto. Il puzzo di urina stantia permeava tutte le zone dell'aula che Sheila occupava. Quando volli sapere se aveva modo di lavarsi, scoprii che in casa non avevano nemmeno l'acqua corrente.

Quello sembrava dunque il primo passo da fare. La sua vicinanza era tanto sgradevole che qualsiasi interesse per lei passava in secondo piano, quando le stavamo accanto. Così, arrivai armata di asciugamani, sapone e shampoo e misi Sheila nel grande lavandino sul retro dell'aula per farle il bagno.

Stavo lavandola quando vidi per la prima volta le cicatrici. Erano piccole, tonde e numerose, soprattutto lungo la parte superiore delle braccia e l'interno degli avambracci. Erano cicatrici vecchie e rimarginate da tempo, ma capii subito che cos'erano: i segni lasciati da una sigaretta accesa premuta contro la pelle.

«Tuo papà ti fa qualcosa che lascia cicatrici come queste?» domandai, mantenendo il tono più disinvolto e colloquiale possibile.

«Pa' non farebbe mai una cosa del genere! Non mi farebbe così male», replicò, aspra. «Lui mi vuole bene.» Capii che sapeva che cosa le stavo domandando.

Annuii e la tirai fuori dall'acqua per asciugarla. Sheila tacque a lungo, ma poi si girò di scatto a guardarmi negli occhi. «Sai però che cosa fatto mia mamma?»

«No, cosa?»

Sollevò una gamba e la girò perché potessi vedere. Lì, sull'esterno, proprio sopra la caviglia, c'era una cicatrice bianca lunga cinque centimetri. «Mamma mi spinge fuori dalla macchina e io cado, così una pietra mi taglia la gamba. Qui, vedi?»

Mi chinai e la osservai.

«Pa', lui mi vuole bene. Non mi lascia su una strada. Non si fanno queste cose ai bambini piccoli.»

«No, non si fanno.»

Ci fu un attimo di silenzio, mentre finivo di asciugarla e cominciavo a pettinarle i capelli appena lavati. Sheila si fece pensierosa. «La mamma non mi vuole bene come lui», disse. Il tono era assorto, ma anche calmo e concreto. Era come se stesse parlando di un altro bambino della classe, o di un compito, o addirittura del tempo. «Mia mamma si prende Jimmie e se ne va in California. Jimmie essere mio fratello e ha quattro anni, ma ne ha solo due quando mia mamma se ne va via.» Passò qualche istante, e Sheila tornò a studiare la sua cicatrice. «All'inizio mia mamma prende Jimmie e anche me, ma poi la scoccio. Così apre la portiera e mi spinge giù e una pietra mi taglia qui, sulla gamba.»

* * *

Quelle prime settimane con Sheila furono una corsa in ottovolante. Era passato qualche giorno. L'incantata trepidazione per quel mondo nuovo in cui si trovava faceva di lei una creaturina raggiante. Era impaziente di farsi accettare dal gruppo e, a modo suo, un modo alquanto strano, cercava disperatamente di piacere ad Anton e a me. Altri giorni, invece, scivolavamo giù, qualche volta cadendo a precipizio. Nonostante i brillanti progressi iniziali, Sheila non perse la capacità di assumere comportamenti da far rizzare i capelli.

Per Sheila, il mondo era malvagio. Il suo credo era: fai agli altri quello che gli altri altrimenti farebbero a te. Era bravissima soprattutto nelle vendette. Se qualcuno le faceva un torto o, semplicemente, la trattava un po' prepotentemente, esigeva un castigo preciso e doloroso. Una volta, per vendicarsi di una maestra che l'aveva rimproverata nella sala da pranzo, causò danni per centinaia di dollari nella sua aula. A salvarci fu il complicato orario degli scuolabus. Nei mesi prima dell'arrivo nella mia classe, Sheila era stata cacciata dai due scuolabus per via del suo comportamento, e adesso l'unico autobus disponibile per lei era quello delle scuole superiori. Purtroppo partiva per il campo degli stagionali soltanto due ore dopo la fine delle lezioni. Così, dopo la scuola, Sheila doveva rimanere con Anton e me fino a quell'ora.

Quando lo seppi inorridii: quelle due ore dopo la scuola le dedicavo ai programmi e alla preparazione delle lezioni; come avrei potuto fare queste cose e, insieme, badare a una bambina imprevedibile come Sheila? Ma, ovviamente, non avevo scelta al riguardo.

I primi giorni, la lasciavo giocare con i giocattoli della classe, mentre io, seduta al tavolo, cercavo di andare avanti con il lavoro; ma dopo essersene stata per conto suo una quindicina di minuti, invariabilmente lasciava i suoi giochi e si metteva in piedi accanto a me mentre lavoravo. Aveva sempre mille domande. Che cos'è quello? A cosa serve questo? Perché fai quest'altro? Come mai quello è fatto così? Che cosa ci fai con quella roba? *In continuazione*. Finché mi resi conto che non facevamo altro che parlare. Finché capii quanto mi divertiva parlare con lei.

Le piaceva leggere, e credo che sapesse leggere praticamente qualsiasi cosa le capitasse tra le mani. Quello che la bloccava non era l'incapacità di trasformare le lettere sulla pagina in parole, ma, piuttosto, quella di trasformare le parole in qualcosa che avesse un senso. La vita di Sheila era tanto povera che spesso quello che leggeva, semplicemente, non le diceva nulla. Così, cominciai a leggere con lei.

C'era qualcosa di avvincente, nel condividere quell'esperienza con Sheila. Ci rintanavamo insieme nell'angolo destinato alla lettura e io mi preparavo a leggere il libro a voce alta; Sheila desiderava così tanto sentire quelle storie, che il suo corpicino si tendeva tutto per l'eccitazione. Winnie Pooh, Long John Silver e Peter Pan si rivelarono magie ben più vigorose di *Vassallo d'amore*. Tuttavia, di tutti i libri, quello che le conquistò il cuore fu *Il piccolo principe* di Saint-Exupéry. Lo adorava, quel piccolo personaggio perplesso e sconcertante. Capiva perfettamente la sua diversità. Quel principino, prima maturo e un attimo dopo immaturo, profondo e poi leggero, e sempre, immancabilmente un *outsider*, parlava dritto al cuore di Sheila. Leggemmo quel libro tante volte, che Sheila poteva recitarne lunghi brani a memoria.

Quando non leggevamo, semplicemente parlavamo. Sheila si chinava sul tavolo e mi guardava lavorare, oppure le spiegavo un concetto difficile che aveva trovato in un libro e da lì prendevamo spunto per la conversazione, senza più tornare alla storia.

Piano piano, seppi di più sulla vita di Sheila al campo degli stagionali, sul padre e le amiche che lui spesso si portava in casa la notte. Sheila mi raccontò che gli nascondeva le bottiglie di birra dietro il divano per non farlo bere troppo e si alzava a spegnergli la sigaretta quando lui si addormentava. Seppi qualcos'altro anche della madre, del fratellino e dell'abbandono. E mi parlò dell'altra scuola e delle altre maestre, e di come riempiva le giornate e le notti quando non era con noi. Io, a mia volta, le raccontavo il mio mondo con la speranza che quello potesse diventare anche il suo.

Quelle due ore furono una benedizione del cielo. Per tutta la sua breve vita, Sheila era stata ignorata, trascurata e spesso apertamente rifiutata. Aveva scarsa esperienza di adulti maturi e affettuosi e di un ambiente stabile, e ora, scoprendo che tutto questo esisteva, ne era avida. Il gran daffare che c'era in classe durante il giorno, per quanto le garantisse il sostegno, non consentiva la quantità di attenzione esclusiva di cui Sheila aveva bisogno per rifarsi di tutto quello che le era mancato. Era nel placido silenzio del pomeriggio, quando eravamo da sole, che osava lasciarsi alle spalle i vecchi comportamenti e cercare di assumere qualcuno dei miei.

2

Il vero problema di Sheila, era quanto era accaduto tra lei e la madre due anni prima su quella buia autostrada. Poiché era una bambina eccezionalmente dotata, la questione non rimase inespressa. Con chiarezza mirabile, diede voce al suo dolore.

Durante le attività di classe, il rapporto tra l'abbandono e il difficile comportamento di Sheila si fece più chiaro. Nonostante le sue capacità, Sheila si rifiutava di fare qualsiasi compito scritto. Dapprima non avevo associato le due cose. Avevo attribuito quel comportamento aggressivo ai suoi capricci. Soltanto in seguito capii che era una tattica per evitare di sedersi a un tavolo e prendere in mano una penna. Costringerla al tavolo fu una dura battaglia, e anche quella volta l'ebbe vinta lei: non ne volle sapere, di scrivere. Quando finalmente cominciò ad accettare di scrivere qualcosa, prima di portare a termine un compito andavano distrutti ogni volta due o tre tentativi imperfetti.

Una volta, dopo le lezioni, era venuta con me nel mio ufficio e, mentre io buttavo giù qualche esercizio, aveva scovato tra la carta straccia un testo d'esame di matematica per la quinta elementare. Sheila adorava la matematica. Era la materia in cui riusciva meglio, e fu felicissima di trovare quel compito. Si trattava di moltiplicazioni e divisioni di frazioni, operazioni che non le avevo mai insegnato; ma, scorrendo il compito, Sheila ebbe la certezza di riuscire a risolverle. Quando fummo di nuovo in classe, si sistemò dall'altra parte del tavolo, di fronte a me, e cominciò a scrivere le risposte – un fatto molto insolito, per Sheila. Finito il compito, me lo mostrò orgogliosamente e mi domandò se era giusto. Le moltiplicazioni erano calcolate correttamente, ma per le divisioni purtroppo non aveva invertito il dividendo e il divisore, così aveva sbagliato tutto. Girai il foglio, disegnai un cerchio e lo divisi a spicchi per mostrarle perché era necessario invertire il dividendo e il divisore. Non feci in tempo ad aprire bocca che Sheila aveva già capito di aver sbagliato. Strappò via il foglio da sotto la mia penna, ne fece una pallottolina compatta, si lasciò cadere davanti al tavolo e chinò la testa sulle braccia.

«Non sapevi come si fa, tesoro. Nessuno te l'ha mai insegnato.»

«Volevo farti vedere che ero capace di farlo da sola.»

«Sheil, non è una cosa grave. Sei stata brava. Hai *tentato*. L'importante è questo. La prossima volta farai tutto giusto.»

Non riuscivo a confortarla, con le mie parole, e per qualche istante rimase seduta con la faccia nascosta. Poi, lentamente, fece scivolare le mani sul foglio accartocciato e lo lisciò premendolo sulla superficie del tavolo. «Lo so, se avessi fatto bene i compiti di matematica, la mia mamma non mi avrebbe abbandonata su una strada. Se fossi stata capace di risolvere dei problemi di quinta, lei sarebbe stata fiera di me.»

«I problemi di matematica non c'entrano per niente con questa storia, Sheila.»

«Se n'è andata perché non mi voleva più bene. Se vuoi bene a un bambino non lo lasci in mezzo a una strada. E, guarda, mi sono anche fatta un taglio sulla gamba.» Mi fece vedere quella cicatrice per la centesima volta. «Se fossi stata più brava non l'avrebbe fatto.»

«Questo non possiamo saperlo, Sheil. Ma immagino che la tua mamma avesse i suoi problemi da risolvere, problemi personali.»

«Con Jimmie però ce la faceva. Perché con Jimmie ce la faceva e con me no e mi ha lasciata?»

«Non lo so, amore mio.»

Mi guardò dall'altra parte del tavolo, ancora con quell'espressione ferita, tormentata. «Perché è successo, Torey? Perché si è portata via Jimmie e ha lasciato me? Che cattiveria avevo fatto, io?» Aveva gli occhi colmi di lacrime, ma come sempre le lacrime non cadevano.

«Oh, amore mio, tu non c'entri. Credimi. Non è stata colpa tua. Non ti ha lasciata perché eri cattiva. Il fatto è che aveva già tanti problemi da risolvere. Non è stata colpa tua.»

«Pa' dice che è colpa mia. Dice che se ero più brava, lei non se ne andava.»

Provai una stretta al cuore. Sarebbe stata una dura lotta.

* * *

Quel problema si ripercuoteva su ogni cosa: lo studio, il comportamento, l'atteggiamento nei confronti degli altri bambini e degli adulti. Col passare del tempo, e, soprattutto, dopo tante ore trascorse a stretto contatto con lei dopo la scuola, capii chiaramente in quale direzione ci stavamo muovendo. Io ero la prima adulta a prendersi cura di lei con continuità e a starle accanto tanto tempo, e lei si aggrappava a quel rapporto con disperata avidità.

Era giusto permetterglielo? Quella domanda mi ossessionava. Il mio addestramento didattico e psicologico mi metteva rigorosamente in guardia contro il coinvolgimento troppo emotivo con i bambini, e mi sforzavo di mantenere il giusto equilibrio. D'altra parte, mi ero sempre ribellata all'idea di non esserne affatto coinvolta. La dedizione assoluta era la pietra angolare della mia filosofia personale. Ero convinta che fosse la dedizione assoluta e inequivocabile di uno nei confronti dell'altro, mia nei confronti del bambino, a creare dei cambiamenti positivi. E come poteva esistere vera dedizione senza coinvolgimento? Era una contraddizione.

Dentro di me sentivo che Sheila *doveva* avere quel rapporto e che senza di quello non sarebbe mai migliorata. Aveva bisogno di quella fiducia che si ottiene soltanto quando si capisce che qualcuno ti vuole bene, che qualcuno ti apprezza tanto da dedicarsi completamente a te. Doveva sapere che, anche se sua madre non era stata capace di prestarle quell'attenzione, questo non significava che Sheila non ne fosse degna. Eppure, razionalmente sapevo che stavo battendo una strada pericolosa.

Proprio come fu pericolosa in febbraio, quando Sheila era con noi da diverse settimane. Dovevo partecipare a un convegno in un altro stato, e questo significava che mi sarei assentata due giorni da scuola. Avendolo saputo con grande anticipo, cercai di preparare la classe alla mia assenza e alla supplente. Sheila reagì rabbiosamente.

«Non mi piacerai mai, mai più. Non farò mai più quello che mi chiederai. Non è giusto che mi lasci. Così non si fa, lo sai? Mia mamma fatto lo stesso e non è una bella cosa da fare ai bambini. Ti mettono in prigione se abbandoni i bambini. Lo dice pa'.»

Continuava, invettiva dopo invettiva, e niente di quello che le dicevo, nessuno sforzo di spiegarle che sarei stata via solo due giorni smorzò la sua rabbia. Durante la mia assenza tornò a tutti i suoi comportamenti peggiori. Fece a pugni con gli altri bambini, insanguinando nasi e colpendo agli stinchi. Distrusse il giradischi e spaccò la finestrella della porta. Nonostante gli sforzi di Anton di tenerla a freno, Sheila devastò l'aula e, alla fine del secondo giorno, la supplente era in lacrime.

Mi ero aspettata di meglio da Sheila, e quando mostrò di cooperare così poco, la mia rabbia non fu inferiore alla sua. Era una ragazzina brillante. Sapeva quanto duravano, due giorni. E io mi ero sforzata tanto di spiegarle dove sarei andata, che cosa avrei fatto e quando, *precisamente*, sarei tornata. Le sapeva, tutte queste cose. Perché non avrei dovuto fidarmi a lasciarla sola per due miseri giorni?

Per la precisione, mi sentii tradita. Avendo capito che, permettendole di diventare dipendente da me, stavo percorrendo una via pericolosa, avrei voluto la prova inequivocabile del fatto che quanto facevo fosse giusto e la sua dipendenza fosse sana, naturale e non troppo morbosa. Dopo tutto, avrei dovuto uscire dalla sua vita di lì a tre mesi e mezzo al massimo, alla chiusura delle scuole, se non prima, nel caso in cui si fosse liberato un posto al reparto pediatrico dell'ospedale dello stato. Per la mia serenità personale, avevo bisogno della rassicurazione che quello che facevo fosse più utile che dannoso e – per essere sincera – mi aspettavo che fosse lei a darmela. Le avevo donato così tanto che, nel mio intimo, confidavo che lei potesse restituirmi quel poco. E siccome non lo fece, reagii con una rabbia che non riuscii a controllare.

Fu, a dir poco, una giornataccia; e anche dopo le lezioni, quando fummo sole, tra noi rimase quel silenzio carico di tensione. Proposi di fare le cose che di solito ci divertivano tanto: leggerle qualcosa, farmi aiutare a correggere i compiti, andare insieme nella sala insegnanti a bere una bibita; ma lei, nell'angolo in fondo all'aula, si limitava a scuotere la testa e tornava alle macchinine. Trascorsa la prima ora di doposcuola, si alzò e andò a guardare fuori dalla finestra. Quando sollevai di nuovo gli occhi, era ancora là, ma si era girata a guardare me.

«Come mai ritorni?» domandò, con un filo di voce.

«Dovevo soltanto andare a un convegno. Non intendevo star via per sempre. Il mio lavoro è qui, con voi bambini.»

«Ma come mai torni?»

«Perché ho detto che sarei tornata. Qui mi piace. Il mio posto è qui.»

Lentamente, si avvicinò al tavolo al quale stavo lavorando. Aveva abbassato le difese. Il dolore era tanto evidente, nei suoi occhi.

«Non credevi proprio che sarei tornata, vero?»

Scosse la testa. «No.»

3

Il nostro litigio per la mia assenza, a quanto pare, non ebbe strascichi indelebili. Al contrario. Sheila sviluppò un intenso desiderio di parlare di quell'episodio. L'avevo lasciata. Ero tornata. Lei era diventata una furia distruttiva e anch'io, a modo mio, ero diventata una furia distruttiva. Tornava continuamente su ogni particolare, anche il più piccolo, fino a ricomporre, lentamente, ogni tassello. Era molto importante che io fossi tornata, certo, ma altrettanto importante era stata l'intensità della mia rabbia. Forse pensava che avrebbe potuto fidarsi completamente di me, ora che aveva conosciuto il mio aspetto peggiore. Non saprei. Stranamente, dopo l'episodio l'ansia di distruzione praticamente scomparve. Si arrabbiava ancora con grande regolarità, ma da allora non si fece più trasportare da uno dei suoi folli accessi d'ira.

Sheila sbocciò, come le giunchiglie, nonostante il rigido inverno. Tutto considerato, si può dire che ormai fosse abbastanza pulita e, cosa ancora migliore, sapeva riconoscere il pulito e si sforzava di affrontare da sola il sudiciume quando quello raggiungeva livelli inaccettabili. Interagiva sempre di più con gli altri bambini in modo amichevole e appropriato. Qualche volta era andata a casa di una compagna di classe a giocare con lei e insieme si erano concesse i rituali tipici delle amichette di scuola. Dal punto di vista scolastico, Sheila andava a gonfie vele; era entusiasta di quasi tutto quello che le mettevo davanti. Combattevamo ancora con la sua paura di affidare i compiti alla carta, ma in marzo anche questo aspetto migliorò. Ormai era raro che dovesse fare più di due o tre tentativi prima di sentirsi abbastanza sicura da consegnarmi i compiti. Non sopportava ancora di sbagliare, e ogni volta che la correggevo, per quanto delicatamente lo facessi, si abbandonava a lunghe crisi di mutismo; e nei giorni di cattivo umore, trascorreva quasi tutto il tempo con la testa nascosta tra le braccia nella più cupa disperazione. Ma ce la cavavamo.

Erano finite le lezioni, e Sheila e io eravamo tornate di nuovo al *Piccolo principe*. Rannicchiate l'una accanto all'altra tra i cuscini nell'angolo della lettura, avevamo appena cominciato il libro. Ero arrivata al punto in cui il piccolo principe chiede all'autore che gli disegni una pecora.

«Una pecora, se mangia gli arbusti, mangia anche i fiori?»
«Una pecora mangia tutto quello che trova.»
«Anche i fiori che hanno le spine?»
«Sì. Anche i fiori che hanno le spine.»
«Ma allora le spine a che cosa servono?»
Il piccolo principe non rinunciava mai a una domanda che aveva fatta. Ero irritato per il mio bullone e risposi a casaccio:
«Le spine non servono a niente, è pura cattiveria da parte dei fiori.»
«Oh!»
Ma dopo un silenzio mi gettò in viso con una specie di rancore:
«Non ti credo! I fiori sono deboli. Sono ingenui...»

Sheila posò le mani sulla pagina. «Voglio chiederti una cosa. Che cosa significa "ingenuo"?»
«Un ingenuo è una persona dai modi semplici. Che non ha molta esperienza del mondo», risposi.
«Io essere ingenua?» domandò, alzando gli occhi.
«No, non direi. Per la tua età no.»
Abbassò di nuovo gli occhi sul libro. «Il fiore crede di avere esperienza.»
Annuii.
«Ma il principe non la pensa così.» Sorrise. «Mi piace proprio questa parte. Mi piace molto il fiore.»
Continuammo a leggere:

Così, l'aveva ben presto tormentato con la sua vanità un poco ombrosa. Per esempio, un giorno, parlando delle sue quattro spine, gli aveva detto:

«Possono venire, le tigri, con i loro artigli!»

«Non ci sono tigri sul mio pianeta», aveva obiettato il piccolo principe, «e poi le tigri non mangiano l'erba.»

«Io non sono un'erba», aveva dolcemente risposto il fiore.

«Scusami...»

«Non ho paura delle tigri...»

Si aprì la porta dell'aula e la segretaria sporse dentro la testa. «Scusa se ti interrompo, Torey, ma c'è una telefonata per te, in ufficio.»

Passai il libro a Sheila, mi alzai e scesi a rispondere.

Era la telefonata che temevo. All'altro capo del filo c'era il direttore della sezione classi speciali; si era liberato un posto al reparto pediatrico dell'ospedale dello stato. Sheila non era più una mia alunna.

Dire che ne rimasi sconvolta sminuirebbe l'intensità dei sentimenti che provai alla notizia. Quali che fossero le difficoltà, un ospedale psichiatrico non era certo il posto adatto per Sheila. Intelligente, creativa, sensibile, ricettiva, il suo posto era lì, con noi, e poi nella classe regolare di una scuola regolare.

Gemetti, implorai e, alla fine, mi infuriai. Il direttore ascoltò. Andavamo d'accordo, io e lui. L'avevo sempre considerato un alleato, nel distretto scolastico, e un mentore; e questo rese ancora più difficile affrontare la telefonata.

«Era già tutto deciso prima che arrivasse qui, Torey», disse. «Lo sai. Non possiamo farci niente.»

Povero, patetico fiorellino, pensai, così fiero delle sue spine feroci, e quando le tigri arrivarono davvero, le spine non lo protessero, neanche un po'.

* * *

Non potevo proprio permettere che accadesse senza nemmeno combattere. Quando era arrivata, in gennaio, il suo era sembrato il caso più disperato che avessi mai dovuto affrontare, e se fossero venuti a prenderla allora, probabilmente l'avrei accettato. Ma adesso...? Al solo pensiero che una bambina del calibro di Sheila, a sei anni, finisse chiusa in un istituto speciale, mi si gelava il sangue nelle vene.

Quella sera, mentre ero a casa a far finta di guardare la televisione con il mio ragazzo, Chad, cominciai ad abbozzare un piano. Avevo così tante prove dell'intelligenza di Sheila e dei suoi miglioramenti, che forse, pensai, c'era la possibilità di cambiare le cose. Il caso doveva essere affrontato in modo ufficiale ed esplicito, perché fosse preso sul serio, e bisognava agire velocemente. Guardai Chad. Era giovane socio di uno studio legale del centro e svolgeva, per la maggior parte del tempo, la funzione di avvocato d'ufficio di chi non poteva permettersi una consulenza legale. Perciò conosceva il mestiere.

«Non c'è una via legale per contestare le decisioni che hanno preso riguardo a Sheila?»

«Vorresti impugnare la sentenza? *Tu*?» ribatté, intuendo il significato delle mie parole.

«Qualcuno deve pur farlo. Sono sicura che il distretto scolastico mi appoggerebbe. Lo psicologo della scuola le ha fatto i test di QI e ha le prove della sua intelligenza. E Ed sa tutto.»

Pausa. Qualche brontolio. Io ero il tipo «mordi il freno e vai», come diceva Chad, quindi lui prevedeva già la natura ossessiva di quanto sarebbe successo.

«Potresti occupartene tu?» domandai.

«*Io*?»

Sì, lui.

E così fu. Con ammirevole solidarietà, il distretto scolastico mi appoggiò pienamente. Pagò addirittura la parcella di Chad. Io radunai le videocassette di Sheila che avevo girato in classe: i suoi compiti, le valutazioni dello psicologo e qualsiasi altra dimostrazione del costante miglioramento di Sheila che ero riuscita a trovare. L'anello più debole della catena era il padre di Sheila: era stato in così tanti istituti speciali, che evidentemente non vedeva perché qualcuno dovesse cercare di dare una direzione diversa alla vita di sua figlia. E siccome noi stavamo cercando di farlo, diffidava di noi. Sotto quei suoi modi rozzi, sentivo che voleva davvero bene a Sheila, ma ci vollero diverse serate e diversi bicchieri di birra per convincerlo che avevamo ragione.

L'udienza si tenne l'ultimo giorno di marzo, una giornata buia e ventosa che prometteva di piegare di nuovo le giunchiglie sotto il peso della neve. Sheila dovette venire con noi; aveva addosso la solita maglietta e la solita salopette, ora decisamente troppo piccola. Però erano tutt'e due pulite, ed ero riuscita a convincere il padre ad accettare per lei un paio di calze e di muffole prese dalla cassetta degli abiti smessi della parrocchia. Più di così non potei fare. Sedette nel corridoio con un assistente, nel caso avessimo avuto bisogno di lei in aula.

Dentro, vidi i genitori del bambino che Sheila aveva rapito e al quale aveva dato fuoco. Era la prima volta che li incontravo. Fino a quel momento, l'episodio che l'aveva portata nella mia classe mi era sembrato distante. Per la verità, credo che lo avessi tenuto lontano dai miei pensieri nello sforzo di rendere irreale quell'atto di calcolata crudeltà. Sheila *aveva commesso* gesti spietati, e ne aveva commessi moltissimi davanti ai miei occhi, quindi avevo di lei un'immagine realistica; ma per la prima volta mi trovavo davanti alla veridicità di un altro punto di vista. E questo mi sconvolgeva, se non altro perché avevo desiderato disperatamente di sentire che ciò che facevo era giusto, fino in fondo. E in un certo senso avevo ancora quella sensazione. La vendetta non avrebbe potuto cancellare i danni fatti a quel bambino, e avrebbe distrutto la vita di Sheila. Per lei, la strada giusta era quella. Eppure, l'udienza mi fece capire l'atrocità del gesto di Sheila.

La sentenza del giudice fu a favore di Sheila. Sarebbe rimasta sotto la tutela dell'Assistenza Sociale, ma l'ordine di detenzione nel reparto pediatrico venne revocato. Nei corridoi del tribunale esplose la gioia; dopodiché, Chad e io portammo Sheila a festeggiare.

Fu una serata magica, uno di quei momenti che, considerati nel loro insieme, risultano più grandi della somma delle parti. Ancora euforici per il nostro successo, andammo a mangiare una pizza in un locale che Chad e io frequentavamo spesso, pieno di fumo, musica jazz e gente che parlava in italiano. Sheila non aveva mai mangiato la pizza e quella nuova esperienza le piacque immediatamente. Prese subito in simpatia anche Chad, e il sentimento fu reciproco. Come me, anche Chad fu ben presto stregato da quella bambina.

Cominciarono a farsi degli stupidi quiz, lei e Chad. Che cosa ti piacerebbe di più? Mangiare un gelato caldo o lavarti i denti con uno spazzolino a forma di ragno? Cose del genere. Finché Chad si fece serio e le domandò qual era la cosa che desiderava di più al mondo, per davvero. Scoprimmo che era un vestito. Qualcosa di bello da indossare. Incapace di resistere a quell'opportunità di recitare la parte di Babbo Natale, ben presto Chad ci pilotò verso il centro commerciale. Sheila temeva che il padre non le avrebbe permesso di accettare un vestito, ma Chad la rassicurò e l'aiutò a cercare quello che le piaceva di più.

In macchina, mentre l'accompagnavamo a casa, al campo degli stagionali, Sheila si addormentò.

«Su, Cenerentola», disse Chad, facendo il giro della macchina e venendo ad aprirmi la portiera. Si chinò e la sollevò. «Il ballo è finito.»

Lei gli sorrise, mezzo addormentata.

«Forza. Ti porto in casa e dico a tuo papà che cosa abbiamo combinato.»

Lei nascose il faccino tra i miei capelli. «Non voglio andare», mormorò.

«È stata una bella serata, vero?» dissi.

Annuì e si strinse a me. «Posso darti un bacio?»

«Sì, credo di sì», risposi; la abbracciai forte e le diedi un bacio prima di riceverlo da lei.

4

Alla fine di quell'anno scolastico, la mia classe avrebbe cessato di esistere. La legge di integrazione, che imponeva che i bambini handicappati venissero collocati in classi dove l'ambiente fosse meno restrittivo, era la causa principale. Erano già state chiuse quasi tutte le classi speciali, e gli insegnanti come me erano stati reimpiegati come «insegnanti di sostegno» per assistere i colleghi delle classi regolari, che adesso avrebbero avuto anche allievi della sezione speciale.

Questi cambiamenti non mi lasciavano del tutto tranquilla. Anche se avrei voluto accettare i presupposti ideologici sui quali quella legge si fondava (si diceva che avrebbe promosso l'uguaglianza e offerto maggiori possibilità ai bambini handicappati), ero cinica per natura: secondo me, il vantaggio più evidente era che quella era la via più economica per dare un'istruzione ai bambini handicappati.

Quanto a me, il mio stile di insegnamento si adattava meglio all'ambiente chiuso di una classe autonoma. Era quella la situazione in cui davo il meglio di me stessa. Lì potevo creare un'atmosfera di unità e protezione che era diventata il mio marchio di fabbrica, e potevo incoraggiare i miei alunni a crescere in modo costruttivo. Perciò detestavo l'idea di diventare un'insegnante di sostegno senza una classe mia, con gli alunni ridotti a un elenco di problemi didattici e venti minuti alla settimana per cercare di risolverli. Ancora più difficile da accettare, tuttavia, era l'idea di farmi imprigionare nelle teorie. Io ero un'eclettica: i miei metodi di insegnamento li raccoglievo e sceglievo dalle fonti più disparate, alcune delle quali non avevano nulla a che fare con la pedagogia. Questo mi sembrava l'unico modo ragionevole di affrontare le difficoltà, tanto diverse fra loro, che si incontrano quando si ha a che fare con il comportamento umano. Tuttavia, la nuova legge avrebbe introdotto delle limitazioni, riducendo i nostri interventi a una modificazione del comportamento. Io avevo abbastanza competenze, in materia, ma mi sembrava un metodo di gran lunga sopravvalutato e una teoria alquanto pericolosa. Così, non sentendomi pronta a impegnarmi in quel progetto, feci domanda presso la scuola di specialità di un'università di un altro stato e mi accettarono.

Era maggio, e la scuola sarebbe finita la prima settimana di giugno. Nei quattro mesi e mezzo che Sheila era stata con noi, era diventata una ragazzina allegra e vivace. Da quella settimana di febbraio in cui ero andata al convegno, non avevamo avuto gravi problemi di condotta, e anche se era ancora capace di scatenare un putiferio, se provocata, con i normali metodi di mantenimento della disciplina tornava a rigar dritto. Adesso riusciva a esprimere la rabbia senza l'ansia distruttiva di prima; si poteva ragionare, con lei; e riusciva anche ad accettare qualche piccola critica senza cadere nella disperazione. Insomma, non mi sembrava che Sheila avesse ancora bisogno di una classe speciale. Era ancora fragile, e avremmo dovuto riflettere bene sulla sua nuova collocazione, ma ero convinta che in una classe normale se la sarebbe cavata bene.

Avevo una cara amica, Sandy McGuire, maestra di una terza elementare in un'altra scuola, che mi sembrava la maestra ideale per Sheila. Era giovane, aperta alle innovazioni e aveva fama di essere dotata di grande sensibilità nei confronti dei suoi allievi, molti dei quali appartenevano a minoranze etniche o provenivano da famiglie poverissime. E, sebbene i nostri metodi pedagogici fossero molto diversi, condividevamo gli stessi princìpi. Ero certa che, se Sheila fosse andata nella sua classe, avrebbe ricevuto l'appoggio e l'incoraggiamento di cui avrebbe avuto bisogno per fare il passo decisivo verso l'integrazione.

Sulle prime, Ed, il direttore della sezione classi speciali, non si mostrò favorevole a questa soluzione, perché avrebbe comportato non soltanto che Sheila tornasse alla scuola normale, ma anche che frequentasse una classe di bambini maggiori di un anno, una pratica che non era vista di buon occhio. Tuttavia, dopo molte discussioni, tutt'e due concludemmo che quella sarebbe stata la soluzione migliore. Dal punto di vista scolastico, Sheila era almeno due classi avanti, rispetto agli altri bambini, e in quel momento non aveva amicizie tra i coetanei che rischiassero di essere distrutte. Inoltre temevo che, se Sheila non avesse ricevuto sfide adeguate, si sarebbe trovata con ben poco da fare, in classe. L'aspetto più importante, tuttavia, rimaneva l'insegnante. Sheila aveva bisogno di un insegnante flessibile e protettivo, per affrontare il passaggio da me e dalla mia classe a un ambiente nuovo, e rimanevo dell'idea che Sandy fosse quella che meglio soddisfacesse questi requisiti. Alla fine, Ed e i responsabili della collocazione degli studenti acconsentirono.

Sheila no.

Introdussi la questione con cautela, ma senza tergiversare, dal momento che Sheila tornava ai vecchi comportamenti ogni volta che qualcuno agiva con incertezza. E poi non c'era alcun motivo di tergiversare. Presto sarebbe arrivato giugno, e con quello la fine.

I miei primi tentativi di toccare l'argomento causarono lacrime, rabbia e crisi di mutismo. Una volta sollevato il problema, passammo gran parte della settimana a girarvi nervosamente attorno.

«La mia classe essere questa qui», mi borbottò Sheila dopo la scuola. In quei mesi, da quando era con noi, il suo modo tutto particolare di usare «essere» era quasi scomparso, ma adesso tornava. «Non vado in nessun'altra classe. La mia classe essere questa qui.»

«Sì, è vero, ma l'anno scolastico finirà tra qualche settimana. Dobbiamo pensare all'anno prossimo.»

«L'anno prossimo sarò ancora qui.»

Provai una stretta al cuore. «No, tesoro.»

«Sì, invece!» gridò. «Sarò la bambina più cattiva del mondo. Così non ti permetteranno di mandarmi via.»

«Oh, Sheil. Oh, tesoro mio, non è così. Non ti sto mandando via. Mi piacerebbe tanto averti di nuovo con me.»

Era ancora arrabbiata; aveva il faccino paonazzo, lo sguardo ferito. Si coprì le orecchie con le mani.

«Questa classe non ci sarà più, l'anno prossimo», dissi, piano.

Ma lei sentì, anche con le orecchie coperte. Impallidì. «Che cosa vuoi dire? Dove la manderanno?»

«È una cosa da grandi. Il distretto scolastico ha stabilito che non ce n'è più bisogno. Possono andare tutti in altre classi.»

Gli occhi le si riempirono di lacrime. Scostò una sedia dall'altra parte del tavolo, di fronte a me, ci si lasciò cadere sopra, incrociò le braccia sul tavolo e ci posò sopra la testa. Lasciò scorrere le lacrime. Il suo dolore era tangibile: avrei potuto toccarlo, se avessi teso una mano, ne sono certa; e siccome non lo feci, mi schiacciò.

In quel momento, riuscivo soltanto a pensare a quante cose ci aspettavamo, da lei: tolleranza, accettazione, comprensione; e aveva solo sei anni. *Sei anni*, Dio santo, sette a luglio.

E in che situazione l'avevo cacciata? Io, con le mie idee sulla dedizione e su quanto fosse meglio aver amato e perduto, piuttosto che non aver amato affatto. Ma *lei* che ne pensava? Le avevo mai dato la possibilità di scegliere?

D'altra parte, c'era forse la possibilità di scegliere? Avrei potuto fare quello che avevo fatto oppure lasciarla come l'avevo trovata e contare i giorni finché non fossero venuti a prenderla. Non c'erano state molte alternative. Eppure, guardandola piangere, non capivo nemmeno se, di fronte a quelle poche alternative, avevo scelto quella giusta.

Sheila si alzò dal tavolo e andò a rintanarsi tra i cuscini dell'angolo della lettura. Io rimasi al tavolo, ad ascoltarla piangere. Finalmente, mi alzai anch'io e andai da lei.

«Perché non rimani, per farmi buona?» mi domandò, con voce confusa.

«Perché non sono io a farti buona. Sei tu. Io sono qui soltanto per farti capire che c'è qualcuno a cui importa, se sei buona o no. E in questo senso, non ti lascerò mai, perché m'importerà sempre.»

«Sei proprio come la mamma», disse.

«Non è vero, Sheil.»

«Mi lascerai, come lei.»

«No, Sheila, è diverso.»

«Lei non mi ha mai voluto veramente bene», disse, in tono sommesso e concreto. «Voleva più bene a mio fratello. Mi ha lasciata sull'autostrada come un cane. Come se non fossi stata nemmeno sua figlia.»

«Io non sono lei. Non so perché ti abbia fatto quello che ha fatto, ma adesso è diverso, Sheila. Io sono la maestra, e finisco in giugno. Ma ti vorrò ancora bene. Non sarò più la tua maestra, ma sarò ancora un'amica.»

«Non voglio amiche. Voglio stare in questa classe.»

Tesi le braccia verso di lei. «Lo so, amore mio. Anch'io lo vorrei. Vorrei che continuasse per sempre.»

Si scostò. «Sei cattiva come la mia mamma.»
«No, è diverso.»
«A me non sembra per niente diverso.»

* * *

Furono settimane di grande commozione. Sheila era quasi sempre in lacrime. Non lacrime di rabbia: semplici lacrime, che le sgorgavano dagli occhi nei momenti più inaspettati, mentre cucinavamo biscotti il mercoledì pomeriggio, mentre dava da bere al nostro coniglio irascibile, mentre leggeva per conto suo nell'angolo dei libri. Avevo la sensazione che fossero parte del naturale processo di separazione, così le accettai, offrendole conforto quando lo cercava o, altrimenti, lasciando che si riprendesse senza forzare i suoi ritmi. E le lacrime non erano affatto il suo solo mezzo di espressione. C'erano anche molti momenti di sfrenata felicità.

La portai a trovare Sandy e a vedere la sua classe, e poi stabilimmo per Sheila una giornata di prova con lei. Come avevo previsto, Sheila fu conquistata dal carattere allegro e vivace di Sandy e dall'ambiente più stimolante della terza elementare. Quei bambini apprendevano attivamente ed erano impegnati in progetti e imprese affascinanti, quasi tutti inventati da loro. Tutto considerato, un'atmosfera molto diversa da quella della nostra classe, dove andare in bagno da soli era considerato un gran risultato. Sheila tornò piena di vita, da quella visita, e la sua conversazione era piena di «L'anno prossimo, quando sarò nella classe della signorina McGuire...» Capii che io non le servivo più.

E poi, l'ultimo giorno.

Facemmo un picnic nel parco per festeggiare insieme la fine dell'anno scolastico. I genitori erano tutti invitati, e portammo panini, gelati e tante belle cose per trascorrere una giornata all'aperto. Il nostro era un bellissimo parco municipale, con viottoli serpeggianti fiancheggiati da robinie e un ruscello gorgogliante che, attraverso cascate naturali tra le rocce, si gettava in un grande stagno con le anatre, circondato da salici piangenti. Da ogni parte si stendevano grandi prati sotto vecchi platani e querce.

Sheila amava il parco. Poiché era distante dal campo degli stagionali, prima di venire nella nostra classe non ci era mai stata;

invece era a pochi isolati dalla scuola, così ci avevo portato diverse volte i bambini. Quel giorno suo padre non venne, ma con Sheila qualche sforzo lo stava facendo, era chiaro. Sheila arrivò indossando uno sgargiante prendisole di cotone arancione e ci disse tutta eccitata che la sera prima suo padre l'aveva portata al discount e gliel'aveva comprato appositamente per il picnic. Quel giorno traboccava di gioia, e saltava, danzava, piroettava sotto il sole, tanto che, ogni volta che sento il profumo dei fiori di robinia o vedo lo stagno con le anatre, mi torna in mente quella sagometta arancione che si muoveva su e giù sotto il sole.

E poi, la fine: gli ultimi saluti sulla porta ad Anton, l'ultima camminata insieme verso le scuole superiori per andare ad aspettare l'autobus. Le avevo regalato la copia, ormai logora, del *Piccolo principe*, ricordo tangibile di quegli ultimi cinque mesi, e camminando si teneva il libro ben stretto.

Salì in fretta i gradini dell'autobus, andò dritta in fondo e si inerpicò sull'ultima fila di sedili per salutarmi con la mano dal finestrino posteriore. L'autobus cominciò a rombare e il fumo del diesel coprì il profumo dei fiori di robinia. «Ciao», stava dicendo, anche se non sentivo, per via del vetro e del rombo del motore. L'autobus partì e lei agitò freneticamente la manina.

«Ciao, ciao», dissi, e sollevai anch'io la mano per salutare, mentre l'autobus svoltava e scompariva dalla vista. Poi mi girai e tornai in classe.

5

Quando arrivò l'autunno, io ero a mille miglia dalla scuola, dal campo degli stagionali e dalle robinie. Mi ero sistemata alla scuola di specialità, e dedicavo quasi tutto il mio tempo libero alla ricerca. Qualche anno prima ero stata affascinata dai disturbi emozionali del linguaggio, soprattutto il mutismo elettivo: chi ne è colpito è fisicamente in grado di parlare ma si rifiuta di farlo per motivi psicologici. Tuttavia avevo dovuto accantonare questo mio interesse, perché, insegnando a tempo pieno, non avevo avuto l'opportunità di coltivarlo. Adesso potevo dedicarvi tutta l'attenzione che volevo. In questo modo avevo ancora un contatto quotidiano con i bambini, ma diverso rispetto a quello che si crea in una classe. Non mi lamentavo. Ero preparata al cambiamento e trovavo gratificante il nuovo lavoro.

In estate, Chad e io avevamo preso strade diverse. Eravamo stati insieme quasi tre anni, e ci eravamo sentiti molto uniti soprattutto in quell'ultimo anno. Sheila, a modo suo, ci aveva avvicinati ancora di più. Prima, Chad aveva fatto parte soltanto della mia vita personale, un mondo che cercavo di tenere rigorosamente separato dalla mia vita di insegnante; ma in marzo, con l'udienza di Sheila, Chad era stato trascinato anche in quella. La magia della sera in cui Chad aveva portato Sheila e me in pizzeria era stata potente, e tutti e tre, credo, come in un sogno, avevamo creduto per un attimo di essere una famiglia. In quel momento era sembrato giusto così: Chad, Sheila e io; ma poi, alla fredda luce del giorno, avevo capito che non era giusto. Chad era più vecchio di me: lui aveva avuto le sue intemperanze giovanili; io, invece, ero ancora una ragazza. Sapevo di non essere ancora pronta per l'impegno che una relazione più stretta con Chad avrebbe comportato. E l'impegno e la dedizione erano tanto importanti per me, che non volevo prenderli alla leggera. Così, per quanto trovassi seducente, in quel momento, la prospettiva di farmi una famiglia, sapevo che avrei fallito, se ci avessi provato allora. Questa era una delle ragioni per cui decisi di cambiare vita e trasferirmi. Amavo Chad, e non volevo interrompere la nostra relazione, ma non volevo nemmeno rafforzarla. Mettere un bel po' di chilometri tra noi mi sembrò una soluzione ragionevole.

Chad, ovviamente, capì benissimo che cosa avevo in mente, e la cosa non gli piacque granché. Per lui era il momento di sistemarsi e farsi una famiglia. Se non altro, quelle otto settimane con Sheila erano servite a confermargli che quello era ciò che voleva; così, la mia incertezza lo irritava: si arrabbiava con me per la mia immaturità e un attimo dopo, profondamente vulnerabile, deplorava l'ingiustizia che un uomo, per quanto fosse pronto a diventare padre, non potesse esserlo senza una donna. Io ero amareggiata, come sempre, quando una relazione va in pezzi; ma, incurante di questo, andai dritto per la mia strada, ancora più certa in fondo al cuore che quella fosse la cosa giusta da fare.

* * *

Sheila andò nella terza elementare di Sandy McGuire, e se la cavò benissimo, a tutti gli effetti. Sandy mi teneva bene informata scrivendomi più o meno una volta al mese. Era gratificante, per me, sapere che Sheila si stava ambientando, facendosi nuovi amici e ottenendo un buon rendimento scolastico, e ancora più gratificante fu sapere che arrivava a scuola più pulita e meglio nutrita, cosa che mi faceva sperare che la sua situazione familiare stesse migliorando.

La mia unica fonte di informazione, oltre a Sandy, era Anton, che, abitando ancora al campo degli stagionali, di tanto in tanto vedeva Sheila. Nonostante i dubbi che avevo nutrito su di lui quando, in autunno, era arrivato nella mia classe, si era rivelato un insegnante nato. Aveva un rapporto eccezionale con i bambini, soprattutto quelli più difficili e di lingua spagnola, che erano numerosi nella comunità dei lavoratori stagionali. Così, aveva deciso di studiare al college della comunità per ottenere la qualifica di insegnante; intanto avrebbe continuato la sua attività di assistente al distretto scolastico. Era bene informato su come se la stavano cavando gli altri miei ex alunni; così, le lettere di Anton erano sempre una festa, per me.

Scrivevo a Sheila, come le avevo promesso, e lei di tanto in tanto rispondeva. Ma aveva soltanto sette anni e, come per tutti i bambini di sette anni, per quanto dotati, tenere una corrispondenza era una gran fatica. Le sue lettere mi arrivavano con irregolarità, e se tra l'una e l'altra non avessi avuto notizie da Sandy, non avrei proprio potuto farmi un'idea di che cosa le succedeva. Quello che mi spediva, poi, era ancora più strambo della frequenza con cui scriveva. Chissà perché, le piaceva farmi leggere i suoi compiti, che spesso erano tutto ciò che ricevevo da lei per mesi.

Andò tutto liscio. Alla fine dell'anno scolastico con Sandy, Sheila era un'alunna entusiasta, anche se un po' stravagante, e fu promossa in quarta. Sandy mi mandò una sua fotografia scattata a scuola, dove compariva con addosso il suo sgargiante vestitino arancione e un sorriso dolce e sdentato. Sembrava in forma, anche se non pulitissima.

Arrivò l'autunno. Sheila, invece, non arrivò. Ricevetti da Sandy un biglietto sconcertante: diceva che Sheila era stata cancellata dai registri. Fu Anton a indagare; dopodiché mi scrisse che Sheila e il padre si erano trasferiti in una cittadina dall'altra parte dello stato, a più di centocinquanta chilometri di distanza. Erano partiti in giugno, subito dopo la fine della scuola, a quanto pareva perché suo padre pensava di aver trovato un lavoro.

Scrissi all'unico indirizzo di Sheila che avevo, quello vecchio, e non ebbi risposta. Angosciata al pensiero di aver davvero perso i contatti con lei, feci qualche telefonata nel tentativo di rintracciarla. Così seppi che, a quanto pareva, era stata affidata a una famiglia alla fine dell'estate; ma erano soltanto voci e nessuno era in grado di confermarle. Non conoscevo nessuno nella città in cui si era trasferita col padre, e poi mi trovavo a milleduecento chilometri di distanza. Era impossibile scoprire dov'era e come se la cavava.

Questo mi turbò profondamente. Una mia vecchia collega, con la quale, dopo un vano tentativo di rintracciare Sheila, mi confidai un pomeriggio, mi assicurò che era meglio così, che dovevo cercare di staccarmi dai miei ex alunni. Sorrise gentilmente e mi batté la mano sulla spalla. «Non guardarti mai indietro. Devi amarli e lasciarli.»

* * *

Passarono tre anni prima che riuscissi a tornare a Marysville a trovare i miei vecchi amici. E quando arrivai, Anton se n'era andato. Aveva finito il suo corso biennale al college della comunità e aveva vinto una borsa di studio all'università dello stato. Tuttavia vidi Sandy, e anche Whitney, che adesso era all'ultimo anno delle superiori; e tornai nella mia vecchia aula, che era stata trasformata in un'aula di sostegno.

Chad e io ci eravamo lasciati da buoni amici e avevamo continuato a tenerci in contatto. Si era sposato con una collega avvocato; Lisa, così si chiamava la moglie, aspettava il loro primo figlio, che sarebbe nato di lì a un mese.

Stabilimmo di pranzare insieme e andai a trovarlo nel suo studio. Era impegnato in una riunione, così lo aspettai al banco della reception, passeggiando pigramente avanti e indietro. Fu allora che notai un biglietto tra la posta in partenza. Lo vidi soltanto con la coda dell'occhio, ma quel nome attirò la mia attenzione. Era il nome del padre di Sheila. Lanciai un'occhiata alla segretaria e capii che non avrei potuto vedere molto di più, ma ero ansiosa di sentire che cosa Chad aveva da dire al riguardo.

«Non sai che è tornato in prigione?» rispose, quando lo interrogai.

«*No.* Quando è successo? Non mi avevi detto niente.»

«Be', non potevo proprio, ti pare?» si scusò. «Sai com'è, il segreto professionale e tutto il resto. E poi credevo che lo sapessi.» Quello che non disse era che, da quando ci eravamo lasciati, ci eravamo limitati a spedirci auguri di Natale o poco più. Tuttavia, in un certo senso mi sentii ingannata.

Chad sorrise gentilmente. «Non mi sto occupando di molti casi, in questo periodo, così non lo sapevo nemmeno io, finché non ho visto la cartella.»

«Che cosa è successo?»

«Non posso proprio parlarne, Torey.»

«Ma io non sono una qualunque, Chad. E poi sono stata io a portarti quell'uomo.» Ero ferita, avvilita. Sapevo che probabilmente non era colpa di Chad, e capivo bene il suo bisogno di mantenere il segreto professionale, riguardo ai suoi clienti, ma quel colpo mi rendeva irascibile.

«Be', ti basti sapere che ha agito in modo del tutto prevedibile. Non ha perso le sue vecchie abitudini.»

«E allora, dov'è Sheila?»

«Non lo so. Da un anno o due lui sta a Broadview; e là è stato arrestato e incriminato. Sono venuti qui soltanto a cercare i suoi fascicoli. Non l'ho mai visto né sentito.»

«Ma Sheila dov'è?» mormorai, chinando la testa.

* * *

Col cuore spezzato, a questa notizia, mi diedi da fare per scoprire che fine avesse fatto Sheila; ma le fonti a mia disposizione erano scarse. Broadview era pur sempre a più di trecento chilometri di distanza, ed era una città molto grande. Cercare lì una bambina così piccola non era un'impresa facile. Il massimo che potei fare fu trovare conferma del fatto che, in seguito all'arresto e alla detenzione del padre, era stata affidata a una famiglia e, a quanto pareva, era ancora in affidamento. Dove, con chi e per quanto tempo, non riuscii a scoprirlo. Girava voce che, dal momento del trasferimento, fosse stata con la famiglia adottiva a periodi alterni.

L'affidamento. Praticamente per tutto il periodo che Sheila era stata nella mia classe, avevamo considerato l'affidamento una panacea per tutti i suoi problemi. Se solo Sheila fosse stata allontanata dalla povertà, se solo fosse stata in una famiglia stabile, con genitori affettuosi, se solo... Non avevamo potuto trovare una famiglia cui affidarla semplicemente perché l'Assistenza Sociale, a Marysville, era sommersa di lavoro, e poi lei aveva il suo padre naturale. Adesso era in affidamento, e avrei dovuto esserne felice. Ma non lo ero.

Tornata a casa, mi sedetti a scrivere a Sheila una lunghissima lettera. Le scrissi della mia visita alla nostra vecchia scuola e ai nostri vecchi amici. Le dissi che sapevo che nell'ultimo anno e mezzo la sua vita era stata sconvolta e che era stata affidata a una famiglia, ma mi auguravo che tutto procedesse per il meglio. Se c'era qualcosa che potevo fare per lei, sarei stata felice di farlo. Sotto il mio numero di telefono scrissi che, volendo, poteva farmi una telefonata a carico del destinatario. Poi aggiunsi una fotografia mia e di Sandy scattata durante la mia visita e una sua vecchia foto del picnic dell'ultimo giorno di scuola. Infine, misi tutto quanto in una grande busta. Ma dove potevo spedirla? Alla fine la indirizzai a suo padre, in prigione, chiedendogli di farla recapitare a Sheila.

* * *

Non seppi mai se Sheila avesse ricevuto la mia lettera o no, se avesse mai saputo che ero di nuovo in cerca di lei. Non rispose e, col passare dei mesi, cominciai ad accettare il fatto che non lo avrebbe mai fatto.

Ma fu difficile. Mi sembrava inconcepibile che fosse scomparsa dalla mia vita. Tuttavia continuavano a tornarmi in mente le parole della mia collega: devi amarli e lasciarli.

Due anni dopo, sulla mia scrivania arrivò una piccola busta. Non era indirizzata a casa mia, ma all'università dove allora insegnavo. Riconobbi immediatamente la scrittura irregolare e pasticciata di Sheila, e aprii la busta. C'era un solo foglio, dentro, una pagina spiegazzata di un quaderno a righe. Era scritta con un pennarello blu e molte parole erano macchiate d'acqua, come se il foglio si fosse bagnato di pioggia. O di lacrime?

A Torey con tanto
Amore

Vennero tutti gli altri
Cercarono di farmi ridere
Giocarono ai loro giochi con me
Alcuni giochi per svago altri sul serio
E poi se ne andarono
Lasciandomi tra le rovine dei giochi
Senza sapere quali erano sul serio e
Quali erano per svago e
Lasciandomi sola con gli echi di
Una risata che non era la mia.

Poi venisti tu
Coi tuoi modi strani
Non proprio umani
E mi facesti piangere
E non t'importava il pianto
Dicesti solo il gioco è finito
E aspettasti
Che tutte le mie lacrime si trasformassero in
Gioia.

Non c'era nient'altro, non una lettera, non un biglietto. Come ai tempi in cui mi mandava soltanto i suoi compiti, sembrava che Sheila non provasse alcun bisogno di spiegazioni. Adesso toccava a me piangere, e così feci.

PARTE SECONDA

6

Ricordo esattamente il momento in cui cominciò la magia. Avevo otto anni ed ero un'alunna, non eccezionale, della classe della signora Webb. La scuola non mi interessava granché. Non mi era mai interessata. Il mio mondo, a quei tempi, era l'ampio ruscello paludoso che scorreva a valle della nostra casa; il ruscello e i miei amati animali. La scuola era soltanto un intralcio a quei divertimenti.

Una certa mattina, io e i miei compagni del gruppo di lettura eravamo stati mandati ai nostri posti a preparare il compito, mentre la signora Webb ascoltava un altro gruppo. Sul mio banco, sotto il libro, avevo nascosto un foglio, e invece di fare quello che avrei dovuto, approfittai di quel momento per scrivere. A casa avevo un bassotto, che mia madre mi aveva regalato quando avevo compiuto sette anni, e feci di lui l'eroe di un racconto alquanto sinistro dove comparivano anche la nostra vecchia gatta e una banda di corvi predatori e strappaocchi. Ero così presa dal mio racconto, che non mi accorsi degli spostamenti della signora Webb; così accadde quello che, inevitabilmente, accade a tutte le bambine di otto anni che non fanno i loro esercizi di lettura. La signora Webb mi strappò il foglio di mano e dovetti rimanere in classe per tutta la ricreazione a fare l'esercizio di lettura.

Fu un episodio da poco, quel genere di cose alle quali, purtroppo, ero piuttosto abituata; così me ne dimenticai del tutto. Poi, un paio di settimane dopo, mi ammalai e rimasi qualche giorno a casa da scuola. Quando tornai, quel pomeriggio dovetti fermarmi a scuola per rimettermi in pari con gli altri. A quanto pareva, la signora Webb colse l'occasione per fare ordine nei cassetti della cattedra. Quando finii, mi consegnò un foglio. «Tieni, credo che sia tuo», disse. Era la storia del mio cane e dei corvi.

Presi il mio cappotto e le mie cose per tornare a casa e cominciai a leggerla, mentre percorrevo il corridoio della scuola, buio e silenzioso, dopo tanto tempo che gli altri bambini se n'erano andati. In fondo al corridoio, spinsi le pesanti doppie porte della scuola e mi sedetti sui gradini di cemento dell'ingresso a finire di leggere.

Ricordo quel momento con straordinaria nitidezza: il freddo del cemento che mi arrivava da sotto la gonna, la luce del sole del tardo autunno che si oscurava contro l'entrata della scuola, il silenzio quasi irreale del cortile vuoto e perfino la sottile angoscia di sapere che avrei dovuto essere in viaggio verso casa, perché mia nonna si preoccupava se facevo tardi. Ma quel foglio mi tratteneva; ero come stregata.

C'era tutto, lì dentro: il mio cane, le sue avventure, l'emozione che le esperienze melodrammatiche come quella mi suscitavano sempre. Leggere quella storia mi emozionava quanto mi aveva emozionata scriverla. Quando me ne resi conto, stupita, abbassai il foglio. Ricordo chiaramente che abbassai il foglio, guardai al di sopra del bordo, vidi il gioco della campana che qualcuno aveva disegnato col gesso sull'asfalto del cortile ed ebbi una rivelazione. Ma certo! Avevo sempre scritto perché scrivere, per me, era come fingere: fintanto che scrivevo, potevo trasformarmi in qualcun altro, provare nuove sensazioni e vivere nuove avventure; ma, finito l'atto creativo, non ero mai tornata a leggere quello che avevo scritto. E adesso, due settimane dopo, provavo le stesse sensazioni provate prima, quando avevo scritto il racconto. Identiche. Di nuovo. Come se quelle due settimane non fossero mai trascorse. Avevo fermato il tempo. Lì, sui gradini della scuola, capii che mi ero imbattuta in una magia di prim'ordine. *Vera e propria magia*!

Per il resto della mia infanzia, e poi della mia vita di adolescente e di adulta, scrivere divenne un'esigenza, per me. Era un'attività interiore, quasi indipendente dalla mia volontà, come la circolazione del sangue o la digestione; era una parte naturale di me stessa. Scrivevo di tutto: diari, aneddoti, racconti. Scrivevo per capire gli altri, per darmi l'opportunità di entrare un po' nei loro panni e vedere che effetto faceva guardare il mondo da un'altra angolazione. Scrivevo per capire i sentimenti e le esperienze che non avevo ancora vissuto. E scrivevo per capire me stessa.

Fu una scuola straordinaria, per me, anche se un po' insolita. Soprattutto, sviluppò la mia capacità di essere obiettiva e di immedesimarmi negli altri, e questo, a sua volta, accrebbe la mia capacità di accettare le differenze; e, ovviamente, fece di me un'acuta osservatrice.

* * *

Ero all'ultimo anno di un dottorato di ricerca che avevo cominciato quasi per caso. Avevo evitato la legge di integrazione che mi aveva tanto sconcertata l'anno in cui avevo avuto Sheila. Anche se non ero ancora soddisfatta di tutti gli aspetti dell'attuazione della legge, un paio di anni dopo ero tornata a lavorare a scuola, questa volta come insegnante «centrale» di sostegno: io rimanevo sempre nella stessa aula, mentre gli alunni andavano e venivano. Non era gratificante quanto avere una classe mia, ma almeno vedevo regolarmente gli stessi bambini.

Poi, a Washington, l'amministrazione era cambiata, e con quella l'atteggiamento generale del paese. Con una sola firma erano state spazzate via conquiste per le quali avevo combattuto con tutta me stessa. La parola d'ordine, adesso, era riduzione delle imposte e tagli della spesa pubblica. Poiché tenere i bambini nella scuola pubblica richiede più lavoro, e dunque costi maggiori, i nostri programmi erano stati i primi a essere presi di mira. Si era cominciato a insistere sulla necessità di inserire i bambini delle classi speciali in classi regolari, soluzione che avrebbe fatto risparmiare al governo molti soldi. Eravamo costretti a trattare i bambini secondo modalità che non sempre erano le più vantaggiose per loro – né per gli insegnanti, dal momento che molti di coloro che tenevano le classi regolari avevano scarsa conoscenza del trattamento dei bambini handicappati. Ma questo metodo, era il solo a permetterci di occuparci di quei bambini ai costi stabiliti dal governo. Le leggi del mercato, adesso, venivano applicate al sistema scolastico.

Indignata per questi cambiamenti e fin troppo consapevole del fatto che, se avessi continuato a insegnare, anch'io mi sarei presto trovata disoccupata, avevo deciso di seguire un dottorato di ricerca nel campo dell'educazione speciale. Era stata una decisione stupida. Quel diploma era una qualifica troppo alta per poter tornare all'insegnamento, l'unico aspetto dell'educazione che mi interessasse. E, cosa peggiore di tutte, mi costringeva a lavorare con chi creava proprio le teorie che stavo cercando di fuggire. Così, non ci avevo mai messo veramente il cuore.

Me la cavavo trovando altre strade. E allora, la mia via di fuga era il proseguimento della mia lunga ricerca nel campo dei disturbi psicologici del linguaggio. Era un problema che riscuoteva scarso interesse tra gli altri ricercatori; tuttavia, attraverso l'università, trovai una nicchia all'ospedale universitario. Lì, nel reparto psichiatrico per bambini e adolescenti, trovai, tra gli psichiatri e altri professionisti, anche dei colleghi volenterosi con cui collaborare. Nonostante le mie credenziali ibride, le mie idee venivano accettate e incoraggiate, e la mia ricerca andava a gonfie vele.

Come sempre, continuavo a occupare il mio tempo libero scrivendo. Anzi, allora scrivevo più di prima; in parte, credo, perché il mio lavoro non mi coinvolgeva fino in fondo.

Era un po' che desideravo scrivere delle mie esperienze con Sheila. Avevo raccolto parecchio materiale su quella classe, non al preciso scopo di usarlo un giorno per scrivere un libro, ma soltanto perché mi piaceva accumulare appunti e mi facevo prendere dal sentimentalismo, per quel genere di cose. Anche se quando avevo lavorato in quella classe non avevo tenuto un vero e proprio diario, avevo registrato una gran quantità di aneddoti; inoltre, avendo avuto a disposizione una videocamera, avevo diverse cassette di Sheila. Tornavo periodicamente su tutte queste cose, e ogni volta era come se sentissi Sheila parlare: le inflessioni della sua voce, le sue strane, cadenzate costruzioni grammaticali. Dovevo scrivere tutto quanto. Dovevo sottrarre quei cinque mesi allo scorrere inesorabile del tempo.

Poi, una buia sera di gennaio, sull'autostrada, tornando a casa dal lavoro, mi venne in mente l'inizio: *Dovevo immaginarlo*. Andai a casa e mi misi a scrivere. Otto giorni e 225 pagine dopo, avevo finito.

Soltanto a lavoro concluso mi resi conto di che cosa era successo. A pagina 225, mi accorsi che non avevo scritto per il mio divertimento personale; quello era un libro. E allora capii che dovevo trovare Sheila e fargliela leggere, prima che quella faccenda prendesse nuovi sviluppi.

7

L'annuncio che attirò la mia attenzione offriva un posto in una piccola clinica psichiatrica privata di una grande città, a circa quattro ore di macchina a ovest di Marysville. In tutti quegli anni che avevo trascorso nell'est, il Midwest mi era mancato. E devo ammettere che in quel momento pensai anche a Sheila. Broadview, dove lei viveva, era una comunità satellite della città. Erano passati sei mesi da quando avevo scritto il libro e la mia ricerca di Sheila non era approdata a nulla. L'idea di vivere vicino a lei, o magari ristabilire i contatti e rinnovare i nostri rapporti, era allettante.

Fui accettata alla clinica Sandry come psicologa ricercatrice; avevo il compito di coordinare e sovrintendere i diversi progetti di ricerca dello staff e, allo stesso tempo, continuare il mio lavoro di ricerca sul mutismo elettivo. Lo staff era composto di sette persone. Di queste, cinque, compreso il direttore, il dottor Rosenthal, erano affermati specialisti in psichiatria infantile. Insieme, avevano fondato la clinica cinque anni prima e stabilito la conversione di quel vecchio edificio elegante in ambienti per la psicoterapia e begli uffici.

La clinica Sandry mi piaceva molto. I miei colleghi erano tutte persone creative, vivaci e pronte alla discussione, e lavoravano bene in équipe. Di tutti noi, chi brillava di più, per diversi aspetti, era il nostro direttore. Il dottor Rosenthal non era un gigante solo fisicamente, con il suo metro e novantotto di altezza, ma anche intellettualmente. Aveva il carisma tipico degli uomini di potere, che li rende belli quali che siano le loro caratteristiche fisiche. Ne fui intimorita per gran parte del mio primo anno alla clinica. Anche se era nato e cresciuto in America, aveva i modi di un europeo. Per esempio, non ci chiamava mai col nome di battesimo. Di solito, per rivolgersi a noi, usava «dottore», ma poiché io non meritavo quel titolo, per lui rimasi sempre la signorina Hayden. Questo gli conferiva un'aria di inaccessibilità, che, insieme alla sua fama di formidabile intellettuale, mi intimoriva, quando ero con lui. Ciò nonostante, quando lo conobbi meglio, capii che era un uomo gentile, deciso ma buono con i suoi collaboratori, così com'era buono con i bambini con cui lavorava, e sempre, sempre corretto.

La vita in clinica era lussuosa, paragonata a quella cui ero abituata quando lavoravo nella scuola pubblica. Avevamo a disposizione delle meravigliose attrezzature, tra cui una grande stanza luminosa per la terapia, piena di cose che non mi sarei nemmeno sognata di avere, in una classe speciale, come una casetta per le bambole alta un metro e mezzo, con dentro una grande famiglia di bambole, un cavallino a dondolo di legno delle dimensioni di un pony, una cassetta di sabbia al coperto e un acquario.

E quel lusso lo utilizzavo per il mio lavoro. I bambini che mi erano stati assegnati per la terapia erano suddivisi principalmente a seconda della loro capacità, o incapacità, di parlare, ma mi era concessa anche una generosa quantità di tempo per lavorare ai progetti di ricerca o consultarmi con i colleghi. Poiché non trovavo del tutto soddisfacenti i cinquanta minuti dell'«ora di terapia», mi fu data piena libertà di vedere i miei pazienti due o tre volte la settimana, se preferivo quella soluzione alla tradizionale seduta a scadenza settimanale, e di incontrarli nel loro ambiente, invece che in clinica.

Unica pecca, dal mio punto di vista, era che i miei colleghi erano in gran parte dei freudiani convinti, e questo limitava le loro vedute come il behaviorismo aveva limitato le vedute dei miei colleghi insegnanti. Così, eccomi lì, atea in un monastero. Per me non esiste un solo sistema di pensiero in cui inserire tutte le interpretazioni del comportamento umano. Noi creiamo delle teorie che ci consentano di mettere un po' d'ordine nel caos e provocare dei cambiamenti, ma siamo noi, noi che lavoriamo giorno per giorno con i bambini, ad aver creato quell'ordine, perché siamo noi ad averne bisogno. Qualsiasi teoria, secondo me, ci fornisce soltanto una delle vie all'interpretazione, e ci sono tanti altri sentieri che portano in cima alla montagna.

Riuscivo quasi sempre a far fronte a questa diversità di vedute, perché, secondo l'etica che vigeva alla clinica, non ero tenuta a conformarmi ai princìpi dei miei colleghi, e poiché non avevo il titolo di psichiatra, nessuno si aspettava che lo facessi. Anzi, credo che il dottor Rosenthal fosse stato attratto proprio dalle mie diverse vedute. Ciò nonostante, mi ritrovai a dover tenere spesso a freno la lingua.

Non essendo una psichiatra, non meritavo uno degli uffici più belli. Dovetti spartire una stanza sul retro, poco più grande di un armadio, con Jeff Tomlison.

Jeff, medico, era all'ultimo anno di specialità in psichiatria infantile. Era una di quelle persone tanto dotate, intellettualmente, che danno per scontate le proprie capacità. Non c'era modestia in lui. Era brillante e sapeva di esserlo, e sapeva che anche tutti gli altri lo sapevano. «Superman vola?» domandava con distacco ogni volta che manifestavo il mio stupore di fronte a una sua prodezza mentale; ma lo diceva sempre con tanto candore che nessuno ci badava mai. Non troppo.

Sfortunatamente, Jeff sembrava il nipote di Freud. Anzi, sembrava Freud in persona, per come sapeva citare il grande maestro. Con la sua memoria quasi fotografica, Jeff riusciva a farmi ammutolire, quando rigurgitava parola per parola gli interminabili casi al quale il vecchio aveva lavorato. Dopo un po' diventò un gioco, per noi, vedere chi riusciva a sconfiggere l'altro a parole.

La verità è che volevo bene a Jeff. Eravamo i più giovani dello staff, e di un bel po' di anni, e il nostro somigliava al rapporto che si stabilisce tra fratello e sorella in mezzo agli adulti. Tutti gli altri psichiatri avevano splendidi uffici sulla parte antistante dell'edificio, con quadri e caminetti, tappeti e divani di pelle. L'ufficio mio e di Jeff, sul retro, era uno sgabuzzino senza finestre, che una volta aveva ospitato gli animali usati da un altro psicologo per le sue ricerche, e puzzava ancora. Avevamo ornato le pareti con manifesti, vignette e i nostri nomi campeggiavano su due targhe della Pantera Rosa. Era lì che lavoravamo, combattevamo e discutevamo i nostri problemi.

Quello che salvava Jeff dall'annichilimento per le sue stupidaggini freudiane era uno straordinario senso dell'umorismo. Aveva un dono tutto particolare nel parlare con buffe vocette e per le imitazioni, in cui si esibiva con l'*aplomb* di un comico di professione. Così, quando meno me l'aspettavo, gli oggetti inanimati del nostro ufficio – il classificatore, le scrivanie, il calorifero – si intrufolavano nella nostra conversazione, ciascuno con la sua surreale vocetta alla Robin Williams. I bambini, ovviamente, quando le sentivano ne rimanevano incantati, ma funzionava anche con me. Era difficile arrabbiarsi con uno che aveva tutti i mobili dalla sua parte.

Tutto considerato, ero soddisfatta di quel lavoro, che spingeva la mia carriera in una direzione diversa dall'educazione speciale. Trovavo piacevole poter indossare gonne di lana e portare ciondoli al collo al lavoro, sapere che potevo lasciare sciolti i miei lunghi capelli senza che nessuno me li tirasse e me li strappasse. Certo, di lì a qualche mese avrei cominciato a provare troppa nostalgia per i miei jeans e le mie scarpe da ginnastica, e me li sarei ritrovati addosso. Ma allora ero pienamente soddisfatta delle abbondanti attrezzature della clinica e dei colleghi stimolanti, e sentivo che, almeno per il momento, quella era la scelta giusta.

8

Quando finalmente rintracciai Sheila, mancavano tre mesi al suo quattordicesimo compleanno. Non la vedevo da sette anni – metà della sua vita – e, tranne che per la poesia, che mi era stata recapitata due anni prima, non avevo notizie di lei da cinque anni. Quando la trovai, era tornata col padre e viveva all'estrema periferia di Broadview. Durante una conversazione telefonica chiesi al padre se potevo andare a trovarla.

Abitavano in una casa bifamiliare marrone con i muri scrostati, in una zona squallida con i cortili ingombri di rottami di macchine ed elettrodomestici arrugginiti; tuttavia, paragonata alla casa di Sheila al campo degli stagionali, quella era un'abitazione lussuosa.

Bussai alla porta. Ci fu un lungo istante di silenzio, da dietro la porta, e mi accorsi, con mia sorpresa, che mi tremavano le gambe. Tutti i fantasmi del passato mi si affollarono attorno, mentre aspettavo davanti a quella porta, e li udivo distintamente. Echeggiò la risata di una bambina, e poi grida, strilli, i rumori di una classe, e infine il buio e ventoso silenzio in cui ricordavo di essermi trovata davanti all'ingresso della baracca di carta catramata di Sheila al campo degli stagionali. Poi tornò il presente. Arrivarono dei rumori di passi e la porta si aprì.

Non credo che avrei riconosciuto il padre di Sheila, se non fossi stata certa che avrebbe aperto lui la porta. Aveva subìto un cambiamento straordinario, in quei sette anni. L'ubriacone sovrappeso e giù di corda che ricordavo era scomparso. Al suo posto, mi aprì la porta un uomo asciutto e dall'aria atletica e, cosa più sorprendente di tutte, *giovane*. L'ultima volta che l'avevo visto avevo poco più di vent'anni, e l'avevo sempre considerato della generazione dei miei genitori. Adesso, scioccata, mi resi conto che in realtà non era molto più vecchio di me.

«Il signor Renstad?» domandai, titubante.

Annuì.

«Sono Torey Hayden.»

Lui mi fece un sorriso di sincero benvenuto e tenne aperta la porta per farmi entrare. «Entri. In questo momento Sheila non c'è. È appena andata a comprare il latte, ma sarà qui tra qualche minuto.» Aprì la porta del soggiorno ed entrai. Era piccolo, con un televisore, un logoro divano marrone e due poltrone antiquate. La stanza aveva un che di brunastro, ma era confortevole.

Improvvisamente fummo colti tutt'e due dalla timidezza. Avevo pensato per tanti anni a quel momento, e adesso che era arrivato, non sapevo esattamente che cosa dire. E lui provava la stessa incertezza, era ovvio.

Un istante dopo, prese una fotografia da sopra il televisore. «Tenga, vuole vedere qui? Questi sono i miei ragazzi.»

Era la foto di una squadra di baseball, ragazzi che potevano avere dieci, undici anni. Erano disposti in due file: quelli davanti inginocchiati e gli altri in piedi, con il signor Renstad nella fila di dietro, a sinistra.

«Ormai è un anno che li alleno», disse, avvicinandosi per guardare la foto. «Vede quel ragazzino? Si chiama Juma Washington, e lo ascolti bene, questo nome, perché un giorno lui sarà grande. È come Hank Aaron, quel ragazzino. E sono stato io a insegnargli a colpire. All'inizio non ne voleva sapere, di fare qualcosa. Era un selvaggio, una peste. E adesso, invece, finirà nel campionato nazionale. Aspetti e vedrà. So che farà strada.»

«È fantastico.»

Mi guardò. «Adesso sono pulito, sa. Sheila gliel'ha detto? Niente più alcol o roba del genere. Ne sono fuori da un anno e mezzo, ormai, e adesso sono io che aiuto gli altri.»

«Mi fa molto piacere», dissi.

«Davvero. Non mi metto più nei guai, e adesso ho questi ragazzi. Abbiamo già vinto quattro partite, questa stagione. Prima che arrivassi io, non avevano mai vinto. Erano dei ragazzini selvaggi, matti come cavalli. Ma adesso andiamo benissimo. Abbiamo Juma. E ne abbiamo altri due niente male. Ecco, adesso glieli faccio vedere.» Prese la fotografia. «Questo è Salim. E quest'altro Luis. Dovrebbe vederli giocare. Può venirci, un sabato?»

Proprio in quel momento la porta sbatté rumorosamente e comparve Sheila.

Sheila?

Davanti a me c'era un'adolescente allampanata con – lo giuro davanti a Dio – i capelli arancioni. Non biondo tiziano, e neppure rossi. Arancioni, come un cono spartitraffico. Erano piuttosto lunghi, con una permanente a riccioli crespi e, sopra, un berretto da baseball dei Cups.

Avrei capito che quella era Sheila, se l'avessi incontrata per strada? Era diventata più alta di quanto non mi aspettassi. Era una creaturina tanto piccina e malnutrita, quando l'avevo avuta con me, che l'avevo sempre ricordata piccola; e invece eccola lì, tredici anni e alta già più di un metro e sessanta. Tuttavia, l'adolescenza non aveva compiuto del tutto la sua magia: era magrissima e aveva ancora l'aspetto acerbo da bambina.

Inutile domandarsi se mi avesse riconsciuta o no. Vedendomi, si fermò di colpo, come se avesse visto qualcosa di assolutamente inaspettato. Le salì il colore alle guance. «Ciao», disse, e sorrise timidamente. Quel sorriso bastò. I suoi lineamenti acquistarono subito un'aria familiare.

«Ciao.»

Eravamo tutt'e tre imbarazzati. Dopo aver sognato per tanti anni quella riunione, non mi aspettavo di non saper cosa dire, e invece fu proprio così. Sheila, altrettanto confusa, si aggrappava al suo cartoccio del latte e mi guardava fissa. Soltanto il signor Renstad sembrò in grado di ritrovare la parola. Riprese a parlare della sua squadra di baseball; però non mi chiese di sedermi, così continuammo a starcene tutti in piedi in mezzo al soggiorno.

Il padre di Sheila non smetteva più di parlare. Mi assicurò più volte che aveva chiuso con la droga e con l'alcol e che si era lasciato il passato alle spalle. Per me fu imbarazzante: avevo la sensazione che interpretasse la mia visita come un controllo. A quanto pareva, credeva che, in quegli anni, Sheila e io ci fossimo tenute in contatto molto più di quanto non avessimo fatto, e faceva allusioni a fatti di cui non sapevo nulla. In quel momento mi sembrò indelicato fare domande, così non dissi niente, ma da quanto capivo, Sheila era stata in affidamento tra gli otto e i dieci anni di età, e poi di nuovo a undici anni. Vivevano insieme dall'ultima volta che era uscito in libertà provvisoria, pressappoco un anno e mezzo prima.

Sheila non aprì bocca. Come suo padre e me, se ne stette in

piedi in mezzo alla stanza, ma non cercò di unirsi alla conversazione. Le lanciai qualche occhiata furtiva, a lei e soprattutto ai suoi capelli tinti, perché erano di un colore così insolito. E anche ai suoi vestiti. Quando veniva nella mia classe, aveva due soli capi di abbigliamento – una maglietta da maschietto, a righe marroni, e una salopette di jeans – che aveva portato tutti i santi giorni. Adesso indossava una T-shirt fuori misura, enorme, con una giacca di jeans sbrindellata e senza maniche. Pensai che sotto doveva avere qualcos'altro, oltre alla biancheria, perché dal bordo della T-shirt spuntava qualcosa che poteva essere il bordo sfrangiato di un paio di jeans tagliati al ginocchio, ma non ne ero sicura. Studiando l'insieme, diedi per scontato che quello fosse un abbigliamento alla moda, e non una conseguenza della povertà.

Quando suo padre finalmente smise di parlare, le dissi: «Sono passata davanti a un Dairy Queen, venendo qui. Ti va di venire con me a prendere un gelato?»

* * *

Quando fummo sole in macchina, Sheila non aprì bocca. Non era affatto un silenzio ostile, anche se un po' imbarazzante. Mi venne in mente il giorno in cui avevo visto Sheila per la prima volta. Anche allora non aveva aperto bocca, ma era stato un silenzio astioso, che aveva rotto soltanto per annunciarmi con veemenza da tigre che non ci sarei riuscita, a farla parlare. Continuavo a ripensare alla ragazzina carismatica che avevo conosciuto, cercando di ritrovarla in quell'adolescente nervosa. Ma sapevo fin troppo bene che quella creatura simile a un cervo, dall'abbigliamento strambo, non la conoscevo affatto.

Svoltai nel parcheggio del Dairy Queen e la guardai. «Ricordi quando vi portavo tutti quanti al Dairy Queen e vi compravo quelle scatole di mottarelli? E che Peter voleva sempre qualcosa di diverso dagli altri? Qualsiasi cosa: bastava che non fosse la stessa che prendevano gli altri.»

«Chi è Peter?»

«Ma sì che te lo ricordi. Nella nostra classe. Raccontava sempre quelle barzellette orribili. Facevano piangere. Te lo ricordi?»

Pausa. «Sì... credo di sì. Era messicano, vero?»

«Be', veramente era nero.»

Scegliemmo i gusti e poi andammo a sederci fuori, a un tavolo da picnic di fronte alla gelateria. Sheila si ingobbì sopra il suo gelato in un modo che mi fece venire in mente i primi giorni in cui era stata nella mia classe, quando si teneva stretto stretto il suo vassoio col pranzo, con aria circospetta, come un animale, nel caso qualcuno volesse portarglielo via prima che avesse finito. Cominciò a rimestare nella sua coppa. Il gelato, il cioccolato e la panna montata si fusero in un pasticcio appiccicoso.

«Allora, come va la scuola?» domandai.

«Bene, credo.»

«Che corsi segui?»

«I soliti.»

«C'è qualcosa di interessante?»

«No, veramente no.»

«Cose difficili?»

«No», disse, e rimestò più energicamente. «Noiose, quasi sempre.»

Cercai di farmi venire in mente un argomento per dare l'avvio alla conversazione e ripiegai su un vecchio trucco che avevo usato spesso a scuola per incoraggiare i bambini a parlare. «E qual è la cosa che detesti di più?»

«Essere la più giovane», rispose, senza esitazioni. «È proprio una cosa che *detesto.*»

Un'accusa, forse? Lei sapeva che ero responsabile di averle fatto saltare una classe. C'era forse quella insinuazione, nelle sue parole? «E qual è l'aspetto che detesti di più, del fatto di essere la più giovane?»

Scrollò le spalle. «Solo il fatto di essere la più giovane, nient'altro. La più piccola. Fino a quest'anno sono sempre stata la più bassa di tutti. Ero la bambina piccola della classe. Mi prendevano tutti in giro.»

«Sì, capisco che questo possa creare dei problemi», dissi, «ma per noi era molto difficile sapere che cosa fosse meglio per te.»

Un'altra scrollata di spalle. «Non mi sto lamentando. Me l'hai chiesto tu.»

Poi il silenzio. Mi domandai se fosse meglio farla parlare di quel problema e rischiare di toccare argomenti pesanti – una cosa che non mi sembrava opportuna, in quel momento – oppure ostinarmi a cercare qualcos'altro di cui parlare. Ero imbarazzatissima. Quella non era affatto la Sheila che mi ero aspettata.

Ancora silenzio. Mangiai il gelato a piccoli bocconi e mi concentrai sui sapori.

A un tratto, Sheila emise un gran sospiro e scosse la testa. «È così strano», disse. «Non so, io penso sempre a te come a una che conosco bene. Ma in realtà siamo due estranee.»

Quell'ammissione ruppe il ghiaccio. La verità è che *eravamo* estranee, e nessuna delle due l'aveva previsto. Riconosciuto questo, parlare diventò molto più semplice. Non dovevamo fare finta che quei sette anni non fossero passati.

Di sua iniziativa, Sheila cominciò a parlare della sua scuola. Non le piaceva. Stava terminando il nono anno, a quanto pareva con buoni risultati; ma dalle sue parole capii che nessun aspetto della scuola suscitava il suo interesse. Le autorità si lamentavano dei suoi capelli, del suo modo di vestire e del suo comportamento in generale, e quello che mi raccontò mi fece sospettare che stesse affrontando il problema marinando la scuola.

Curiosamente, la sola materia che sembrava affascinarla era il latino, una lingua che non credevo venisse ancora insegnata nelle scuole. L'insegnante, anziano, era un professore vecchio stampo, severo, di vedute poco illuminate sulle capacità di apprendimento delle ragazze; ma questa combinazione, chissà come, aveva spronato Sheila a impegnarsi abbastanza per «fargli vedere chi era». Così, parlò animatamente della classe e dei corsi, anche se sosteneva di odiarli.

Io, a mia volta, le raccontai che cosa avevo fatto negli ultimi anni, le parlai delle classi che avevo avuto dopo la nostra, del mio posto alla scuola di specializzazione e del nuovo lavoro alla clinica della città. E del libro che avevo scritto.

«Ce l'ho in macchina», dissi. «Voglio che tu lo legga.»

«Un *libro*?» disse, incredula. «Hai scritto un libro? Non sapevo che sapessi scrivere.»

Alzai le spalle.

«Ci sono anch'io? La nostra classe? Dio. Incredibile.» Un sorrisino. ««È... non so... assurdo, sai?»

«Prima però devo avvertirti che ti sembrerà tutto un po' diverso da quello che è successo veramente. Sono tutti cambiati, da allora, e non sarebbe giusto invadere la privacy degli altri. Così ho dovuto cambiare nomi e altri particolari e qualche volta modificare l'ordine degli eventi, ma credo che riconoscerai tutto quanto.»

«È così incredibile. Un *libro*? Su di me?»

« In ogni modo, voglio sapere che cosa ne pensi », dissi. « È la tua storia. Be', tua e mia. Ma soprattutto tua. Non vorrei mai metterci dentro qualcosa che secondo te non corrisponde alla verità. »

Sorrise. « Non è molto importante. Non ricordo quasi niente di quei tempi. »

« Oh, ricorderai », dissi, e sorrisi anch'io.

Lei scrollò le spalle, sempre con la sua espressione bonaria. « Non dimenticare, Torey, che allora ero soltanto una bambina. È successo tutto metà della mia vita fa. Sì, insomma, sarà bellissimo leggere quel libro, ma se vuoi sapere la verità, puoi scriverci tutto quello che vuoi: davvero, non ricordo niente. »

9

«Dio mio, è davvero successo questo?» domandò Sheila, stranamente sorpresa. Era il sabato seguente. Eravamo in camera sua, e lei se ne stava rannicchiata con i fogli del manoscritto sparpagliati tutto attorno.

Sorridendo, annuii.

«Però, sei stata proprio coraggiosa ad affrontare una come me, se ero così.»

«Allora erano in molti a pensarlo. Forse anch'io, in un certo senso.»

«Non sei stata tu a decidere, vero? Semplicemente, ti hanno detto che dovevi prenderti... me.» Abbassò di nuovo gli occhi sui fogli. «Mi sembra quasi di ricordare Anton, adesso. L'altro giorno, quando me ne hai parlato al Dairy Queen, non ci riuscivo; ma leggendo qui, un po' mi è tornato in mente.»

«Sai che cosa fa, adesso?» dissi. «Sta seguendo un dottorato in educazione speciale. Lavora con bambini mentalmente handicappati e ha una classe sua da tre anni.»

Sheila sollevò gli occhi. «Dio, sei proprio orgogliosa di lui, vero? Si capisce dalla tua voce.»

«Credo che sia sbalorditivo, quello che è riuscito a fare. Ha dovuto lavorare sodo. Ha una famiglia da mantenere, con figli piccoli. Ed è sempre vissuto tra i lavoratori stagionali.»

Sheila osservò quei fogli dattiloscritti e tacque per qualche istante. «Ricordo soltanto un messicano altissimo. Allora mi sembrava alto più di due metri, ma non ricordo niente di quello che ha fatto.»

«E Whitney, te la ricordi?» domandai.

«No. Però ricordo quella volta della cacca di coniglio, quando abbiamo dipinto tutte quelle palline. Adesso mi dà il voltastomaco. Pensa. Prendevo su della merda con le mani nude.» Sorrise. «Che bambina rivoltante.»

Risi anch'io.

«Lo strano è che non pensi mai di esserlo, quando ti succede», aggiunse. «Ricordo che ero serissima, quando dipingevo quella roba.»

«E Chad?» domandai. «Il mio ragazzo, quello che ti ha difesa al processo. Te lo ricordi?» Ma prima che rispondesse feci un sorrisino. «Pensa un po'. Adesso è sposato e ha tre figli. E indovina come ha chiamato la sua figlia maggiore?»

Sguardo vacuo. «Non ne ho idea.»

«Sheila.»

«Come me?» domandò, stupefatta.

«Sì, come te. Gli piacevi immensamente. Ci divertimmo così tanto, quella sera dopo l'udienza.»

Seguì una pausa. Sheila abbassò di nuovo gli occhi sui fogli che teneva in mano, e per un attimo sembrò leggere la prima pagina. «Merda. Merda. È tutto così incredibile. Non riesco a capacitarmi.»

«Incredibile in che senso?»

«Non so. Vedere il mio nome qui. Questa è un'altra persona, in realtà, eppure sono anch'io.»

«Secondo te non corrisponde alla verità?» domandai.

«Be', no, non che... Forse è solo il fatto di vedere che sono il personaggio di un libro... Voglio dire, è assurdo.» Un'altra pausa. «*Tu* sembri abbastanza reale. Ti ricordo proprio così. Se leggo qui, ho l'impressione di essermi fatta una bella chiacchierata con te, ma... Quella classe era proprio così?»

«Come te la ricordi?» domandai.

«Non me la ricordo, quasi. Come ho detto la settimana scorsa...»

Di nuovo, il silenzio.

Mentre ascoltavo quel silenzio, mi venne in mente l'atrocità di alcune cose successe a Sheila nel periodo in cui era stata nella mia classe. Portandole quel libro per avere la sua approvazione, non avevo considerato seriamente la possibilità che lei avesse affrontato il suo passato cacciandolo dai ricordi. Una reazione del genere non mi sembrava da lei, e da lei non me la sarei aspettata. Adesso, improvvisamente, quello che avevo fatto mi spaventò. Era una storia ottimistica, ma lo era dal mio punto di vista.

Sheila si girò a guardare fuori dalla finestra accanto al letto. Era un panorama insignificante: il muro scrostato della casa accanto, grigio-verde, e la finestra del vicino, con una veneziana che pendeva storta. Sheila sembrava studiarlo.

E io studiavo lei, con i suoi lunghi capelli arancioni spettinati, il suo corpo ancora immaturo avvolto in un paio di jeans strappati e una maglietta grigia un po' strana, aderente, che sembrava la canottiera di mio nonno. Quella ragazza allampanata e vestita da punk non era esattamente quella che mi ero aspettata di trovare, e stavo cercando di vincere la delusione.

«Quello che ricordo sono i colori», disse, sommessamente, col tono di chi sta analizzando i suoi sentimenti. «Come se la mia vita fosse stata tutta in bianco e nero e poi, quando arrivai in quella classe... colori sgargianti.» Emise un suono, lievissimo. «Quando ci penso, penso sempre ai colori della Fisher-Price. Sai quali, vero? I giocattoli. Il bianco rosso e blu della Fisher-Price. Quei colori fondamentali. Ricordi quel cavallino dove ti sedevi e ti spostavi spingendoti con i piedi? Ecco che cosa ricordo. Ogni suo colore. Ricordo quando me ne stavo seduta al tavolo a guardare quei colori, invece di studiare. E là dove c'era scritto 'Fisher-Price' sul cavallino. Dio, lo desideravo tanto, quel cavallino. Lo sognavo, sognavo che era mio e che me lo lasciavi portare a casa e tenere con me.»

Probabilmente l'avrei fatto, se mi avesse detto che significava così tanto per lei; ma non me l'aveva mai detto.

«E quel garage», disse. «Te lo ricordi? Con tutte quelle macchinine che scendevano per le rampe e quegli omini che non sembravano nemmeno persone. Erano soltanto dei pezzetti di plastica con una faccia, in realtà. Ricordi quanti ne ho rubati? Li volevo così disperatamente. Li allineavo per terra, vicino a dove dormivo, li schieravo tutti: quello col cilindro nero, quello col cappello da cowboy, il capo indiano... Ti ricordi che li rubavo?»

Avevo avuto tante classi, con tanti giocattoli diversi, nel corso degli anni. Ricordavo dei garage e dei cavallini, ma chissà di quali parlava.

«Non ti arrabbiavi mai, quando li rubavo», disse, girandosi a guardarmi. Sorrise. «Ne rubavo in continuazione, ma tu non ti arrabbiavi mai.»

La verità è che in quella classe regnava una tale baraonda che probabilmente non me n'ero neanche accorta.

«Ecco che cosa mi sembra così strano di questo libro, Torey. Leggendolo, si ha l'impressione che io e te litigassimo ininterrottamente. Sei arrabbiata con me una pagina sì e una no. Invece non ricordo che tu ti sia *mai* arrabbiata con me.»

La guardai sorpresa.

Poi arricciò il naso e mi lanciò un sorrisino di complicità. «Hai cercato soltanto di insaporirlo un po', vero? Così te lo pubblicheranno?»

Rimasi a bocca aperta.

«Non me ne importa per niente. È una storia fantastica. E, sì, insomma, è bellissimo pensare di essere il personaggio di un libro.»

«Ma, Sheila, noi *litigavamo*. Litigavamo in continuazione. Quando sei arrivata nella mia classe...»

Di nuovo, si girò a guardare fuori dalla finestra. Seguì un silenzio, che durò un bel po'.

«Che cosa ricordi, esattamente?» domandai, finalmente.

«Come ti ho detto...» E non lo disse. Guardava ancora fuori dalla finestra, e le parole sembrarono sfumare a poco a poco. Passò un minuto o forse più.

«Noi *litigavamo*», dissi, delicatamente. «Tutti litigano, quali che siano i rapporti, anche se i rapporti sono buoni. Altrimenti non sarebbe nemmeno un rapporto. Quando due persone che non si conoscono si accostano l'una all'altra, è naturale che ci siano delle frizioni.»

Nessuna reazione.

«E poi», dissi, e sorrisi, «io ero la maestra. Che cosa ti aspetti da una maestra?»

«Già, be'», disse, «non me lo ricordo proprio.»

* * *

Non riuscivo a capacitarmi del fatto che Sheila avesse dimenticato tante cose. Quella sera stessa, in autostrada, tornando a casa, continuavo a rimuginarci sopra. Come poteva aver dimenticato Anton e Whitney? Come poteva aver ridotto quell'esperienza a un bel ricordo di giocattoli di plastica colorata? Ne ero ferita. Per me era stata un'esperienza tanto significativa che avevo dato per scontato che lo fosse stata anche per lei. Anzi, che fosse stata più significativa, per lei. Senza di me, senza quei cinque mesi nella mia classe, adesso probabilmente Sheila sarebbe stata nel reparto psichiatrico di un qualche ospedale di stato. Ero stata io a cambiare le cose. O almeno, era quello che mi ero sempre detta. Anche se ero sola in macchina, le guance cominciarono a scottarmi, quando mi resi conto della grossolana arroganza delle mie supposizioni. E mi sentii ancora più umiliata nel constatare che forse quei cinque mesi avevano più significato per me che per lei.

Allora era soltanto una bambina, piccolissima. Forse non era realistico aspettarsi che ricordasse molto di più. Ma da bambina, la sua meravigliosa capacità di esprimersi le aveva conferito una patina di maturità, anche se sapevo che non poteva essere veramente matura. Ma io ero abituata ad associare la capacità di espressione verbale alla buona memoria.

In macchina, sfrecciando nel buio, cercai di ricordare com'ero a sei anni. Riuscii a farmi venire in mente i nomi di alcuni miei compagni di prima elementare, ma soprattutto ricordavo gli episodi. Erano tanti piccoli ricordi frammentari: il momento in cui ci si metteva in fila per la ricreazione, un compagno che vomitava nel cestino della spazzatura, un litigio per accaparrarsi l'altalena, un senso di orgoglio per aver disegnato dei begli alberi. Non erano ricordi completi, ma, sforzandomi, riuscivo a risalire ai luoghi, ai nomi e alle facce. Tuttavia non si avvicinavano nemmeno alla chiarezza dei miei ricordi di adulta. No, probabilmente non era realistico aspettarsi che Sheila ricordasse di più.

Eppure, la cosa mi rodeva. Sheila non era stata una bambina come tutti gli altri: aveva fatto saltare tutti i test di QI ai quali, quell'anno, lo psicologo della scuola l'aveva sottoposta. La prodigiosa memoria di Sheila era solo una, anche se la più notevole, delle sue tante straordinarie caratteristiche. L'aveva usata come una palla di cristallo, nel parlare a tutti noi di amore, odio e rifiuto in modo tanto acuto e articolato.

Amore, odio e rifiuto. Non poteva essere soltanto l'arroganza a indurmi a credere che dovesse ricordare di più. Quell'amnesia non era da lei; d'altra parte, non era difficile immaginare che cosa poteva averla causata. Anche se non sapevo esattamente che cosa le era successo dopo che aveva lasciato la mia classe, sapevo che quelli non erano stati anni facili per lei. Era stata data in affidamento a diverse famiglie, aveva cambiato parecchie scuole e dovuto affrontare l'instabilità del padre. Se quegli anni rispecchiavano anche soltanto metà dell'incubo che stava vivendo quando era arrivata nella mia classe, erano comunque una ragione sufficiente perché lei dimenticasse. Aveva combattuto tanto coraggiosamente che non volevo credere che alla fine si fosse piegata; ma in un angolino della mia mente cominciavo ad accettare quell'idea. Eppure... perché aveva dimenticato completamente la *nostra* classe? L'unico luogo felice, l'unico suo rifugio, dove era stata amata e stimata. Perché ci aveva dimenticati?

10

A casa, frugai tra il materiale di classe che avevo accumulato, quello che avevo usato per scrivere il libro. Cercavo qualcosa da portare con me al prossimo incontro con Sheila. Si trattava in gran parte di compiti e relazioni di aneddoti, tutte cose poco utili ai miei scopi. Quello che più mi sarebbe piaciuto mostrarle erano le videocassette, ma erano vecchie videocassette a bobine, e la macchina in grado di leggerle era alla clinica; così, quelle avrebbero dovuto aspettare che Sheila venisse a trovarmi. Alla fine ripiegai sul mio album di fotografie.

Con mia sorpresa, le foto di quell'anno erano poche. C'era quella di classe, dove eravamo tutti allineati contro il sipario blu del palcoscenico della scuola come una schiera di criminali. Sheila era stata ripresa in piena luce, e il suo faccino, già pallido, risultava sbiadito. A quei tempi non sorrideva mai a richiesta, così aveva uno sguardo vacuo. Purtroppo anche il resto della classe aveva collaborato poco, così erano quasi tutti irriconoscibili.

Avevo in tutto soltanto altre tre fotografie di Sheila, tra cui quella scolastica individuale, scattata lo stesso giorno in cui era stata fatta quella di gruppo. L'avevo conservata io perché suo padre non aveva voluto comprarla. Era l'unica che avevo in cui sorridesse. Di solito non ne voleva sapere, di sorridere davanti alla macchina fotografica, ma quella volta il fotografo l'aveva convinta col piccolo stratagemma di farle afferrare una penna. Scattata poco dopo il suo arrivo nella nostra classe, quella foto la riprendeva in tutto il suo lercio splendore, e la adoravo.

Le altre due le avevo scattate io. Una per commemorare la prima volta che ero riuscita a lavarla da capo a piedi: sedeva solennemente sui gradini della scuola, con le mani intrecciate sopra le ginocchia; aveva i capelli lisci e raccolti in due trecce; i vestiti erano lindi e la faccia pulita; e la verità è che non sembrava affatto Sheila. Non aveva nulla dell'affascinante ragazzina sudicia della fotografia di scuola. L'altra l'avevo scattata l'ultimo giorno di scuola, quando eravamo andati tutti al parco per il picnic di fine anno. Avevo scattato parecchie fotografie, quel giorno, ma purtroppo Sheila compariva in una sola. Era in piedi accanto allo stagno delle anatre, con due compagne di classe. Loro erano pulite, ordinate e raggianti di gioia; Sheila, in mezzo, guardava verso la macchina diffidente, quasi sospettosa. Nonostante il nuovo prendisole arancione che le aveva comprato suo padre per l'occasione, quel giorno era arrivata a scuola trasandata, con i lunghi capelli spettinati e la faccia non lavata, e il contrasto con le due compagne era stridente. Tuttavia c'era qualcosa di avvincente, in quella foto: la sua espressione circospetta, che le conferiva un'aria feroce e, insieme, soprendentemente vulnerabile.

Alla fine decisi di prendere quella foto, oltre alle altre scattate quel giorno, dove comparivano gli altri bambini, Anton e Whitney.

Il sabato seguente, Sheila e io andammo a veder giocare la squadra di baseball di suo padre. Un gruppo poco promettente. Quei sudici ragazzini di dieci, undici anni, con addosso uniformi male assortite, appartenevano quasi tutti a diverse minoranze etniche, e a unirli, credo, era soltanto la povertà. Ma erano allegri e chiassosi come tutti i bambini e, quando il padre di Sheila fece la sua entrata in campo, gli riservarono un'accoglienza degna di un campione.

A quanto riuscii a capire, il signor Renstad se la cavava bene. Era infinitamente orgoglioso della bifamiliare dove vivevano. Non era grande, né in un quartiere particolarmente bello, e non era nemmeno sua, ovviamente; ma l'aveva *scelta* lui: non gli era stata rifilata dall'Assistenza Sociale. E poi l'affitto lo pagava lui, con lo stipendio fisso che adesso guadagnava col suo lavoro presso il dipartimento parchi. Mi aveva portata in giro per le stanze per mostrarmi tutte le cose, dalla prima all'ultima, che era riuscito a comprarsi: i letti, il divano, il televisore, il tavolo da cucina. Lui di certo le ricordava, le circostanze del nostro ultimo incontro, ed era entusiasta di mostrarmi quanta strada avesse fatto da allora. Quella era tutta roba sua, e capii che essere riuscito ad averla significava molto per lui.

La sua grande passione, tuttavia, era la squadra di baseball, «i suoi ragazzi». Non finiva più di ripetere che erano stati loro a metterlo sulla buona strada. Avevano bisogno di lui, disse. La squadra era stata lì lì per sciogliersi per mancanza di un allenatore, prima che arrivasse lui. Per la precisione, ammise, li avrebbe persi, se avesse riattaccato con la droga. Era ancora sotto vigilanza.

La partita di baseball fu divertente. Non vinsero, ma giocarono bene, ed era chiaro che vincere non era molto importante per loro. Erano una squadra, nel vero senso della parola, e io mi ci ritrovai immediatamente, in quello spirito. Quale che fosse il suo passato, il presente del signor Renstad procedeva bene.

Mi ero riproposta di portare Sheila fuori, dopo la partita. Le altre due volte ero andata a casa sua, così pensai che sarebbe stato piacevole andare da qualche parte con lei. Ma Sheila non riusciva a scegliere un posto.

Io proposi una pizzeria. Pensavo di portarla in città, sia per farle cambiare scenario, sia perché là c'erano locali più belli. Così, dopo la partita, salimmo in macchina e ci dirigemmo verso nord.

A un certo punto, dopo nemmeno dieci chilometri, sbagliai strada. Dal momento che stavo ancora imparando a girare per quella zona, non mi capitava di rado; tuttavia, soltanto quando le case cominciarono a diradarsi mi venne il sospetto di aver preso la direzione sbagliata. Generalmente ho un ottimo senso dell'orientamento, e anche quando sbaglio strada, di solito capisco se la direzione, in generale, è quella giusta. Quella volta, invece, l'orientamento lo persi del tutto: anche se avevo l'impressione di andare verso la città, al di là del parabrezza c'erano le prove del contrario. Lo dissi a Sheila.

«No, va bene così. So esattamente dove siamo. Continua per questa strada», disse, con sicurezza. Così proseguii.

Quindici minuti dopo arrivammo in aperta campagna. Sapevo di essermi irrimediabilmente persa, e sapevo che non mi sarei mai rimessa sulla strada giusta senza un'azione drastica, come fermare la macchina e tirar fuori la cartina. Accostai a un cancello che dava in un campo.

«Che cosa fai?» domandò Sheila, sorpresa.

Tesi il braccio dietro di me e tastai il sedile posteriore in cerca dell'atlante stradale. «Cerco la cartina. Mi sono persa.»

«No, non ti sei persa.»

«Invece sì. Ci siamo perse.»

«Non è vero. Ci sarò stata un milione di volte, qui.»

Sollevai le sopracciglia.

«Sì», disse. «Una volta venivo qui, quando andavo all'istituto per minori. Giù per quella strada. So esattamente dove siamo.»

«E allora dove siamo?» domandai.

«Be', qui, ovvio.»

«Ma qui *dove*?»

Sheila guardò fuori dal finestrino.

«Dimmelo. Dove siamo?»

«Non incazzarti.»

«Non lo sai nemmeno tu, vero?» dissi. «Ci siamo perse.»

Inaspettatamente, Sheila sorrise. Un sorriso birichino. «Io mi perdo sempre», disse, allegramente. «Ci sono abituata.»

Tirai la cartina sul sedile anteriore e la aprii. Trovai il punto in cui ci trovavamo, quello in cui avevo sbagliato e la strada da seguire quando finalmente saremmo state in direzione di Broadview. «Bene. Adesso mi sento meglio», dissi, chiudendo la cartina. Misi in moto.

«Tu vuoi sempre avere tutto sotto controllo, vero?» disse Sheila. «È una cosa che non avevo mai notato prima.»

«Veramente no. È solo che mi sento a disagio quando perdo l'orientamento.»

«Ah, non sei solo una fanatica del 'tutto sotto controllo', ma anche una che sta sempre sulla difensiva.»

* * *

Se vuole andare da quella parte, pensai, benissimo, andiamoci. Così prendemmo un'autostrada secondaria, in una direzione che non avevo mai preso prima. Passò quasi un'ora.

Fu un viaggio piacevole. Sheila parlava; si lanciò in una sorprendente conversazione su Giulio Cesare. A lezione di latino aveva letto la sua cronaca delle guerre galliche, che aveva colpito la sua immaginazione, soprattutto per le descrizioni dei celti nativi della Gallia. Anch'io avevo studiato Cesare, al corso di latino delle scuole superiori, ma a quei tempi mi interessava di più vedere se riuscivo a prendere dei bei voti senza leggere i compiti assegnati, piuttosto che scoprire che cosa dicevano davvero i libri. Così, ero uscita dalla scuola con buoni risultati ma scarsa cultura, e avevo trascorso gran parte della mia vita di adulta a mettermi in pari. Non ero ancora riuscita a leggere Cesare, né in latino né in inglese, così, per gran parte della conversazione mi limitai ad ascoltare, e questo forse non fu un male.

Mentre attraversavamo una cittadina, Sheila adocchiò un campo di bowling. «Oh, guarda! Possiamo fermarci a fare una partita? Adoro il bowling.»

Così entrammo e facemmo due partite. Dopodiché comprai due coche in un bar. «Che ne diresti di una pizza?» domandò Sheila. «Avevi detto che potevamo prenderci una pizza.»

«Mi sa che faremmo meglio a rimetterci in viaggio per Broadview. Abbiamo ancora un bel pezzo da fare, e ci vorrà un'ora e mezzo, per il ritorno. Probabilmente troverei la strada più facilmente, se non fosse buio pesto.»

«Dio, Torey, sei una che si perde spesso, eh? Sei proprio ossessionata.»

«Il fatto è che sono io quella che guida.»

«E allora rilassati. Non c'è da preoccuparsi. E mangiamo qualcosa qui. È tardi e muoio di fame.»

«Ma non ho visto nessuna pizzeria», obiettai.

«Be', allora mettiamoci di nuovo in macchina.»

Anch'io avevo fame, e non ero particolarmente di buon umore. La giornata non stava procedendo esattamente secondo i miei piani. Avevamo vagato da un punto all'altro, senza trovare niente di speciale. Mi resi conto di voler fare un buona impressione su Sheila. Volevo conquistarla.

«Là! Là!» gridò Sheila, interrompendo i miei pensieri. «C'è una pizzeria.»

Proprio così: c'era una pizzeria. E come il resto della giornata, non era niente di speciale. Pensai ai vecchi tempi e a quando, dopo l'udienza che aveva evitato a Sheila l'ospedale di stato, io e Chad l'avevamo portata a mangiare la prima pizza della sua vita. Quella in cui entrammo adesso non aveva nulla dell'atmosfera jazz del locale di allora; era soltanto una pizzeria di una delle tante catene anonime che si trovano dappertutto.

Troppo affamata perché me ne importasse, parcheggiai ed entrammo. Consegnammo l'ordinazione al banco e poi adocchiammo un tranquillo tavolo d'angolo. Sheila si tolse il berretto da baseball, così che i lunghi riccioli arancioni le coprirono le spalle, e si sedette.

«Ho pensato che forse ti sarebbe piaciuto vedere delle foto

della nostra classe», dissi, aprendo la mia borsa, «così ne ho cercata qualcuna.»

«Stupendo. Vediamo.»

«Sono foto del picnic che abbiamo fatto l'ultimo giorno di scuola, al parco. Te lo ricordi, quel parco? C'era uno stagno con le anatre e un ruscelletto.»

Sheila mi prese le foto di mano e si curvò a studiarne le facce. «Chi è questo bambino?»

«Emilio.»

«E che cos'ha che non va? È handicappato?»

«È cieco», dissi.

«Ah, sì, quello cieco. Come l'hai chiamato nel libro?»

«Guillermo.»

«Ah, già, adesso ho capito di chi parli.»

Sporgendo appena la lingua tra le labbra, rimase assorta a studiare le foto. «Mi sembra di ricordarlo, quel parco», disse, lentamente. «Aveva gli alberi in fiore, o qualcosa del genere? Con un buon profumo? Perché mi sembra di ricordare queste cose.»

«Sì. Le robinie.»

«E queste ragazzine chi sono?» domandò, passandomi una fotografia.

«Non la riconosci, quella? Quella in mezzo. Sei tu. Le altre sono Sarah e Tyler, ma quella in mezzo sei tu.»

«*Davvero*? Dio, quella sarei io? Merda.» Allungò il collo per osservarla più da vicino, nella luce fioca. «*Merda*. Ero veramente così?» Alzò gli occhi, meravigliata. «Mio papà non ha foto di quando ero piccola...»

Mi si strinse il cuore. Non ricordava nemmeno se stessa. Mentre la guardavo curvarsi sulle foto, provai un senso di desolazione. Che cosa ci facevo, lì, con quell'adolescente vestita da punk? Quella non era Sheila. Era soltanto una ragazza come tutte le altre.

La pizza arrivò giusto in tempo. Ne avevamo ordinata una enorme, carica di tutto l'immaginabile e, entusiaste, ne facemmo tutt'e due una bella scorpacciata. Per un po' focalizzammo tutta la nostra attenzione sulla pizza.

«Oggi mi sono proprio divertita», disse Sheila, mentre manovrava un trancio di pizza quasi intero per infilarselo in bocca. «Sai, penso che è fantastico che adesso abiti così vicino.»

«Bene, mi fa piacere.»

«Proprio come ai vecchi tempi, vero?»

«Già», dissi, probabilmente senza troppa convinzione.

Sheila assunse un'espressione un po' impacciata. «Mi dispiace di non ricordare altro, di quando ero nella tua classe.»

«Be', eri piccola.»

«Sì, ma ho capito che per te, insomma, è proprio una delusione.»

«Assolutamente no!» dissi, con un po' troppo calore. «Eri *piccolissima* quando eri con me, e nessuno ricorda granché di quell'età.»

«Ma tu vorresti che io ricordassi di più, vero?»

«Sì, per la verità credo di sì, ma solo perché per me è stato un anno molto significativo, e sei stata tu a renderlo così.»

Queste parole la disarmarono. Sorrise. «Veramente?»

«Sì, veramente.»

«Ti piaceva lavorare con i bambini piccoli, vero?» disse.

Annuii. «Mi piace ancora.»

«Si vede.»

Dopodiché scese il silenzio e tornammo alle nostre pizze. Poi Sheila alzò gli occhi.

«Posso chiederti una cosa, Tor? Una cosa sul libro.»

«Dimmi.»

«Com'è che non hai sposato quel ragazzo, Chad?» domandò.

«Ero troppo giovane. Non ero pronta», risposi. «Se l'avessi fatto, non avrebbe funzionato.»

Guardando la sua pizza, Sheila ne prese un pezzo, tolse le olive e le mangiò con le mani. «Peccato», disse. «Sarebbe stato un finale stupendo per il tuo libro.»

«Forse sì, ma la vita reale è questa.»

«Il problema è che la vita reale non segue mai quella scritta», replicò. «Tu e lui che vi sposate e adottate quella bambina. Chiunque legga quel libro vorrebbe che finisse così.»

«Sì, lo so, ma non è questo che è successo.»

«Già, lo so anch'io.» Abbozzò un sorriso. «Però, sai la sua figlia maggiore? Quella che si chiama Sheila. Be', fin qui tutto bene: è giusto che si chiami Sheila; ma per far le cose bene fino in fondo, quella sarei dovuta essere io.»

11

Il corso estivo alla clinica era stato una mia idea. Avevo sempre pensato che ci fossero maggiori probabilità di provocare dei cambiamenti stando col bambino diverse ore al giorno e tutti i giorni, piuttosto che in una o due sedute di un'ora, ed era per questo motivo che, all'inizio, avevo scelto l'insegnamento invece della carriera di psicologa. Ne ebbi la conferma in clinica, che era il primo posto in cui lavoravo che osservasse tanto strettamente «l'ora di terapia», che era poi di cinquanta minuti. Sentivo che doveva esserci un altro modo.

Jeff, il mio compagno di ufficio, era affascinato dall'idea di lavorare con i bambini in un ambiente diverso dalla sala di terapia; così, insieme, mettemmo a punto il progetto di un corso estivo di otto settimane, da tenere in giugno e luglio. Pensammo di utilizzare una scuola dei dintorni, che d'estate di solito era vuota, e cominciammo a selezionare accuratamente dalla lista dei pazienti i bambini che secondo noi avrebbero beneficiato di più del corso. Per via della natura sperimentale dell'iniziativa, decidemmo di limitare il numero di bambini. Della supervisione ci occupavamo soltanto Jeff e io, e pensai che avremmo fatto meglio a cominciare con qualcosa che sapevo saremmo riusciti a tenere sotto controllo. Così, stabilimmo di prenderne otto.

Di quel gruppo, tre bambini erano gravemente handicappati. Joshua, di cinque anni, e Jessie, di sei, erano tutt'e due autistici e non erano in grado di parlare; Violet, di otto anni, era stata etichettata come affetta da schizofrenia infantile. Tra gli altri cinque, c'erano due bambine: Kayleigh, di cinque anni, che si rifiutava costantemente di parlare quand'era in gruppo, e Tamara, otto anni, bellissima, scura, dai lineamenti esotici, che soffriva di depressione e crisi di autolesionismo. Dei tre maschietti, David, di sei anni, un bambino brillante e affascinante, era un incendiario; Alejo, un colombiano di sette anni, a quattro era stato adottato da una coppia americana; infine c'era un tornado di sei anni di nome Mikey.

L'esperienza mi aveva insegnato da un pezzo che, di solito, più è alto il numero di adulti che stiano con i bambini, più efficace è il programma. Non volevo un rapporto uno a uno, perché pensavo che questo avrebbe distrutto i benefici dello stare in gruppo, ma sapevo che, innanzitutto, avevamo bisogno di un numero sufficiente di adulti per ridurre al minimo le probabilità che un qualsiasi incidente degenerasse nel caos.

Jeff si era impermalito all'idea che noi due soli non potessimo affrontare otto bambini. Fece osservare che, dopo tutto, lui era un medico pienamente qualificato, pronto a superare gli ultimi esami per il titolo di psichiatra infantile e prossimo a ottenere la qualifica di psicanalista. Io, da parte mia, gli feci osservare che quella situazione richiedeva competenze un po' diverse. Nelle tre ore al giorno in cui i bambini erano con noi, non avrebbero avuto bisogno soltanto della terapia, ma anche di intrattenimento, ginnastica, arbitraggio, cibo, per non parlare di cerotti, bevande, merende e spedizioni al gabinetto. Era più di quanto due adulti potessero fare, per non impazzire ed essere qualcosa di più di due baby-sitter.

Così, andammo tutt'e due dal dottor Rosenthal a chiedere dei collaboratori per il nostro progetto. Lui acconsentì a fare il possibile. Il risultato fu che ottenemmo Miriam, un'ex insegnante. Era una donna anziana, vivace e determinata, con i capelli argentei e una linea invidiabile. Mi piacque immediatamente. Aveva un modo di accostarsi ai problemi ragionevole e concreto, ma con quel tocco di classe che io non avevo e tuttavia ammiravo. Eppure, anche con la collaborazione di Miriam, sentivo di aver bisogno di altro aiuto. Con dei bambini handicappati così piccoli, non ci occorrevano dei costosi professionisti altamente qualificati, ma semplicemente qualche paio di *mani*, pure e semplici mani.

Nel periodo in cui Jeff e io stavamo organizzando il corso estivo, lavoravo all'*editing* di *Una bambina*, e fui colpita dal violento contrasto tra le mie condizioni di lavoro nella classe di Sheila e il lusso in cui mi muovevo adesso. Anche a scuola avevo otto bambini, tutti altrettanto gravemente handicappati, e a occuparci di loro eravamo soltanto io, giovane maestra con scarsa esperienza, un ex lavoratore stagionale con il diploma di terza media e una studentessa ai primi anni delle superiori. Ai primi anni delle superiori. *Ai primi anni delle superiori*!

Ma certo! Sheila.

Sembrava una situazione ideale. Sheila, abbastanza grande per prendersi delle responsabilità, ma abbastanza giovane per essere flessibile e prestare la sua collaborazione, aveva l'età giusta per rendersi utile in una situazione come quella. E in più avrebbe avuto l'opportunità di trascorrere l'estate in un ambiente stabile e stimolante, con adulti pronti a prestare il loro sostegno. E, cosa migliore di tutte, saremmo state insieme in un modo naturale. Volevo conoscere la nuova Sheila. Doveva pur esserci ancora la bambina che avevo tanto amato, in quell'adolescente allampanata. Volevo avere un'opportunità di trovarla.

Sheila fu felicissima della mia proposta. Non aveva nessun lavoro in programma per l'estate, e anche quando le spiegai che la paga sarebbe stata molto bassa, dal momento che avrebbe coperto poco più delle spese per l'autobus e il pranzo, lei ne rimase entusiasta.

Jeff non aveva mai avuto occasione di conoscere Sheila prima dell'inizio del corso estivo. Avevamo discusso della necessità di un altro paio di mani ed era stato contento che io fossi riuscita a trovare così velocemente una volontaria. Gli raccontai brevemente il passato di Sheila e i rapporti che avevo avuto con lei, ma mi sembrò inopportuno scendere nei particolari, così non lo feci. Una cosa in quelle settimane mi era balzata agli occhi, ed era che Sheila si era lasciata alle spalle il suo passato, e così come non mi sarei aspettata che al mio datore di lavoro potesse interessare quello che avevo fatto a sei anni, non mi sembrò necessario parlare a Jeff del passato di Sheila.

Non vedevo l'ora di presentare Sheila a Jeff. Durante il corso estivo, Sheila si sarebbe trovata attorniata da gente di grande vivacità intellettuale, ma di noi soltanto Jeff, probabilmente, era all'altezza di Sheila. Dubitavo che lui avesse mai incontrato una persona con le sue stesse capacità, così speravo che si conoscessero presto. Avevano una personalità simile, incline al comportamento bizzarro, un po' imprevedibile, e tutt'e due avevano quell'aria un po' solitaria che tanto spesso si nota nelle persone altamente dotate. L'idea delle possibilità che si aprivano al loro incontro mi entusiasmava.

* * *

Il primo giorno, Sheila arrivò con quarantacinque minuti di anticipo. Quello che aveva addosso sembrava – lo giuro davanti a Dio – un paio di leggerissimi mutandoni bianchi. Sopra portava un vestitino dai colori tenui, a motivi floreali. Per completare il tutto, si era infilata un paio di anfibi neri che avrebbero fatto più al caso di un boscaiolo. E, ovviamente, aveva in testa l'onnipresente berretto dei Cubs.

Rimasi a bocca aperta. M'imbarazza ammetterlo, ma io, che avevo coltivato la capacità di non curarmi nemmeno del comportamento più bizzarro, rimasi a bocca aperta.

«Ti piace?» domandò, ingenuamente.

Dio, stavo invecchiando? Forse i ragazzi adesso si mettevano addosso quella roba e non me n'ero accorta? Io portavo un paio di Levi's e una camicia da uomo e pensavo di essere all'avanguardia, alla clinica. «Be'», farfugliai, «è davvero unico.»

«Mio papà non mi lascia mettere quello che mi piace.»

«Dove hai comprato quelle cose?» domandai.

«In vari posti. Questo vestito l'ho preso a una svendita e questi al Goodwill», disse, indicando i mutandoni. «Non costavano molto. Gli anfibi sono la cosa che mi è costata di più.»

Mi accorsi di essere stupefatta. Il fantasma di quella ragazzina di sei anni con la sua cenciosa T-shirt marrone e la salopette striminzita mi ossessionava ancora. Non ero preparata a un'adolescente vestita a quel modo.

«Non ti dà fastidio, vero?» domandò, e mi resi conto che, se me lo chiedeva, era perché doveva avermi letto in faccia lo stupore.

Scossi la testa. «No, non mi dà fastidio.» E forse era proprio così, davvero. Il fatto è che stava benissimo, con quei mutandoni e il vestitino a fiori. Era strana, sì, ma attraente, se si metteva da parte il proprio gusto personale e, semplicemente, la si guardava. Ed era sicura di sé. Fu questo, soprattutto, che mi colpì. In quel momento, almeno, Sheila era chiaramente soddisfatta di sé.

Poco dopo arrivò Jeff. Stava trasportando uno scatolone di Pampers. «Afferra, Hayden!» gridò, e mi gettò lo scatolone. Sheila fece un balzo indietro per la sorpresa mentre io mi lanciavo ad afferrare lo scatolone. Lo appoggiai a terra.

«A che cosa servono questi?» domandò.

«Aiuto! Aiuto! Fatemi uscire!» disse una vocina che arrivava dallo scatolone.

Sheila sembrò allarmarsi e io diedi un colpetto al braccio di Jeff. «Questo è il senso dell'umorismo del dottor Tomlinson.»

«Per te, Jeff, tesoruccio», disse, e le diede un buffetto sotto il mento. «Bello il tuo vestito.»

Sheila rifuggì il contatto.

Sollevai lo scatolone di Pampers e lo portai nel ripostiglio dei libri su un lato della stanza. Sheila mi seguì.

«È lui il tuo compagno di ufficio di cui parli sempre? È Jeff?»

Annuii e spinsi la scatola su uno scaffale.

«Ah.»

«Oh, è simpatico. Ha uno strano senso dell'umorismo, ma è divertente. Ti piacerà.»

«Non contarci.» Tornò ad appoggiarsi alla parete. «Come mai avete quei pannolini?»

«Perché c'è un bambino che non ha ancora imparato ad andare in bagno», risposi.

«Stai scherzando. Intendi dire che si caga addosso?» domandò.

Sorrisi.

«Oh, cavolo. Questo non me l'avevi detto. Non dovrò mica cambiarlo?»

«Vedremo.»

«Non vedremo un bel niente», ribatté. «Chiuderemo gli occhi!»

Risi.

* * *

Dei bambini, la prima ad arrivare fu Violet. Era grossa per la sua età, anche se non proprio grassa, e pallida, con la pelle chiara e i capelli arruffati. La diagnosi clinica era di schizofrenia infantile, che si manifestava con un interesse ossessivo per fantasmi e vampiri. Era convinta che tutte le persone che le stavano attorno fossero o vampiri o vittime di vampiri, cioè fantasmi; e aveva molti problemi con queste presenze invisibili, che parlavano con lei, la prendevano in giro e le dicevano cose orribili.

«Sst», mi disse, quando sua madre la portò da noi. «L'ho visto nel corridoio, quello con i capelli dei colori dell'arcobaleno. Aveva con sé il suo gatto fantasma.»

«Sheila, puoi far vedere a Violet dove sedersi?» domandai.

«Non ci vado, con lei!» strillò Violet. «Ha le zanne!»

Con gli occhi sbarrati, Sheila guardò verso di me.

«Dài, la prendo io», disse Jeff. Era una sua paziente, e quando Violet vedeva una faccia nota, si rilassava immediatamente.

Proprio in quel momento, si precipitò dentro Mikey. Aveva sei anni, era basso e tarchiato, e in grado di spostarsi alla velocità della luce. E questo lo faceva sembrare una palla, più che un ragazzino, di quelle usate nei flipper. *Zip*! *Bang*! *Whoosh*! Sfrecciò per la stanza lasciandoci tutti stupefatti nella sua scia. Sua madre sembrava fin troppo contenta di sbarazzarsi di lui per la mattinata.

Poi arrivò Kayleigh, la mia muta elettiva. A differenza di Violet, Kayleigh era piccola per la sua età, col faccino che quasi scompariva, sotto la frangetta lunga e folta e la gran massa di capelli. In un angolino della mia mente, pensavo che Sheila avrebbe potuto lavorare individualmente con Kayleigh, dal momento che anche lei aveva sofferto di mutismo elettivo, a sei anni, quando era arrivata nella mia classe. E poi Kayleigh aveva un carattere dolce e affettuoso, e questo rendeva facile volerle bene e piacevole lavorare con lei. Volevo che Sheila apprezzasse la sfida di essere con noi e desideravo che capisse il mio attaccamento a quei bambini; così Kayleigh sembrava la scelta ideale.

«Sheila, credi di farcela, a portare Kayleigh al tavolo e farle vedere qualcuno dei nostri giocattoli?»

Sheila rimase a fissare la bambina.

«A Kayleigh piacciono molto i puzzle. Magari potresti aiutarla a farne uno mentre noi aspettiamo l'arrivo degli altri bambini.»

Incerta, Sheila tese la mano. Kayleigh reagì con un sorriso deliziato.

Joshua e David arrivarono insieme, accompagnati dal padre di Joshua, che quel giorno era l'automobilista di turno. Di tutti i nostri bambini, Joshua era il più gravemente handicappato. I pannolini erano per lui. Era stato diagnosticato autistico a diciotto mesi e non parlava né aveva altri rapporti con la gente.

David era l'opposto di Joshua. Sorridente e socievole, riusciva a insinuarsi nel più freddo dei cuori. Ed era proprio un rubacuori, con quegli occhioni blu e quei riccioli biondi. Credo che fosse uno dei bambini più belli che avessi mai visto. Ed era anche uno dei più gravemente disturbati.

Poi fu la volta di Alejo. Era nuovo della clinica – aveva cominciato a frequentarla soltanto ai primi di aprile – ed era in cura presso il dottor Freeman, così non lo conoscevo di persona. I suoi genitori, una coppia di ricchi professionisti sposati da sedici anni, non avendo ancora avuto figli e non sperando più in un figlio loro, avevano deciso di adottare un orfano del Terzo Mondo. Durante un viaggio in Colombia, in un orfanotrofio gestito da un gruppo di suore, avevano trovato Alejo, che allora aveva quattro anni. L'avevano adottato e portato negli Stati Uniti. Ormai viveva con loro da quasi tre anni, ma non si era mai abituato veramente alla novità dell'ambiente suburbano. Era irrequieto e aggressivo e, anche se aveva imparato l'inglese, parlava raramente, e preferiva i pugni alle parole. Il suo rendimento scolastico era sempre stato scarso e ora si temeva che le difficoltà dei primi anni di vita gli avessero causato un danno cerebrale permanente. Era un bambino piccolo, bruttino, con gli occhiali dalle lenti spesse e la montatura nera. Aveva la faccia piatta tipica dei nativi sudamericani e un cespuglio di scuri capelli ribelli che gli coprivano la fronte. Sembrava intimidito, in mezzo a tanti sconosciuti, e si tenne aggrappato alla mano del padre finché non arrivò Jeff, che gli s'inginocchiò accanto.

Dopo Alejo arrivò Jessie. Piccola, nera, con i capelli raccolti meticolosamente in tante treccine, anche lei, come Joshua, era autistica. Non era grave quanto lui, ed era in grado di parlare, a modo suo. Avendo capito che quella era un'aula di scuola, ci oltrepassò tutti e andò al tavolo, si sedette su una sedia e cominciò a tamburellare rumorosamente con le mani urlando la canzoncina dell'alfabeto.

L'ultima ad arrivare fu Tamara. Di origine mediterranea, con lunghi capelli neri ed enormi occhi scuri e appassionati, mi ricordava straordinariamente Maria Callas, la cantante lirica, tanto che per tutte e otto le settimane ebbi qualche problema a chiamarla col nome giusto. Tamara, otto anni, veniva alla clinica da più di due, da quando i suoi genitori avevano notato la miriade di taglietti che aveva sulle braccia. Nonostante la terapia intensiva, l'ossessione dell'autolesionismo continuava. Così, quel caldo mattino d'estate, arrivò con addosso una T-shirt a maniche lunghe e i pantaloni della tuta da ginnastica per occultare i lividi e le croste che le coprivano braccia e gambe e scoraggiarla dal farsene altri.

E così cominciammo. Come sempre, il primo giorno fu un po' caotico; tuttavia, avevamo progettato per i bambini una mattinata avvincente ma sotto tono. Non ci furono disastri.

Sheila fece amicizia con Kayleigh, o forse fu Kayleigh a fare amicizia con lei. In ogni modo, Sheila trascorse quasi tutta la mattinata con quella bambina: l'aiutò nelle sue attività, la portò in bagno, le cercò dei buoni biscotti per l'ora della merenda. Avevo insistito che, come parte della terapia in corso, Kayleigh parlasse con Sheila fin dall'inizio, e bastò qualche piccolissima pressione perché lei lo facesse.

È giusto così, pensavo, osservandole sedute insieme a un tavolo, a testa china sopra il compito. Sheila parlava con la bambina, facendo di tanto in tanto una pausa per guardarla. Sette anni prima, la bambina piccola era stata lei. C'era qualcosa di profondamente gratificante nel vedere che il cerchio si chiudeva.

E mentre me ne stavo lì, in piedi, a osservare il gruppo, mi resi conto di quanto ero felice, in quel momento. La mattinata procedeva per il verso giusto; il corso cominciava bene. I bambini erano una sfida, ma affascinanti. Jeff era il mio collega preferito, quello con cui lavoravo meglio in assoluto. Quando eravamo lì lì per esplodere, riuscivamo ad agire come se fossimo una sola mente, lanciando sfide, crescendo, costruendo sulle idee l'uno dell'altro, con tale facilità che tutto mi sembrava possibile. Miriam, che prima non conoscevo, era piena di energia e iniziativa, e aveva capacità organizzative molto più spiccate delle mie o di Jeff. Così, tutto, anche le cose più piccole come trovare i bicchieri di carta a ricreazione, procedeva come doveva. E, cosa migliore di tutte, c'era Sheila, di nuovo in classe con me, ed era il primo giorno, con tutto il futuro davanti a noi. La osservai. Era Sheila, quella. Per la prima volta da quando ci eravamo ritrovate, ne ero certa.

12

Alla fine della mattinata, quando tutti i bambini tornarono a casa, noi quattro andammo a pranzo. Miriam, che abitava nei dintorni, propose un ristorante macrobiotico sul lago; così ci ritrovammo seduti sulle panche attorno a un tavolo di legno nel fresco interno del ristorante.

Commentammo i fatti della mattinata, valutando l'andamento delle varie attività e facendo piani per gli aggiustamenti necessari. Sheila non disse granché, nemmeno quando facemmo le nostre osservazioni sul comportamento di Kayleigh all'interno del gruppo. Sembrava tutta presa dalla tradescanzia che pendeva alla finestra accanto al nostro tavolo, con i rami tanto lunghi che riusciva a giocherellarci con le dita.

Dopo pranzo, mi offrii di accompagnarla a Fenton Boulevard, una decina di chilometri più in là, dove poteva prendere un autobus che l'avrebbe portata direttamente a Broadview.

«Allora, che ne pensi?» domandai, quando fummo sole in macchina.

Sheila tacque qualche istante. «Il tuo collega non mi piace. Cosa sono tutte quelle fesserie sulla regressione che causa la nevrosi e roba del genere?»

«Jeff è freudiano. Devi scusarlo, per questo.»

«Tutte fesserie. Perché non parla come tutti gli altri?» domandò Sheila.

«Le teorie di Freud hanno avuto applicazioni in vari campi. Anche se oggi molti non le accettano in blocco, sono teorie che hanno contribuito parecchio a far capire come può funzionare la psiche. E chi, come Jeff, le ha studiate seriamente, con quelle, a quanto pare, ottiene buoni risultati.»

Sheila sollevò il labbro in un'espressione di disgusto.

Per qualche istante calò il silenzio; poi tornai a guardarla. «Allora, a parte Jeff, che ne pensi? Ti è piaciuto? Ti sei divertita a lavorare con Kayleigh?»

«Sì, molto. Ma perché non parla?» domandò, con la testa girata dall'altra parte per guardare fuori dal finestrino. «E non voglio una spiegazione alla Jeff. Non 'perché ha una fissazione anale' o cose del genere.»

«Non so perché.»

«Le ho detto che alla sua età neanch'io parlavo», disse Sheila.

«E Kayleigh ha reagito?» domandai.

«Non so. Ha continuato a colorare e basta.» Ci fu una pausa. «Volevo chiederti, quell'altro bambino, quello con il nome spagnolo.»

«Alejo?»

«Sì. Cos'ha che non va?»

«Ha molte difficoltà a scuola. Non fa che litigare con gli altri bambini. È un ragazzino ostile, e i risultati a scuola sono molto scarsi. Alla clinica stiamo cercando di capire se questo sia causato da problemi psicologici o da un handicap mentale.»

«Jeff ha detto che è stato adottato.»

«Sì. È colombiano.»

«E dove sono i suoi veri genitori?»

«Non lo so. Credo che nessuno lo sappia. L'hanno abbandonato. Il dossier che ho letto dice che qualcuno l'ha trovato in un cassonetto dell'immondizia: viveva lì; e poi l'hanno portato dalle suore che gestivano l'orfanotrofio.»

Sheila mi guardò, con la fronte aggrottata. «Davvero?»

«A quanto pare ci sono un mucchio di bambini che vivono per strada, in alcune città sudamericane. È un grave problema, in certi posti.»

«E i suoi l'hanno abbandonato in un cassonetto dell'immondizia?»

«Forse si era semplicemente rifugiato lì. Non so. Il dossier non dice granché, e poi saranno informazioni di quinta mano.»

Sheila rimase assorta un lungo istante, poi si girò. «Vi ho sentito dire che i genitori che ha adesso lo rimanderanno al paese da dove è venuto.»

«Non so. Sono voci che girano. È una coppia anziana, sono due professionisti, non molto abituati ad avere a che fare con bambini, e lui ne ha combinate di tutti i colori.»

«Ma possono farlo veramente?» domandò Sheila. «Possono rispedirlo in Colombia come se fosse merce avariata o una cosa del genere?»

«Credo di sì.»

Poi calò il silenzio. Con tanti semafori rossi e i lavori stradali in corso, non avanzavamo molto velocemente verso Fenton Boulevard. Sheila appoggiò la testa al finestrino e guardò fuori. Aveva l'aria stanca. Era stata forse la fatica della mattinata? O era arrivata già stanca? All'improvviso mi venne in mente che, per Sheila, stavo dando per scontato che la sua fosse una famiglia stabile. La guardai furtivamente. Dio, quei capelli arancioni!

«Credo che... be', adesso mi sembra di aver capito perché questo lavoro ti affascina tanto», disse, a voce bassa e un po' distante. «Perché vieni a sapere che a qualcuno succedono quelle cose, ed è così ingiusto che capisci di dover fare qualcosa. Questa, almeno, è la mia reazione.» Fece una pausa. «Be', una delle mie reazioni.»

«E quali sono le altre?» domandai.

«Semplicemente, mi viene voglia di coprirmi gli occhi e tapparmi le orecchie e dimenticare tutto quanto. Sì, insomma, lo so già, che il mondo è brutto. Ma non so se potrò resistere all'idea che è peggio di così.»

* * *

Il primo «incidente» accadde la mattina seguente. Di fronte alla scuola c'erano dei giardini pubblici. Non erano niente di speciale, ma c'erano delle altalene, una grande struttura di legno su cui arrampicarsi e una gran quantità di spazio per correre. A renderli ospitali nelle calde mattine d'estate, erano soprattutto gli alberi. Ce n'erano una dozzina o forse più, con il tronco enorme e lunghi rami pendenti. Un qualche lungimirante dipendente del dipartimento parchi aveva fatto costruire dei bei sedili di legno attorno ai tre alberi più vicini al campo giochi.

Decidemmo che, per la ricreazione, ci saremmo portati appresso succhi di frutta e biscotti e avremmo fatto giocare i bambini sulle altalene e sui ponticelli di legno. David e Mikey la trovarono un'idea meravigliosa e cominciarono a sfrecciare qua e là a tale velocità che Jeff dovette rincorrerli per fermarli, prima che si buttassero in strada.

Anche se avevo accolto con entusiasmo la proposta di Jeff di portare i bambini ai giardini pubblici durante la ricreazione, quando David e Mikey cominciarono a correre mi resi conto che era stato un errore. Non ci conoscevamo ancora. Ma ormai era deciso.

Fin dall'inizio fu il caos, anche se su piccola scala, quel genere di caos che i bambini adorano e gli adulti aborriscono. Joshua, sull'altalena, entrò in un delirio autoindotto. Jessie, in piedi sul prato, con le braccia in fuori, non la smetteva più, con i suoi giri vorticosi. David, Mikey e Alejo furono presto assorbiti in un gioco di guerra assordante, che richiedeva corse pazze e un gran baccano di artiglieria pesante. Tutto questo, a quanto pareva, eccitava Violet. Non saprei dire se, semplicemente, avrebbe voluto giocare con loro ma non aveva adeguate capacità di socializzazione o trovasse quel gioco sessualmente stimolante. Fatto sta che cominciò a masturbarsi apertamente, lanciando grida di incoraggiamento e rumori di spari ai bambini che correvano all'impazzata.

Inutile dire che la nostra ricreazione si trasformò velocemente in una gran baraonda, assordante e violenta. Soltanto Kayleigh e Tamara non vi presero parte. Aggrappata alla mano di Miriam, Kayleigh osservava con apprensione gli altri bambini. Tamara, invece, non sembrava particolarmente spaventata da quel pandemonio, ma si isolò. Prese il suo bicchiere di succo di frutta e i biscotti e se ne andò in un angolino tranquillo, tra i pneumatici sotto i ponticelli di legno.

Quindici minuti dopo, Jeff e io cominciammo a radunare tutti i bambini, mentre Miriam si sedette su una panchina a cercare di tenere fermi quelli che di volta in volta catturavamo. Sheila si dimostrò piuttosto inefficiente. Non so se per il rumore o per l'improvvisa iperattività che le si era scatenata attorno, rimase come paralizzata in mezzo a quel trambusto, e più le urlavo di prendere un bambino, uno qualsiasi, più lei sembrava mettere radici dov'era.

Li radunammo a uno a uno, finché mancavano soltanto David, Mikey e Tamara. Stavo dando la caccia a David, quando sentii Jeff gridare: «Oh, mio Dio!»

Ci fermammo tutti a guardare. Jeff stava estraendo Tamara dai pneumatici e, mentre lei si alzava in piedi, vidi che era coperta di sangue. Mentre noi eravamo concentrati su qualcos'altro, Tamara aveva approfittato di quel momento di privacy per incidersi la pelle della mascella con un bastoncino appuntito che aveva raccolto dal pacciame disposto sotto i ponticelli di legno per attutire le eventuali cadute. Non erano tagli particolarmente profondi, ma sanguinavano spaventosamente.

Poi, di colpo, dal gruppo di bambini che era con Miriam, arrivò un delirio di grida agghiaccianti. L'istinto mi diceva che si trattava di Violet e mi girai immediatamente, ma non era lei. Era Alejo. Dopo aver visto il sangue di Tamara, si era coperto la faccia con le mani e aveva attaccato a strillare, e non la smetteva più. Corsi da lui, ma questo sembrò peggiorare le cose. Emettendo strilli incoerenti, attraversò a razzo il prato finché non arrivò a un altro albero e poi, come una scimmietta, ci si arrampicò su e sparì tra i rami.

Restammo tutti lì, in piedi, sbalorditi. Anche Tamara, con il fazzoletto di Jeff premuto sulla faccia, guardò in su meravigliata. Alejo continuò ad arrampicarsi, finché non raggiunse altezze vertiginose.

«Oh, Gesù», farfugliò Jeff. «E adesso?»

Mi diedi un'occhiata attorno e guardai di nuovo tra i rami. «Alejo? Tutto bene?»

Non gridava più, non faceva più niente, tranne che starsene in piedi su un ramo a guardarci.

«Tutto a posto. Qui va tutto benone. Tamara sta bene. Si è soltanto graffiata. Niente di grave. Perché adesso non scendi?» gridai.

«Alejo?» disse Jeff. «È ora di scendere.»

Non si mosse.

«Credi che ce la farei, ad arrampicarmi?» domandai a Jeff.

«Non fare la stupida, Hayden.»

Miriam adesso era accanto a noi. Teneva in braccio Kayleigh. «Che ne dite di chiamare i vigili del fuoco? Intervengono, per questo genere di cose?»

Guardai gli altri, uno dopo l'altro, appena in tempo per vedere Joshua che se ne stava andando tranquillamente in strada. «Oh, accidenti. Josh? Torna qui, Josh.» Lo rincorsi. Lo afferrai per la maglietta e lo trascinai di nuovo nel gruppo. Fu allora che mi accorsi che Sheila era seduta per terra. Si stava slacciando gli anfibi.

«Io posso prenderlo», disse, e prima che uno di noi avesse il tempo di obiettare qualcosa, Sheila era già balzata tra i rami e stava arrampicandosi.

«Oh, Dio», gridò Jeff, «adesso ce ne sono due, lassù. Perché gliel'hai permesso, Hayden?»

«Be', tanto abbiamo un dottore, sul posto.»

Poi, in silenzio, rimanemmo tutti a guardare.

«Ci denunceranno, ci distruggeranno la vita...» sentii Jeff borbottare sottovoce.

Sheila si arrampicò sull'albero senza difficoltà, spingendosi su tra i rami, un balzo dopo l'altro, tanto facilmente quanto Alejo, finché non arrivò al ramo appena sotto di lui. La sentii parlare con lui, ma non capivo le sue parole.

I minuti passavano. Intanto io mi spremevo le meningi in cerca della soluzione migliore, e senza dubbio Jeff stava facendo altrettanto. Dovevamo chiamare i vigili del fuoco? O la polizia? O il dottor Rosenthal? O i genitori di Alejo? O forse dovevamo azzardarci ad aspettare che scendesse? E gli altri bambini? Erano soltanto le undici meno un quarto, e il corso sarebbe finito un'ora e quarantacinque minuti dopo. Miriam e io dovevamo forse portare gli altri bambini in classe e cercare di far finta di niente?

Poi, proprio quando mi ero quasi decisa a proporre di fare una telefonata e chiedere aiuto, vidi Sheila che scendeva, e pochi istanti dopo Alejo cominciò a seguirla. Jeff, Miriam e io mandammo tutti insieme un sospiro di sollievo.

«Ehi, sei un'eroina», disse Jeff a Sheila quando finalmente ci mettemmo in cammino per tornare a scuola. Sporse un braccio e lo fece scivolare sulla spalla di Sheila. «Sei stata grande. Immagino che tu sia molto orgogliosa di te stessa.»

Annuendo, Sheila si abbassò per evitare il contatto.

* * *

«Spero che tu sia veramente orgogliosa di te stessa», dissi a Sheila in macchina, mentre la portavo a Fenton Boulevard dopo il pranzo. «È stato un gesto molto coraggioso.»

Lei scrollò le spalle. «Sì, direi di sì.» Si mise le mani dietro il collo e si sollevò i capelli dalle spalle. «In quel momento non ci pensavo.»

«Che cosa gli hai detto, quando eravate lassù? Come hai fatto a convincerlo a scendere?» domandai.

«Gli ho parlato in spagnolo. Non gli ho detto niente di speciale, solo cose tipo, so che hai paura, ti aiuto io a scendere; però gliele ho dette in spagnolo.»

Sollevai un sopracciglio. «Non sapevo che conoscessi lo spagnolo.»

«Tu non sai tutto di me.»

«No.»

«Voglio dire, non ci siamo viste per un bel pezzo, Torey.»

«Già, hai ragione.»

Ci furono alcuni istanti di silenzio, durante i quali Sheila, girata dall'altra parte, guardò fuori dal finestrino. Poi aggiunse: «Tutti quegli anni al campo degli stagionali senza sapere una parola di spagnolo? Merda, non avrei mai avuto nessuno con cui parlare.»

Non risposi. C'era un'animata corrente sotterranea, in Sheila, che emergeva troppo spesso perché mi sentissi a mio agio. Per quanto sembrasse aver voglia di stare con me, sembrava anche che io la irritassi facilmente. Probabilmente era soltanto l'adolescenza. Io non sapevo trattare granché, con gli adolescenti, quindi non potevo farci niente. In ogni modo, era una cosa che mi infastidiva un po'.

Sheila sembrò captare tutto questo, e assunse un tono conciliante. «Ho pensato che parlargli in spagnolo poteva farlo sentire meglio. Non so, più sicuro di sé. Era solo un'idea.»

«Una buona idea. E lui ti capiva?»

«Io lo parlo *bene*», ribatté.

«No, intendevo dire, doveva essere un bel pezzo che Alejo non sentiva qualcuno parlargli in spagnolo, e poi forse conosce un dialetto.»

«Sì, mi capiva. È venuto giù, no?»

Silenzio. Mi stavo avvicinando a un grande snodo autostradale. C'erano gli onnipresenti lavori stradali e una gran congestione, così per diversi minuti mi concentrai sulla guida. Quando il traffico diminuì e potei rilassarmi, ascoltai il silenzio.

«Sai, Sheila, ho la sensazione sempre più netta che tu sia arrabbiata con me», dissi.

«*Io*?» ribatté, incredula.

«Se ci sono cose o persone che mi piacciono, tu fai di tutto per mostrare che a te non piacciono. Se io dico qualcosa, ti sembra indispensabile dimostrare che ho torto. E poi, quel tono di voce.»

«Merda, sei sempre lì ad ascoltare tutto quello che dico, ogni minimo particolare, vero?» protestò. «E *giudichi*.»

«Cerco di non farlo.»

«Be', sai una cosa? Non mi sembri neanche tanto fantastica», disse. «In quel libro che hai scritto, ti fai passare per una sempre paziente con tutti, e invece non lo sei per niente, sai?»

La guardai. «Che cosa intendi dire?»

«Ti arrabbi sempre per tutto. Tutte quelle parolacce che dici agli automobilisti.»

«Non sto dicendo *parolacce.*»

«Però è come se lo facessi», disse Sheila. «Una frase sì e una no, ci infili un 'Forza, signora!' o 'Ehi, tu, sbrighiamoci a uscire di lì'. E poi ti sei arrabbiata con me quando, per aprire la portiera, ho tenuto premuta la maniglia e tu non riuscivi a togliere la sicura.»

«Non mi sono arrabbiata con te.»

«Sì, invece! Hai detto: 'Molla'. E l'hai detto con un tono così da stronza. Tutto diverso da quello che usi nel libro. Lì sei così calma e paziente. Nel tuo libro sei sempre lì ad aspettare, non usi mai parole stizzose; ma adesso ho capito come sei veramente: ti arrabbi in continuazione.»

«In continuazione no, ne sono certa.»

«A me sembra di sì», replicò.

«Sono un essere umano, Sheila. Qualche volta mi inquieto, e divento irritabile.»

«Però non sei così, in *Una bambina.*»

«No, forse no. Quello è il personaggio di un libro. Le persone reali sono troppo complesse perché se ne possa fare un ritratto fedele sulla carta. E qualche volta troppo noiose.»

Sheila sbuffò. «Così mi stai dicendo che quella non sei tu.»

«Quel personaggio è l'essenza di me, ma non sono io, no. *Io* sono io. Questa qui. Adesso.»

Sheila sbuffò di nuovo. «Bella merda.»

13

Dopo aver lasciato Sheila alla stazione dell'autobus di Fenton Boulevard, tornai alla clinica. La conversazione in macchina mi aveva sconvolta, perché aveva confermato quello che per intuito avevo già capito. Era arrabbiata con me. Perché? Forse perché ero fastidiosamente umana, mentre si aspettava di trovare in me il personaggio del libro? Mi sembrava strano che questo potesse provocare i forti sentimenti che avvertivo in lei.

In ufficio, alla parete dietro la mia scrivania, avevo attaccato la poesia che mi aveva scritto a dodici anni. Seduta lì, sulla mia sedia, alzai gli occhi e la guardai.

... Poi venisti tu
Coi tuoi modi strani
Non proprio umani...

Qualsiasi cosa volesse da me, non era quello che le stavo dando.

La porta si aprì e Jeff entrò nel piccolo ufficio che avevamo in comune. Tornava da una seduta terapeutica ed evidentemente aveva avuto un incontro ravvicinato col suo paziente, perché aveva i capelli scompigliati e della tempera su una guancia.

«La tua faccia rispecchia perfettamente i miei sentimenti», dissi.

Posò il suo blocco sulla scrivania. «Non farò mai lo psichiatra infantile, te lo dico io», borbottò, non troppo bonariamente. «Rosenthal può tenerselo tutto, il campo. Io mi limiterò a quelli che non hanno bisogno di dipingere con le dita.»

«E io credo che non mi occuperò mai di adolescenti», dissi.

Jeff alzò un sopracciglio. «Chi è che ti sta dando delle seccature? Il tuo piccolo Orango?»

Annuii e gli raccontai della conversazione in macchina.

Anche se a Jeff avevo parlato in generale del passato di Sheila e lui sapeva, per esempio, che era stata una mia alunna, non ero mai scesa nei particolari. Ignorava, per esempio, che l'argomento del mio libro era lei. Poiché la pubblicazione di un libro va sempre per le lunghe, *Una bambina* sarebbe uscito soltanto parecchi mesi dopo. E, avendo qualche timore sull'accoglienza che la mia avventura nella letteratura divulgativa avrebbe ricevuto negli ambienti degli specialisti, non ne avevo mai parlato molto con i colleghi. Adesso mi ritrovai a spiegare non soltanto l'oscuro passato di Sheila, ma anche i nostri complessi rapporti.

«Uhu», commentò Jeff, quando feci una pausa. «In che brutte situazioni ti ficchi, Hayden.»

«Allora? Che ne pensi?» domandai. «Che cosa ho sbagliato, con quella ragazza? Senza volerlo, devo aver scatenato qualcosa.»

Sorrise, gentilmente. «Sai qual è il vero problema, secondo me? In un certo senso, tu e Sheila avete tutt'e due la stessa malattia. Lei ricorda soltanto quella maestra meravigliosa che non si arrabbiava mai con lei e adesso, scoprendo che anche tu sei un essere umano come tutti gli altri, è sconvolta. Ma anche tu, Hayden, stai facendo la stessa cosa, sai? Quello che adesso influenza il tuo modo di comportarti con lei è il fatto che, invece di considerare Sheila una ragazzina reale, ricordi quella bambina di sei anni descritta in un libro.»

«Non è vero.»

«Tutti facciamo così», replicò Jeff. «La memoria non è altro che la nostra interpretazione delle esperienze vissute. La sola differenza, in questo caso, è che di solito gli altri non scrivono libri.»

* * *

«Che cosa ricordi di tua madre?» domandai a Sheila il pomeriggio seguente, mentre l'accompagnavo in macchina alla stazione dell'autobus.

«Che cosa intendi dire?»

«Solo quello che ho chiesto. Che cosa ricordi di lei?»

Sheila non rispose. Girò la testa dall'altra parte e guardò fuori dal finestrino.

Cercai di ascoltare quel silenzio e intuire i suoi sentimenti. La mattinata era trascorsa senza grandi intoppi. Dopo la tragedia del giorno prima, tutti erano sembrati ben contenti di starsene un po' tranquilli. Jeff, Miriam e io cominciavamo ad avere familiarità con i metodi di lavoro l'uno dell'altro e non c'intralciavamo più molto a vicenda. Sheila aveva ancora difficoltà di inserimento nel gruppo. Non prendeva quasi mai l'iniziativa, né con i bambini né con noi adulti, e non partecipava volentieri alle attività, preferendo mettersi ai margini della scena. Non mi sembrava un problema, dal momento che quello era un campo con cui non aveva grande dimestichezza. E poi era soltanto all'inizio. Tutto considerato, la giornata era stata positiva per ciascuno di noi, e quando andammo a pranzo, eravamo tutti di buon umore, anche Sheila.

«Non hai più visto tua madre? Voglio dire, da quando hai lasciato la mia classe?» domandai.

Sheila scosse la testa.

«Sai dov'è?»

«No», rispose calma.

Silenzio.

«Te la ricordi?»

Di nuovo, Sheila non rispose. Passarono secondi, minuti.

La guardai.

«No», disse, sempre calma. «Non me la ricordo.»

«E Jimmie? Te lo ricordi?»

«Jimmie...? Vuoi dire mio fratello?» Si fermò a riflettere. «Credo di sì. Forse. Ho un'immagine, in testa... di un bambino dai capelli castani. Ma, sai, è un ricordo che risale a tanto tempo fa, e quando cerco di metterlo a fuoco... Sì, forse è Jimmie.» Mi guardò. «Perché? Perché vuoi saperlo?»

«Così. Tua madre ti manca?»

Sollevò le sopracciglia per la sorpresa. «Che cosa dovrebbe mancarmi? Non la conosco. Non me la ricordo neppure. Come potrebbe mancarmi?»

«Così, tanto per sapere», risposi.

«Tu vuoi sapere un sacco di cose.»

Eravamo arrivate di nuovo ai lavori stradali e il traffico era bloccato. Ricordando le parole di Sheila del giorno prima a proposito del mio atteggiamento nei confronti degli automobilisti, tacqui.

«Non c'è ragione perché mia madre mi manchi», disse Sheila,

calma. «Come madre faceva schifo. È mio papà che ha fatto tutto per me.»

«Be', volevo soltanto saperlo. Era un grosso problema, per te, quando eri nella mia classe.»

«Allora ero ancora un bambina. Ovvio che a sei anni me ne importava di più.»

* * *

La mattina seguente, dividemmo i bambini in tre gruppetti. L'idea, in origine, era quella di affidare a una persona Jessie e Joshua, che più di tutti avevano bisogno di essere seguiti individualmente, e dividere gli altri sei in base all'età, così che uno di noi si sarebbe occupato di Kayleigh, David e Mikey, i più piccoli, e l'altro di Alejo, Tamara e Violet, i tre più grandicelli. Tuttavia, dopo la disperata reazione di Alejo di fronte al comportamento di Tamara, ci sembrò poco saggio e prematuro inserirli nello stesso gruppo; così, a Tamara sostituimmo David.

Io avevo questo gruppo – David, Alejo e Violet – e avevo stabilito di fare, come mi piaceva chiamarlo, «disegno guidato», che consisteva nel disegnare un oggetto o una situazione dopo una breve visualizzazione mentale. Trovavo che era un buon metodo per far emergere i sentimenti dei bambini, e con i gruppi piccoli funzionava bene. Così, ci sedemmo tutti a un tavolo. Distribuii dei grandi fogli bianchi e misi in mezzo al tavolo una gran quantità di materiale vario perché ciascuno scegliesse il suo: pennarelli a punta fine e a punta grossa, pastelli a cera, gessetti, matite nere e colorate.

Sheila venne a sedersi tra noi. Avevo sperato che aiutasse Miriam, che doveva badare a Joshua e Jessie, dal momento che, praticamente, loro avevano bisogno di essere seguiti individualmente, ma con quei due bambini non sembrava a suo agio. Pensando che fosse meglio non forzare i suoi ritmi di familiarizzazione, non obiettai e la feci sedere a capotavola.

«Bene», dissi e, nell'entusiastica impazienza di cominciare, guardai uno dopo l'altro i bambini seduti di fronte a me, «sapete che cosa faremo oggi? Una gita nello spazio.»

«Ehi, fantastico!» disse David.

«No, metti giù la penna, David. Non ci servono ancora, le penne. Voglio invece che tutti quanti chiudiate gli occhi. Sono chiusi? Alejo? Chiudi gli occhi. Bravo.» Anch'io chiusi gli occhi, per incoraggiare gli altri. «E adesso si parte: tenete gli occhi chiusi, in modo da vedere la navicella spaziale. La vedete? Fatevene un'immagine mentale. Quella è la *vostra* navicella spaziale, quella che vi porterà nello spazio. La vedete tutti?» Mi guardai attorno e vidi le testoline fare segno di sì.

«Bene, si parte. Siete sui vostri sedili, con le cinture di sicurezza allacciate. I motori si accendono. Lo sentite, il rombo? Il sedile si scuote.»

David era tutto preso dalla sua fantasticheria. Vedevo il suo corpicino scuotersi al movimento della navicella immaginaria. Notai anche Sheila, in fondo al tavolo, con i gomiti puntati sul bordo e la mani intrecciate sugli occhi perché non la vedessi in faccia. Partecipava anche lei, o così mi sembrava, ma non voleva che mi accorgessi che si stava impegnando come i bambini.

«Si decolla. Saliamo su, sempre più in alto. Il cielo azzurro fila via. Si fa sempre più chiaro. Lo vedete? Guardate fuori dall'oblò, guardate la terra che si allontana sempre di più. State sfrecciando nello spazio. Uhu, ecco, ci siete, siete nello spazio.

«Adesso potete slacciare le cinture di sicurezza e andarvene un po' a spasso; ma, uh! Che cosa succede?»

«Siete privi di peso», disse Sheila, senza un attimo di esitazione.

«Giusto. Siete privi di peso. Galleggiate nell'aria. Che effetto fa? Vi piace? Dove state andando? Guardatevi attorno. In che genere di navicella vi trovate? È grande? O piccola? Che colori vedete? C'è molto spazio per muoversi? E dove state andando? Dov'è diretta la navicella spaziale? Guardate fuori dall'oblò. Che cosa vedete? Le stelle? I pianeti? Vedete la Terra o siete già troppo lontano? Ci sono molte cose o è vuoto, là fuori? Ci sono altre navicelle spaziali? Guardatevi di nuovo attorno nella navicella. Siete soli? O c'è qualcuno che viaggia con voi? E com'è, quel qualcuno? Simpatico? Che cosa state facendo nella navicella, in questo momento?»

Feci una pausa e guardai i bambini. Erano tutti assorti nella loro fantasticheria. «Bene, adesso, quando siete pronti, potete aprire gli occhi. E poi voglio che disegniate la vostra navicella spaziale.»

Come quasi sempre accadeva, con questo genere di attività, i bambini si risvegliarono dalle loro visioni tutti eccitati, e si buttarono con entusiasmo su gessetti e pastelli.

«Io ho visto Dracula, Torey», disse Violet allegramente. «E aveva una gocciona di sangue che gli pendeva dai denti.»

«Tu sei un po' stramba», disse David, e allungò il braccio davanti a lei per prendere i pennarelli.

Come presto avrei scoperto, ogni volta che a Violet veniva chiesto di creare qualche cosa, lei disegnava una croce, il simbolo che l'avrebbe tenuta al sicuro dai vampiri. Quella volta, ne fece prima una grossa e nera e poi tante altre più piccole, e tutt'attorno disegnò delle faccine rotonde, ciascuna con le zanne che uscivano da un gradevole sorriso.

David si stava mettendo d'impegno. Disegnò una grande navicella spaziale a righe bianche e rosse con una forte luce gialla che le brillava sul musetto, e adesso ci stava disegnando attorno una schiera di stelle multicolori.

Alejo aveva afferrato subito un pennarello, ma quando l'ebbe in mano, si fermò un bel po' sul foglio bianco; poi, lentamente, cominciò a disegnare. La sua navicella era una macchiolina minuscola nell'enorme universo nero.

E fu tutto quel nero, alla fine, a metterlo in difficoltà. C'era così tanto colore da stendere sul foglio, che ben presto capì che non ci sarebbe mai riuscito, con quel pennarello a punta fine che stava usando. Lo mise giù, vagliò il materiale da disegno a disposizione e adocchiò un grosso pennarello nero dall'altra parte del tavolo. Si alzò e si sporse davanti a David per prenderlo. Così facendo, senza volerlo urtò contro la mano di David.

«Cretino!» gridò David, e sollevò di scatto il braccio con rabbia.

Non passò mezzo secondo che Alejo l'aveva già afferrato per la camicia. Successe così velocemente, che non ero riuscita a prevederlo, e mi allarmai quando vidi che Alejo aveva buttato David giù dalla sedia, facendolo cadere per terra prima ancora che io avessi avuto il tempo di alzarmi. Afferrò David per i capelli e gli sbatté la testa contro il linoleum.

Feci in fretta e furia il giro del tavolo, ma prima che potessi raggiungerli, Alejo era già scappato via. E correva accecato dal panico. Di solito, l'aula che avevamo scelto veniva usata per due classi, e l'avevamo preferita alle altre proprio per le sue dimensioni. Con così pochi bambini, tuttavia, non avevamo bisogno di tutti i tavoli e le sedie che usavano gli scolari abituali della scuola; avevamo dunque spinto in un angolo la grande cattedra di metallo, raccolto e accatastato tutti i tavoli lungo le pareti e impilato le sedie sopra i tavoli. E fu lì che andò a cacciarsi Alejo: scivolò tra il groviglio delle gambe dei tavoli, sotto la cattedra, rendendosi praticamente irraggiungibile, a meno di non spostare tutto quanto.

David fu la mia prima preoccupazione. Si era preso una gran botta, picchiando per terra, e piangeva forte; così m'inginocchiai per confortarlo. Sia Jeff che Miriam erano accorsi in mio aiuto, e ce ne stavamo tutt'e tre lì, a guardare Alejo nel suo nascondiglio. E lui, a sua volta, ci guardava con i suoi occhioni scuri.

«Che cosa facciamo?» domandai a Jeff. Ero incerta: dovevo tirarlo fuori di lì e mandarlo a sedere nel nostro «angolo del silenzio» o era troppo spaventato per poterne trarre beneficio?

«Posso parlargli?» Era Sheila. «Potrei parlargli come ho fatto l'altro giorno. Magari riesco a farlo uscire di lì.»

«Sì, mi sembra una buona idea», disse Jeff. «Ti occuperai di Alejo, Sheila. Gli parlerai e, se riuscirai a farlo uscire di lì, te ne occuperai individualmente.»

Questo sembrò stupirla. «Che cosa dovrei fare, con lui?»

Jeff le fece un sorriso rassicurante. «Quello che ti sembra giusto. Quando arriverà il momento, lo capirai.»

Il momento non arrivò. Alejo se ne stette sotto i tavoli per il resto della mattinata.

* * *

In macchina, mentre andavamo alla stazione dell'autobus di Fenton Boulevard, Sheila, silenziosa, era persa nelle sue meditazioni. «A che cosa serviva quell'esercizio con la navicella spaziale?» domandò, dopo lunghe riflessioni.

«Ad aiutare i bambini a scoprire se stessi, credo. In fondo, è questo che significa creatività.»

«Allora era soltanto un esercizio di creatività?»

«Di espressione. Quasi tutti i bambini di quel gruppo trovano difficile esprimere i loro sentimenti profondi, e ho visto che questo genere di attività è spesso un buon inizio.»

Sheila cadde di nuovo nel silenzio. Tacemmo per cinque o sei minuti.

«Torey?»

«Sì?»

«Ricordo quando l'hai fatto.»

«Fatto cosa?»

«Nella nostra classe. Ricordo che una volta ci hai fatto fare uno di quei viaggi immaginari. Andammo in fondo al mare.» Il viso le si accese di colpo. «Eravamo tutti seduti in cerchio per terra. In ginocchio. Io ero in ginocchio. Ci hai fatto vedere quelle riviste con le fotografie di pesci tropicali e poi ci hai detto di chiudere gli occhi ché saremmo andati sott'acqua. In fondo al mare, a vedere i pesci. E ricordo un mucchio di pesci che nuotavano tutt'intorno, a righe gialle e turchesi, di tutti i colori.» Sorrideva.

Anch'io sorrisi, e annuii.

«Mi è venuto in mente di colpo. Un ricordo nitido. Come se fosse appena successo. Mi vedo seduta con gli altri per terra, in cerchio. Vedo la lavagna alle tue spalle.»

«Sì, l'abbiamo fatto spesso. Era una delle attività preferite di quasi tutti.»

Fece un gran sorriso. «E adesso me lo ricordo. Me lo ricordo proprio.»

14

Evidentemente, Alejo ci credeva un gruppo troppo pericoloso per lui, perché la mattina dopo, quando arrivò, si rifiutò di scendere dal taxi. Jeff uscì e cercò di convincerlo a venire a scuola, ma Alejo non voleva proprio saperne. Si rannicchiò nel poco spazio che c'era tra il sedile posteriore e quello anteriore. Jeff, che non era abituato a vedersi respinto così violentemente dai suoi pazienti, era propenso a rimandarlo a casa. Secondo lui, Alejo aveva bisogno di più tempo per risolvere quel problema, e soltanto se fosse stato lasciato ai propri ritmi avrebbe fatto progressi significativi nella terapia. Io non ero d'accordo: secondo me, se ora fosse stato lasciato solo, Alejo non sarebbe tornato mai più. Intuendo che le sue probabilità di rimanere presso l'attuale famiglia adottiva dipendevano soltanto dal suo apprendimento, durante l'estate, di comportamenti più accettabili, dubitavo che potessimo permetterci quel lusso terapeutico. Così, nonostante le perplessità di Jeff e le energiche rimostranze di Alejo, lo tirai fuori dal taxi e lo portai di peso in classe.

Era proprio un ragazzino selvaggio. Quasi tutti i bambini, quando dovevo affrontarli fisicamente, combattevano in modo ragionevolmente prevedibile e «corretto», e io ero in grado di tenerli fermi o spostarli senza far male né a loro né a me. Ogni tanto mi prendevo un calcio negli stinchi, ma finiva lì. Con Alejo era diverso. Quando combatteva, lui lo faceva brutalmente, disperatamente, senza esclusione di colpi, mordendo, graffiando e urlando con tale violenza che non riuscivo a tenerlo fermo.

Sia Jeff sia Miriam cercarono di aiutarmi a trascinare il ragazzino su per gli scalini e nella scuola, ma maggiore era il numero di mani che cercavano di bloccarlo, più violenta si faceva la sua lotta. Alla fine chiesi loro di lasciarlo andare e assicurarsi semplicemente che le uscite fossero sorvegliate, se mai mi fosse malauguratamente sfuggito di mano prima di arrivare nell'aula.

Sulla soglia dell'aula lo lasciai andare, e lui scappò nello stesso angolo lontano in cui aveva trovato rifugio il giorno prima. Si lasciò cadere e scivolò dietro le sedie e i tavoli accatastati, sotto la cattedra.

«Ma bene», borbottò Jeff, e si girò a guardarmi. «Sei tu l'esperta, in questo campo. Che si fa, adesso?»

Mi venne in mente il mio primo incontro con una bambina gravemente disturbata. Avevo diciott'anni, allora, e prestavo servizio volontario in un corso prescolare. Lì c'era una bambina che trascorreva tutto il tempo, giorno dopo giorno, nascosta dietro un pianoforte. Il direttore dei corsi, una persona meravigliosa, piena di spirito innovativo, che per molti anni mi avrebbe fatto da mentore, mi aveva assegnato un compito molto simile a quello: stare un po' con lei e cercare di farla uscire di lì. Non mi aveva detto né come né che cosa fare, ma soltanto che quello era il mio compito e che aveva fiducia in me. Aveva detto che, qualunque cosa avessi deciso di fare, avrei reso la vita di quella bambina migliore di quanto non fosse in quel momento. Chissà se sapeva che i mesi seguenti avrebbero cambiato per sempre la mia vita; in ogni modo, è a quella ragazzina che risale l'inizio della mia carriera nel campo dell'educazione speciale.

Ciò che di quell'incontro mi aveva lasciato una traccia indelebile era stata la certezza del direttore che io, una ragazza un po' impacciata e maldestra, fossi in grado, pensando con la mia testa, di capire che cosa occorreva fare e come farlo. Guardando Sheila, capii quanto desiderassi farle lo stesso dono.

«Vai tu da lui», le dissi.

Sembrò sconcertata. «A far cosa?»

«Deve essere terribilmente spaventato. Parlagli. Se vuole uscire, benissimo, altrimenti, usa il buon senso.»

Per un lungo istante, Sheila mi guardò, con un'espressione tra il confuso e l'incerto; poi guardò Alejo dietro la sua barricata.

«Ricordi che cosa hai provato la prima volta che sei venuta nella mia classe?» domandai. «Parlagli come se lui fosse la Sheila di allora.»

«Non me lo ricordo», disse. «Quindi non credo di poterlo fare.»

«Sono sicura che puoi farcela.»

Si distese a pancia in giù, per poter vedere sotto l'intrico delle gambe dei tavoli e delle sedie e gli parlò dolcemente in spagnolo per tutta la mattinata. Poiché io non me la cavavo altrettanto bene, con quella lingua, non capivo quasi nulla di quello che gli diceva, ma sentivo che la sua voce si faceva sempre più delicata e incoraggiante.

Alejo non uscì. Al sicuro dietro la sua barricata di gambe metalliche, se ne stette lì, rannicchiato, e resistette alle lusinghe di Sheila. Anzi, credo che non le parlò nemmeno, quel primo giorno. Sheila, tuttavia, si dimostrò altrettanto tenace. Una volta o due si alzò per venire da me, che stavo lavorando con il mio gruppo di bambini, ma poi tornava sempre a sedersi per terra accanto alla tana di Alejo. La sua concentrazione mi colpì. Era la prima volta, credo, che eravamo riusciti a farla impegnare fino in fondo.

* * *

Per le due settimane seguenti, Alejo continuò a starsene nascosto tra le gambe dei tavoli. Ogni mattina, quando arrivava, veniva portato di peso dal taxi fino in classe e poi attraversava a razzo la stanza, andava a rintanarsi sotto i tavoli e se ne stava lì finché, all'ora di pranzo, non lo tiravamo fuori per mandarlo a casa. Jeff e io discutemmo se non fosse più utile bloccarlo subito dopo averlo trascinato al di qua della porta, per impedirgli di rifugiarsi nel suo nascondiglio; ma concludemmo che forse avremmo fatto meglio a lasciargli quella sicurezza. Così, ogni giorno si ripeteva la stessa storia.

Sheila accettò la sfida sempre più grande di attirare Alejo fuori di lì. Per giorni e giorni, se ne stette per terra a pancia in giù a parlargli, a volte in spagnolo, altre in inglese. Era straordinariamente brava a tenere quelle conversazioni unilaterali. Non mi era mai sembrata particolarmente loquace, e non mi sarei aspettata che potesse affrontare la situazione a quel modo; e invece chiacchierava gradevolmente, gli chiedeva quali erano i suoi gusti in fatto di cucina, sport o altre attività, come trascorreva la giornata quando non era a scuola, quali erano gli animali e le materie scolastiche che preferiva e gli faceva un mucchio di altre domande.

Di tanto in tanto riusciva strappargli una risposta, anche se in realtà lui non diceva mai granché. A quanto pareva apprezzava gli sforzi di Sheila di parlare in spagnolo, perché era allora che spesso le mormorava una risposta. E andarono avanti così, tre ore e mezzo al giorno, cinque giorni alla settimana.

* * *

Più Sheila trascorreva il tempo sdraiata per terra accanto a lui, più si appassionava al passato di Alejo. Non si sapeva nulla della sua famiglia vera, nemmeno i nomi dei genitori, né se fossero ancora vivi. Sheila tentò ripetutamente di scoprire qualcosa. Io cercai di spiegarle che sarebbe stato difficile, e quasi certamente impossibile, ma la curiosità di Sheila non si attenuò.

Il racconto del ritrovamento di Alejo in un cassonetto dell'immondizia scatenò in lei una gran quantità di ragionamenti. Rimuginava ogni particolare, dal freddo e la fame che Alejo doveva aver sofferto alle condizioni di sopravvivenza di un bambino così piccolo in circostanze come quelle. Ovviamente avevo il sospetto che, inconsciamente, Sheila associasse tutto questo al proprio abbandono. Ricordavo come, a sei anni, avesse continuato ininterrottamente a raccontare di quando sua madre se n'era andata di casa, portando con sé lei e il fratellino Jimmie, e di quando aveva fermato la macchina, aveva spinto Sheila sul ciglio della strada, era ripartita a tutta velocità nella notte e non era tornata mai più. Adesso, il bisogno di Sheila di raccontare l'abbandono di Alejo fece riecheggiare nella mia mente tutte quelle conversazioni di tanto tempo prima.

Quale che fosse la spiegazione psicologica, Sheila si impegnava sempre più a fondo, con Alejo. Cercava disperatamente di stabilire un rapporto con lui, di convincerlo che di lei poteva fidarsi, e fu quel desiderio a indurla a impegnarsi così a fondo in quel compito.

Nonostante la nuova energia che metteva nel lavoro, le sue discussioni accese con me non erano affatto scomparse. Uno dei terreni più pericolosi era il suo aspetto.

Devo ammettere che, avendola conosciuta quand'era bambina, non mi ero aspettata affatto di trovarla così. Era stata una ragazzina molto graziosa, anche sotto il sudiciume dei primi tempi, con quei lunghi capelli di uno scuro biondo-miele, tanto lisci da scivolare come fluido tra le dita, quando li si sollevava, e i lineamenti marcati, con una sfacciata fossetta nel mento e la bocca particolarmente attraente.

Il mento, la bocca e i lineamenti marcati, ovviamente, non erano scomparsi, ma la permanente e il colore sgargiante dei capelli li avevano attenuati, e tutto era stato messo in ombra dal suo abbigliamento. Chissà dove l'aveva preso, quel gusto per l'abbigliamento. Era così fuori moda da risultare quasi di moda.

Avevamo dovuto sorbirci diversi accostamenti dei mutandoni bianchi con un vasto assortimento di vestitini e T-shirt. Una delle sue *mises* preferite erano mutandoni bianchi associati con un'ampia camicia in stile campagnolo, che la faceva sembrare una comparsa di *Il violinista sul tetto* sorpresa nel camerino. Aveva anche un assortimento di vestitini che parevano delle camicie da notte in stile vittoriano, tutte pizzi e trine, e che di solito indossava sopra una delle sue T-shirt a maniche lunghe e a righe sgargianti, qualche volta fosforescenti. Il tutto accompagnato dagli anfibi neri stringati.

Si era fatta bucare le orecchie, quello sinistro cinque volte, quello destro due, anche se, grazie a Dio, nessun'altra parte del corpo sembrava aver ricevuto lo stesso trattamento. Alle orecchie portava soltanto dei sottili anellini d'oro, ma la quantità di orecchini compensava la semplicità.

Devo ammettere che mi ci volle un po' per abituarmi, ma la verità è che non me ne importava. Anzi, con l'abitudine, alcune *mises* cominciai a trovarle attraenti, anche se un po' stravaganti. Aveva decisamente fiuto per l'abbigliamento, e soprattutto aveva la corporatura sottile e l'aspetto da trovatella che occorrevano per portare vestiti di quel genere. Fosse stata tra gente un po' più all'avanguardia in fatto di moda di quanto non fossimo Jeff e io, immagino che la sua fantasia avrebbe riscosso ammirazione.

Il padre di Sheila, tuttavia, non sembrava affatto ammirare il suo gusto e, a quanto capivo, tra loro c'erano parecchie discussioni al riguardo. E poi, nemmeno a scuola erano di ampie vedute, e più di una volta l'avevano mandata a casa a cambiarsi. Era questa, secondo me, la ragione della sua suscettibilità quando si toccava l'argomento – perché era chiaro, e lo era stato fin dal primo giorno, che Sheila voleva vestirsi a quel modo e avere l'aspetto che aveva senza che nessuno alludesse minimamente al fatto che potesse sembrare un po' strana.

Jeff andava sempre a finire lì, con i suoi discorsi. L'aveva soprannominata «l'Orango» per i capelli arancioni e la prodezza del secondo giorno, quando si era arrampicata sull'albero, e bastava che lui pronunciasse quella parola perché lei, inevitabilmente, si mettesse a strillare. Cosa ancora peggiore, Jeff non riusciva mai a trattenersi dal fare commenti come: «Abbassiamo l'aria condizionata? Così non dovrai arrivare qui con la camicia da notte sopra i vestiti», oppure: «Il nonno non si è ancora accorto che gli manca un paio di mutande?»

E a questi commenti, come a quasi tutte le sue battutine ironiche, Sheila reagiva sputando rabbia come un gattino selvatico, ed era rabbia autentica, ne ero certa. Qualsiasi speranza di accostare quelle due menti potenti era svanita da un pezzo. Sheila, a quanto pareva, non riusciva a provare altro che odio, per Jeff, e Jeff, da parte sua, non faceva nulla per migliorare la situazione. Io cercai di convincerlo a tener chiusa quella sua boccaccia, ma non servì a nulla. Si divertiva, a provocarla.

Per me, quando mi abituai, non fu molto difficile starmene zitta riguardo al suo aspetto. Non sono una che si scandalizza facilmente, e sono in grado di cacciare dai miei pensieri le cose che non mi piace vedere o sentire; così, tranne che per la necessaria opera di mediazione tra lei e Jeff, in generale riuscivo a evitare l'argomento. Ma non bastò: le poche occasioni in cui mi capitò di farmi coinvolgere nella discussione, Sheila attaccò con tutte le armi che aveva. Il fatto, immagino, è che Sheila, con il suo aspetto, voleva anche lanciare una provocazione, e poiché io non reagivo, di tanto in tanto sentiva il bisogno di aggredirmi.

Fu ciò che capitò un giorno, mentre eravamo sul retro dell'aula dopo la fine della lezione. Alcuni bambini avevano fatto degli esercizi di pittura, e Sheila e io stavamo lavando i vasetti delle tempere. Il lavabo era pieno d'acqua saponata e Sheila ci aveva immerso dentro le braccia quasi fino ai gomiti.

«Puoi tirarmi indietro i capelli?» chiese, mentre mi avvicinavo con altri vasetti di tempera. «Ho un fermaglio nella tasca sinistra. Puoi scostarmi i capelli e farmi la coda?»

Misi la mano nella sua tasca, tirai fuori il fermaglio e cominciai a lisciarle indietro i capelli per raccoglierli. E mi vennero subito in mente le volte che avevo pettinato Sheila quand'era piccola. Allora erano bellissimi, i suoi capelli, lisci come seta, ed era un piacere toccarli; mi erano sempre piaciute quelle prime ore della mattinata, prima delle lezioni, quando le spazzolavo i capelli. Era ben diverso quello che adesso sentivo tra le dita. Tinti e trattati, adesso erano una massa di capelli crespi.

«Sto pensando di tingermi i capelli di giallo, questo fine settimana», disse Sheila. «Al drugstore ho visto una tinta che costava solo due dollari e novantanove.»

«Non hai mai pensato di farli crescere del loro colore naturale?»

In una frazione di secondo, Sheila si girò e mi colpì sulla mano, schizzando acqua saponata dappertutto. «Piantala! Piantala!» urlò, infuriata.

Colta di sorpresa, sobbalzai.

«È questo che vuoi, vero? Avere il controllo su di me. Trasformarmi di nuovo nel tuo tesoruccio. Be', io non sono lei. Sono io! E non puoi più dirmi che cosa devo fare.»

Si era arrabbiata così tanto e così velocemente, che lo stupore mi ammutolì. C'erano anche Jeff e Miriam, nella stanza; si fermarono di colpo e rimasero a fissarci.

«Non sono più di tua proprietà. Non sono tua. Tu non mi hai creata!»

15

Il lunedì mattina seguente, stavo giocando con David, Tamara e Violet alla « sedia vuota », una variazione della tecnica terapeutica messa a punto da un famoso psichiatra, Fritz Perls. Si tratta di sistemare una sedia vuota in mezzo a un gruppo e parlare a quella sedia come se ci fosse seduto sopra qualcuno. Stavamo discutendo della rabbia e della tristezza, e di come qualche volta quei due sentimenti si mescolino. A turno, avevo chiesto a ogni bambino di pensare a un'occasione in cui qualcuno gli aveva fatto provare quei sentimenti, poi immaginare che quella persona fosse seduta sulla sedia vuota e parlarle di quei sentimenti. Ci impiegammo un po' a partire. Io diedi l'esempio mettendo a sedere sulla sedia un mio vicino al quale non piaceva il mio gatto e parlando alla sedia della rabbia che avevo provato quando l'avevo visto maltrattare il mio gatto. Poi, a turno, i bambini fecero altrettanto. Soltanto al secondo giro riuscirono tutti a entrare nello spirito giusto.

Arrivò il turno di Tamara. « Metterò la mia mamma, sulla sedia », disse.

« D'accordo », dissi. « E che cosa vuoi dire alla tua mamma? »

« Che sono stufa del bambino. »

« Va bene. »

Mi guardò. « Voglio dirle che non voglio più badare al bambino. Perché ha avuto così tanti figli da non riuscire a badare a loro da sola? »

« Puoi dirglielo? » domandai. « Immagina che sia seduta lì e dille che cosa provi. »

« Non voglio più badare al bambino », disse Tamara. « Sono stufa del bambino. Non è mio. Non è giusto, solo perché sono la più grande. Perché devo badare a lui? »

Le lacrime le salirono agli occhi e si interruppe. Mi guardò e disse: «Sono troppo piccola per badare a lui.»

Indicai la sedia. «Perché non lo dici a lei, quello che provi? Che ti senti troppo piccola per avere una responsabilità così grande.»

Tamara annuì tra le lacrime. «Sono troppo piccola, mamma. Ho bisogno che tu badi a *me.*»

Si sedette, e per un lungo momento rimasero tutti immersi in silenziose meditazioni.

«E tu, Violet?» dissi, gentilmente.

Violet si tirò pesantemente in piedi. Si avvicinò alla sedia e ci girò intorno, senza mai staccare gli occhi dal sedile. Durante il primo giro, ci aveva messo sopra a sedere una compagna di scuola. Violet mi aveva detto che voleva domandare alla bambina perché la trattava sempre così male, ma quando le avevo chiesto di immaginare che la bambina fosse seduta sulla sedia e indirizzare lì le sue osservazioni, il discorso di Violet era degenerato in sciocche chiacchiere sui fantasmi. Non speravo granché in quel nuovo tentativo. I problemi di Violet s'insinuavano in ogni aspetto della sua esistenza, tanto che non era in grado, evidentemente, di affrontare un approccio così diretto.

«Io ci metterò Alejo, sulla sedia», disse, con mia grande sorpresa.

Alejo non era molto lontano da lei. Eravamo disposti in cerchio, a nemmeno un metro da dove Sheila era stata a pancia in giù a parlare con lui; tuttavia, durante l'esercizio della sedia vuota, Sheila aveva cominciato ad ascoltarci e adesso era seduta a gambe incrociate ai margini del cerchio. Quando venne pronunciato il nome di Alejo, piegò appena la testa per guardarlo sotto l'intrico di mobili.

«Va bene», dissi. «Che cosa vuoi dire ad Alejo?»

«Perché non vieni tra noi, Alejo?» disse Violet, avvicinandosi alla sedia. Drizzò la testa e guardò intensamente, come se lo vedesse davvero. «Perché continui a nasconderti da noi? Non fa paura, qui, e mi manchi. Vorrei proprio che venissi fuori.»

Fece un giro attorno alla sedia e poi si mise in piedi sulla sinistra. «Mi fai arrabbiare, quando vai a nasconderti, perché penso che non ti piaccio. E sono triste, perché vorrei essere amica tua. Perché non vieni fuori? Ti vorrei qui con noi.»

«Va bene.»

Sbalorditi, girammo tutti la testa e vedemmo Alejo in piedi accanto ai tavoli accatastati.

«È uscito!» strillò David, a voce così alta che mi aspettavo che Alejo si precipitasse di nuovo sotto i tavoli, ma non lo fece.

«Vuoi venire qui con noi?» domandai. Scostai una sedia da un tavolo vicino e la inserii nel nostro cerchio.

Alejo non si mosse.

«Vuoi giocare anche tu? Vuoi parlare con qualcuno sulla sedia vuota?» domandai.

Fece segno di no.

Sheila, ancora per terra, a gambe incrociate, tese una mano. «Vieni, Alejo. Siediti qui vicino a me.»

Senza alcuna esitazione, andò da lei e si sedette.

«Cambiamo le regole. Avete parlato con la sedia vuota. Adesso facciamo finta che la sedia vuota possa rispondere», dissi. «Tamara, hai appena parlato con la tua mamma, che era seduta sulla sedia vuota. Adesso vai a sederti tu sulla sedia.»

Titubante, si alzò, attraversò il cerchio e si sedette sulla sedia vuota che era in mezzo.

«Adesso sei la tua mamma. Hai appena sentito che cos'ha detto Tamara. Adesso rispondile.»

Tamara tacque per un lungo momento. «Io non vorrei farti lavorare così tanto. Il fatto è che ho troppi bambini.» Fece una pausa. «Non sposarti, Tamara. Non avere bambini.» Poi si alzò e tornò al suo posto.

«Tocca a me. Sarò Alejo», disse Violet, e gli scoccò un sorriso radioso. Andò alla sedia vuota e ci si sedette su. «Sono contento che tu mi abbia detto di uscire, Violet. Ero stanco di starmene là sotto. Sei stata buona con me. Adesso sarò tuo amico».

Io sorrisi a Violet e poi guardai Alejo. «Puoi dirci che effetto ti ha fatto sentire Violet dire quanto avrebbe voluto che tu tornassi tra noi?»

«Bello», rispose.

* * *

Sheila e io non ci unimmo a Jeff e Miriam per il pranzo come facevamo di solito. Nel primo pomeriggio dovevo incontrare un paziente vicino alla scuola, così mi ero preparata qualche panino pensando di mangiare ai giardini pubblici di fronte. Senza il solito passaggio che le davo fino a Fenton Boulevard, Sheila avrebbe dovuto percorrere a piedi due isolati, arrivare sulla strada principale e, da lì, cominciare un viaggio piuttosto complicato. Quella mattina uscì subito dopo la fine delle lezioni, e diedi per scontato che fosse diretta alla stazione dell'autobus; invece tornò, con un sacchetto di McDonald's in mano, e venne con me ai giardini pubblici, a mangiare su una panchina.

«Non c'è bisogno che io vada a casa adesso», disse. «E poi, non ci troverei nessuno.»

«Mi fa sempre piacere stare in compagnia», dissi, scartando i miei panini.

Per qualche istante ci concentrammo sul pranzo.

«Di solito che cosa fai di pomeriggio, quando torni a casa?» domandai.

Sheila scrollò le spalle. «Dipende.»

«Ti vedi con gli amici?»

Lei esitò, con il suo hamburger in mano, poi scrollò di nuovo le spalle. «Di solito no.»

«Non ti sento parlare molto degli amici», dissi.

«Non significa che non ne abbia, se è questo che vuoi sapere», ribatté, un po' stizzita. «Semplicemente, non faccio granché con loro, tutto qui.» Staccò un morso del suo hamburger. «La mia è una scuola di impediti. A dir la verità, non c'è nessuno di cui voglio essere amica.»

«E che cosa fai?»

«Te l'ho detto, dipende. Ho sempre le faccende domestiche da sbrigare, sai. Mio papà non lo fa di certo. Se fosse per mio padre, vivremmo in un porcile. E la spesa. E far da mangiare. Chi credi che faccia da mangiare?»

Annuii.

«È molto fortunato ad avere una figlia femmina, sai. Una che fa tutte queste cose per lui. Se fossi nata maschio, sarebbe fregato.»

«Come fate? Lui ti dà i soldi per la spesa e tu decidi che cosa fare da mangiare?»

«Devo prenderglieli.» Finì il suo hamburger con due grandi morsi. «Ho imparato a farlo... non so... un sacco di tempo fa. Devo prenderglieli subito altrimenti non li trovo più.»

La guardai.

«Di solito me li dà, quando glieli chiedo. Adesso comincia ad abituarsi al fatto che io glieli chieda. Ma se non me li dà, sono piuttosto brava a prendermeli. Gli dico che devo andare in lavanderia e che deve cambiarsi per darmi subito i pantaloni che ha addosso. Così lui tira fuori il portafoglio. Oppure, qualche volta aspetto semplicemente che si addormenti.»

«Credevo che ci avesse dato un taglio, all'alcol e cose del genere. Credevo che fosse tutta roba del passato.»

Fece uno sbuffo beffardo. «Non prenderti in giro.»

«Beve ancora?» dissi, avvilita. «Credevo che la squadra di baseball...»

«La gente non cambia. Non lo sapevi? Cambiano le circostanze, ma la gente non cambia mai.»

* * *

Adesso che Alejo era uscito spontaneamente dal suo nascondiglio, Jeff e io decidemmo di adottare misure drastiche perché non tornasse più là sotto; così, la mattina dopo, arrivammo in anticipo, ci caricammo in spalla i tavoli e le sedie in più e li trasportammo giù per il corridoio fino a una stanza che non usavamo. Ottenemmo anche il vantaggio di avere molto più spazio per lavorare.

Quando arrivò il taxi, Alejo si mostrò di nuovo riluttante a scendere, ma Sheila salì in macchina e rimase seduta un momento accanto a lui, finché finalmente lo convinse a scendere con lei. Per la prima volta da tre settimane, tenendo la mano di Sheila, entrò in classe, invece di esserci trascinato dentro.

«Posso occuparmi soltanto di lui e lavorare con lui da sola?» chiese Sheila.

«Se vuoi. Hai in mente qualcosa?» dissi.

Scrollò le spalle. «Ho pensato a diverse cose, mentre ero per terra con lui. E ho pensato che forse per lui sarebbe più facile così piuttosto che in un grande gruppo.»

Andarono in fondo alla stanza, accanto a una libreria bassa, e si sedettero per terra. Vidi Sheila rovesciare il canestro del Lego in mezzo a loro e poi tutt'e due chinarsi per cominciare la costruzione.

Quel giorno toccava a me occuparmi di Joshua e Jessie, i nostri due bambini autistici, e avevo già fin troppo da fare con loro per poter vedere che cosa facevano Sheila e Alejo. Rimasero costantemente concentrati sul Lego fino all'ora della merenda e poi di nuovo fino alla ricreazione.

Mentre erano fuori, approfittai della loro assenza per andare a vedere che cosa stavano costruendo. Non sembrava niente di speciale. C'erano diverse figure rettangolari, che parevano case lasciate a metà o qualcosa del genere, e qualche lunga striscia di mattoncini incastrati l'uno nell'altro.

«Dobbiamo farli continuare?»

Spaventata, trasalii a quella voce inaspettata, e quando mi girai vidi che era Jeff. Mi si avvicinò. Poi si piegò, e raccolse una delle strutture rettangolari. «Secondo me torneranno a lavorare a queste, dopo la ricreazione. Pensi che dovremmo lasciarli fare?»

«Secondo te?» domandai.

«Ho cercato di sentire che cosa dicevano. Era una conversazione veramente interessante. A quanto pareva, stavano costruendo una prigione e volevano metterci dentro gli omini del Lego. Mi è sembrato di sentire che Alejo volesse metterci dentro sua madre. Ha detto: 'Lei fa: No! No! No! Se lo fai un'altra volta, ti chiudo nella tua camera. E non ti rivolgerò la parola per due giorni. Sei stato cattivo a fare così, e non vedrai la tele'. E Sheila dice: 'Chiudila in prigione. Questa è la prigione delle mamme cattive. Mettila lì dentro, così la puniremo. Che cosa le faremo?' E Alejo dice: 'Le taglieremo la gola. La faremo sanguinare. Butteremo bombe finché non sarà morta'. Ecco che cosa stavano facendo: scagliavano a terra dei pezzi di Lego.» Jeff mi guardò. «Era un po' difficile stabilire chi era la mente e chi il braccio.»

«Già, sembrerebbe proprio così», dissi.

«Secondo me dovremmo lasciarli andare avanti, se vogliono», disse Jeff. «Lui sta parlando più di quanto non lo abbia mai sentito fare, ma... con un orecchio voglio sentirli.»

La notizia di quella conversazione mi innervosì. Per quanto volessi offrire a Sheila un'esperienza costruttiva, insieme a noi, rimaneva il fatto che era una ragazzina inesperta, non una terapeuta; inoltre si portava ancora addosso tutto il suo bagaglio di sentimenti. Incoraggiando Alejo a giocare, stava forse cercando di imitare le attività terapeutiche di Jeff e mie? Oppure stava soddisfacendo le proprie necessità? O tutt'e due le cose?

Non avemmo l'opportunità di scoprirlo. Dopo la ricreazione, quando Miriam e Sheila tornarono con i bambini, Alejo si unì allegramente agli altri al tavolo della pittura e Sheila si ritirò sul retro a raccogliere gli avanzi di merenda e a far fuori i biscotti rimasti.

Alla fine della mattinata, Sheila mi si avvicinò mentre stavo riordinando. «Non andiamo a pranzo con loro», propose, mentre mi passava gli oggetti da mettere sullo scaffale.

«Non ne hai voglia?»

«Facciamo come ieri: andiamo a mangiare ai giardini pubblici. Mi è piaciuto. È così bello, fuori, e c'è il sole; invece, starsene seduti là dentro, in quello squallido ristorante...» rispose.

«Il problema», dissi, «è che oggi non mi sono portata i panini e non ho niente da mangiare. E poi ho un appuntamento in clinica alle due. Quindi se non mangio subito non avrò il tempo di portarti in Fenton Boulevard.»

«Non fa niente. Posso prenderlo qui, l'autobus.» Si chinò a slacciarsi un anfibio. Poi lo sollevò, lo rovesciò e ne uscì un biglietto da cinque dollari. «Se non mangerai troppo, potrei comprarti qualcosa da McDonald's.»

«D'accordo per McDonald's, però pago io», dissi. «Tu puoi occuparti delle ordinazioni e andare a prendere da mangiare quando avremo finito qui.»

L'aula era un disastro, dopo le attività della mattinata – pittura con le dita al tavolo, disegni a gessetti colorati alla lavagna e acqua nella cassetta della sabbia. E poi c'era la sporcizia di tutti i giorni. Jeff era al lavabo del retro a lavare vàsetti di tempera, mentre Miriam riordinava libri e li rimetteva nella libreria.

«Gliel'hai detto?» domandò Sheila, avvicinandosi a me, che stavo strofinando un tavolo.

«Detto cosa?» domandai.

«Be', che non andremo a pranzo con loro», rispose, un filo esasperata.

«No, ma glielo dirò. Adesso finiamo di pulire. Oggi abbiamo fatto delle belle porcherie, qui dentro.»

«Possiamo pulire noi», disse. «Perché non dici a Jeff e Miriam che possono tornare a casa? Così possiamo pulire io e te.» Visto che non rispondevo, Sheila riprese: «Ecco il solo problema di questo lavoro. Non riusciamo mai a starcene un po' insieme da sole, noi due. Qualche volta avrei voglia di stare sola con te.»

Sorrisi. «Be', allora va' a dirgli che ci penseremo noi due, alla stanza.»

* * *

Speravo che la richiesta di Sheila di stare sola con me indicasse che voleva parlare. Ero ancora un po' sconcertata dalla conversazione tra lei e Alejo che Jeff mi aveva riferito, e pensai che forse voleva discutere di quello, o almeno di Alejo, con me; ma a quanto pareva aveva altre intenzioni. Quando fummo sole, ci limitammo a continuare a pulire l'aula.

Sheila prese dall'armadietto una scatola di cancellini nuovi e cancellò tutti i disegni colorati dalla lavagna, mentre io attaccavo in bacheca i dipinti fatti con le dita. Quando mi girai a guardare Sheila, aveva in mano una scatola di gessetti colorati e stava disegnando alla lavagna. Non dissi nulla, ma Sheila si accorse subito che stavo guardandola.

«L'altro problema, qui dentro, è che non posso giocare», disse, e fece un sorrisino impacciato. «Continuo a pensare a come sarebbe bello se fossi una di loro, invece di una di voi. Dio, sembrano proprio divertenti le cose che fanno questi bambini. Una specie di scuola di sogno.»

Sorrisi anch'io.

«Posso fare un disegno con questi?» chiese, titubante, sollevando la scatola di gessetti. «Qualcosa di decorativo, magari. Per domani, quando arriveranno. Sarà meglio così che una lavagna vuota, ti pare?»

«Sì, certo. Fa' pure.»

Sheila si lanciò anima e corpo nella realizzazione di un disegno enorme, che occupava un'intera sezione della lavagna. Quell'intensità di concentrazione mi sorprese; disegnava come se da quando era arrivata scoppiasse dalla voglia di farlo. Il momento del pranzo si avvicinava e, quando terminai il mio lavoro, la vidi così assorta in quello che stava facendo che non volli interromperla.

«Vado io a prendere gli hamburger?» domandai.

«Andresti tu?» disse, sorpresa. «Dio, stupendo!»

Una ventina di minuti dopo, quando tornai, Sheila stava aggiungendo gli ultimi ritocchi al suo lavoro. Era un disegno affascinante: un deserto di sabbia dorata che si estendeva da un orlo all'altro della lavagna, con sopra soltanto un alto cactus solitario e un paio di cespugli di soli rami, senza foglie. Sotto la sabbia, tuttavia, c'era una miriade di piccole tane con dentro serpenti, topi, scorpioni, conigli e scarafaggi. E in fondo c'era una donna con uno zaino in spalla, scarponcini, pantaloncini corti e un foulard rosso in testa.

«Ehi, che bello. Non sapevo che fossi un'artista», dissi.

«Ci sono molte cose che non sai di me, Torey.»

«È proprio bello. L'espressione della donna è molto realistica. Ma soprattutto mi piacciono tutti quegli animaletti sotto la sabbia. Guarda le tane dei conigli. Vere e proprie casette, con una stanzetta per ogni coniglio. E io non riuscirei mai a disegnare uno scorpione, senza aver davanti un modello.»

Sheila fece un sorrisino. «Mi piace fare cose che ti sorprendono.»

Osservai il disegno. «Però lei sembra triste. Quella viaggiatrice solitaria, che non può vedere tutto quello che c'è nascosto sotto.»

«Non metterti a fare della psicologia, adesso. È soltanto un disegno.»

«Allora», dissi, «parlamene tu.»

«È solo un disegno. Lei sta camminando nel deserto. È il deserto californiano. L'ho visto nelle fotografie, aveva dei cespugli come quelli.»

La California, dove era scappata sua madre, stavo pensando, ma non lo dissi. «In ogni modo c'è desolazione, dal punto di vista della donna.»

«Be', sì, nei deserti c'è grande desolazione. È come se avessi davanti a te una grande distesa di vuoto», disse.

«E tutte le creature viventi si nascondono alla tua vista?» azzardai.

«Be', sì, oppure...» Si girò a guardarmi, e un sorriso furbetto le arrivò alle labbra. «Oppure è tutto nascosto sotto la superficie ad aspettare di essere scoperto. Ho fatto centro? Stavi per dirlo tu? Anch'io so interpretare i disegni, vero?»

Scrollai bonariamente le spalle.

«Muori dalla voglia di capirmi, vero? In realtà, vuoi che io dica che quella persona sono io e quel deserto è la mia vita, vero?»

«Solo se è vero.»

«Oh, è vero», disse. «E tu dovresti saperlo.»

16

Sheila avrebbe compiuto quattordici anni ai primi di luglio, poco prima dei tre giorni di vacanza per il Quattro Luglio. Ne parlai a Jeff, dicendogli che, dal momento che era il solo compleanno in quelle otto settimane di corso, sarebbe stato bello fare una festicciola. Ai tempi in cui insegnavo avevo sempre cercato di organizzare delle piccole feste di classe, in parte perché spezzavano gradevolmente la routine, ma soprattutto perché gli handicap, i problemi emozionali vissuti in famiglia e/o la situazione economica spesso impedivano a quei bambini di festeggiare altrove. Nelle mie classi, avevo avuto molti bambini e bambine che non erano mai stati invitati a una festa di compleanno, così come non ne erano mai stati protagonisti. Feci dunque un'enorme torta al cioccolato e la decorai con il nome di Sheila, mentre Miriam preparò un vasto assortimento di biscotti e tramezzini. Jeff si occupò dei cappellini di carta e delle trombette.

Sheila non fece tanto la schizzinosa, quando vide le stelle filanti e i palloncini, i piatti di carta colorati della Pantera Rosa, i cappellini e la torta. Deliziata, prese in mano ogni cosa e la studiò.

«Dio, avete fatto tutto questo per *me*? *Merda*», disse, provandosi un cappellino. «Dio, non ho mai avuto un cappellino di questi. Come sto? C'è uno specchio? Devo vedermi.» Andò nell'angolo dove c'erano i costumi e prese in mano lo specchietto. «Mi ero sempre chiesta come potessi stare con uno di questi cappellini.»

I bambini erano altrettanto deliziati; quando videro le decorazioni colorate e la schiera di biscotti e tramezzini, cominciarono a strillare per l'entusiasmo. Essendo sopravvissuta a dozzine di feste di classe, sapevo bene che il disastro era garantito. Si eccitavano tutti un po' troppo, il chiasso si faceva insopportabile e non si combinava niente di passabilmente utile. Tuttavia, trovavo che c'era un che di magico in quel caos, e quel fermento non mancava mai di divertirmi.

Cominciammo con dei giochi di società e terminammo con un banchetto di dolcetti; il gran finale fu la torta. I bambini si stupirono tutti quando videro la quantità di candeline che aveva Sheila, e ancora di più quando videro quant'era brava a spegnerle. Dopo aver tagliato la torta e averne data una fetta a ciascuno, Jeff disse: «Be', adesso è il momento dei regali.»

Io le regalai un buono d'acquisto di un grande magazzino locale, così avrebbe potuto prendersi quello che le piaceva di più. Miriam, che era un'abile artigiana, le aveva fatto una bella cintura intrecciata. Poi Jeff le tese un pacchetto bene incartato. Dalla forma si capiva chiaramente che era un libro. Di carta come quella, dorata, scintillante, non ne avevo mai vista prima, e trovai sorprendente che Jeff occupasse parte del suo tempo a incartare regali di compleanno.

Cautamente, Sheila tolse il nastro adesivo. Dentro c'era una copia tascabile di *Antonio e Cleopatra* di Shakespeare. Sheila lo sollevò e ne studiò la copertina. Non sapendo che cosa dire, si limitò a fissarla.

«Torey ha detto che ti piaceva Cesare», disse Jeff. «Questo è ambientato nello stesso periodo.» Studiò il viso di Sheila. «L'hai letto?»

Storcendo il labbro, senza nascondere la sua incredulità, scosse la testa. «Ma questo è Shakespeare.»

«Sì, be', non c'è niente di male. Dimentica chi l'ha scritto, portatelo a casa e leggilo. Sotto quella copertina c'è una delle storie più belle al mondo, e potrai conoscere un'anima gemella.»

Sheila alzò gli occhi, sbalordita. «Chi? Io?»

«Leggilo e lo scoprirai.»

* * *

Dopo pranzo, sulla strada per Fenton Boulevard, Sheila era in piena ebollizione.

«Grazie per la festa, Torey. È stato proprio carino che tu, Miriam e Jeff abbiate fatto tutto questo per me», disse.

«Abbiamo pensato che così ci saremmo divertiti un po'. Sono contenta che ti sia piaciuto», risposi.

Sorrise. «Ecco che cosa ho sempre detestato delle feste di compleanno. Per tutti gli altri bambini, a scuola, si faceva sempre un po' di chiasso, sai com'è, si cantava 'Happy Birthday' o cose del genere; invece per me non facevano mai niente. E io avrei sempre voluto che facessero qualcosa. Almeno una volta. Sì, una volta, per potermi alzare in piedi e sapere che gli altri ti considerano *speciale.*» Si interruppe. «È buffo come una cosa così da poco possa essere tanto importante, quando si è piccoli.»

Annuii.

«Se vuoi la verità, la pura e semplice verità, questa è la prima festa di compleanno che qualcuno abbia mai fatto per me.»

Annuii di nuovo. L'avevo sospettato.

«Una volta, con quella famiglia adottiva... avevo otto anni, credo, e ne compivo nove... dissero che avrei potuto dare una festa e lei mi portò nei negozi a vedere i piatti di carta e roba del genere, ma...» Girò la testa e guardò fuori dal finestrino. «La festa non la feci. Combinai non so più che guaio e lei mi disse che per il mio compleanno non avrei avuto niente. Ma, sai, credo che non avremmo fatto niente comunque, perché quei piatti, non li aveva comprati. Credo che stesse soltanto cercando di provocarmi.»

«Chissà come ci rimanesti male», dissi.

«Già, ma ti sembra una novità?»

Silenzio. Sheila abbassò lo sguardo sui regali che aveva in grembo. Tirò fuori il buono d'acquisto che le avevo dato, lo studiò e lo infilò di nuovo nella sua busta. Poi passò le dita sulla cintura intrecciata di Miriam. Infine cominciò a sfogliare il libro che le aveva regalato Jeff.

«Perché mai mi ha dato questo libro, secondo te?» mormorò. «Che regalo strano.»

Non risposi.

«Tu l'hai letto?»

«Sì, molto tempo fa. Ne ho fatto la relazione in classe, una volta.» Feci una pausa, poi ridacchiai. «Per la verità, *non l'ho letto*. Avevo più o meno la tua età e il mio unico scopo nella vita, a quei tempi, era trovare il modo di prendere dei bei voti riducendo il più possibile lo studio. Ero una campionessa, quando si trattava di scremare. Credo di non aver mai letto veramente un libro dall'inizio alla fine fino all'età di ventidue anni, più o meno.»

«*Torey*!» esclamò, inorridita.

Mi girai e feci un sorrisino.

«Dio, e io che ti credevo perfetta», disse Sheila.

Pausa.

«Così, non sai nemmeno che cosa c'è scritto?» domandai.

«Be', so solo che parla di Antonio e Cleopatra. Sai chi è Cleopatra, vero?»

«Vagamente. Una regina dell'Egitto di un mucchio di tempo fa, nient'altro», rispose Sheila. «Non capisco proprio perché secondo Jeff dovrei aver voglia di leggerlo. Porca puttana, questo è Shakespeare.»

«Mi sa che dovrai leggerlo, per scoprirlo.»

Ci stavamo avvicinando di nuovo ai lavori stradali, così rallentai.

«Me lo ricordo, quell'altro libro», disse Sheila. «Quello della tua classe. *Il piccolo principe*. Ricordi quando me lo leggevi? È stato il mio libro preferito per un sacco di tempo. Non mi stancavo mai di leggerlo.»

«Sì, lo ricordo bene», dissi.

«So ancora a memoria tutti i miei brani preferiti.» Mi sorrise. «Sai qual era il mio personaggio prediletto?»

«Il principe?» azzardai.

Fece segno di no.

«La volpe?»

«No, la rosa. Amavo la rosa. Era così vanitosa, così piena di sé, eppure... Ricordi che aveva quelle spine, quattro spine, e si credeva tanto coraggiosa? Ricordi quella parte? La rosa dice al piccolo principe: 'Possono venire le tigri, con i loro artigli!'» tuonò Sheila con voce profonda e feroce. «E il principe dice: 'Non ci sono tigri sul mio pianeta, e poi le tigri non mangiano l'erba'. 'Io non sono un'erba!'» Di nuovo, quel tono drammatico. La voce di Sheila si fece acuta sulla parola «erba». «Era così scoraggiata. E poi, semplicemente, proseguì: 'Possono venire le tigri! Non ho paura delle tigri!'» Sorrise. «Me la immagino, quella rosellina coraggiosa.»

«Capisco perché ti piaceva», dissi. «Anche tu, a quei tempi, eri una specie di rosellina.»

Arricciò il naso. «Oh, Dio, non è vero, Torey. Dio. Non è un complimento, questo. Un *fiore*? No, erano le tigri quelle con cui mi identificavo. Rrroarr!» disse; arcuò le dita ad artiglio e fece per colpirmi. «Io ero la figlia delle tigri.»

17

Durante il week-end del Quattro Luglio, invitai Sheila a fare un giro con me a Marysville, dove tanti anni prima era stata nella mia classe. Era un viaggio di più di trecento chilometri, e pensai che si sarebbe inserito perfettamente nei quattro giorni prima della ripresa del corso estivo della clinica.

Sheila accettò con entusiasmo. Ci era tornata soltanto una volta, cinque anni prima, quando la sua famiglia adottiva l'aveva portata a trovare suo padre al penitenziario. E io non ci ero tornata per un periodo quasi altrettanto lungo. Ero passata di lì una volta o due, da allora, ma non mi ero fermata. Tranne Chad, tutte le altre persone alle quali ero più vicina non abitavano più lì.

Stabilimmo che sarei andata a prenderla giovedì mattina presto e che, con tutta calma, avremmo attraversato lo stato alla volta di Marysville. Venerdì e sabato avremmo dato un'occhiata in giro. Chad e la moglie ci avevano invitate a festeggiare il Quattro Luglio con loro sabato sera, e domenica saremmo ritornate.

Quando accostai, Sheila stava aspettando fuori, sui gradini di casa sua. Era molto presto, appena passate le sei, e il sole non era ancora abbastanza alto per disperdere tutte le ombre. Dovetti strizzare le palpebre per stabilire chi fosse la figura davanti alla porta. Sheila?

«L'ho fatto *soltanto* per te», disse, sottolineando le parole, mentre buttava la sua sacca da viaggio sul sedile posteriore e mi si sedeva accanto. Allacciò la cintura di sicurezza. «Spero che lo apprezzi.»

Che cosa potevo dire? I capelli arancioni erano spariti; e al loro posto, una sgargiante chioma gialla se ne stava ritta sulla sua testa come se fosse dotata di vita propria. Una via di mezzo tra Marylin Monroe e la Sposa di Frankenstein. «Hai detto che il biondo mi sta meglio», fu la sua risposta al mio sbigottito silenzio. «Ho pensato, be', *soltanto* per te, visto che mi stai portando in un bel posto.»

* * *

Partii di ottimo umore. Amo guidare, e le prime ore di una mattina d'estate sono il momento ideale per mettersi in viaggio. Anche se quelle erano state giornate piuttosto calde, l'aria era ancora fresca e l'umidità scarsa, così che l'orizzonte si stagliava nitido in lontananza.

«Chissà che cosa troveremo», disse Sheila. «Possiamo andare alla scuola?»

«Sarà chiusa, ma potremo dare un'occhiata al cortile.»

Mentre affrontavo l'ultimo intercambio autostradale per uscire dalla città, Sheila si divertì a cercare di sintonizzare la radio su una stazione di musica rock, ma la mia radio non era un granché e alla fine Sheila si arrese.

«Dove sei stata, dopo aver lasciato la mia classe?» domandai.

Scrollò le spalle. «In un sacco di posti. Sono stata in tre famiglie adottive. O quattro? Non me lo ricordo più. Siamo stati un po' a Marysville e poi ci siamo trasferiti a Broadview, e poco dopo, quasi subito, mio padre si è messo nei guai. Così sono stata affidata a una famiglia, e poi a un'altra e poi a un'altra ancora. Poi mi hanno mandata in un istituto per minori.»

«Come mai?» domandai.

Un'altra scrollata di spalle. «Funziona così.»

«Ma perché vi eravate trasferiti da Marysville?» domandai.

«Non lo so. Non me lo ricordo.»

«Ricordi di essere stata nella classe di Sandy McGuire l'anno dopo che hai frequentato la mia classe? Quando avevi sette anni?»

«Più o meno.» Rimase in silenzio a pensare. «Veramente, ho un solo ricordo preciso. Ero seduta a un tavolo e la maestra ci stava assegnando gli armadietti. Dovevamo dividerceli, e a me fu assegnato un armadietto da dividere con la bambina seduta al tavolo di fronte. Me la ricordo, quella bambina. Era la più brava della classe; sai, di quelle che prendono sempre i voti migliori, e io ero così emozionata all'idea che adesso avrei avuto un motivo per parlare con lei e lei avrebbe dovuto parlare con me; però ero anche un po' intimorita, perché sapevo di non piacerle granché.»

«Ma eri tu la più brava della classe, Sheil.»

«No. I voti migliori li prendeva lei. Io ce la mettevo tutta, ma li prendeva lei.»

«Eri tu la più brava, con o senza i voti migliori.»

«Già, ho letto quello che hai scritto del mio QI sul tuo libro. L'ho letto e ho pensato: 'Dio, qui ti sei proprio inventata tutto. Quella non sono io'», ribatté.

«Sì che sei tu.»

«No, non sono io.»

«Nessuno ti ha mai detto, in tutti questi anni, che sei molto intelligente?»

Sheila scosse la testa.

La guardai stupefatta. «Stai scherzando.»

«Non sono così intelligente, Torey. So di non esserlo.»

«E che cosa te lo fa pensare?»

«Be', lo so e basta. Voglio dire, io sono io. Lo so. Non sono intelligente. Sono stupida.»

«Non è vero!»

Non rispose, ma sapevo di non averla convinta.

«Allora fammi un solo esempio della tua stupidità.»

«Be', non so, in classe, per esempio, gli altri capiscono tutto alla prima spiegazione del professore; invece io non capisco mai. Ascolto la lezione, credo di averla capita, e invece poi comincio a fare domande. Penso, e quest'altro aspetto? Oppure, non so, spesso penso, be', questo è vero in questo caso, ma sarà vero anche in quest'altro? E ogni volta capisco che c'è una circostanza in cui *non è* vero, ma che ci sono anche circostanze in cui *è* vero. E poi mi accorgo che c'è un sacco di roba che proprio non capisco; ma tutti gli altri se ne stanno seduti attorno a me, a scrivere come pazzi. Loro sì che capiscono; io no. E se mi metto a fare domande, allora il professore comincia subito a dire: 'Dobbiamo procedere. Ci impedisci di andare avanti'. E allora non ho più dubbi, sono iperdeficiente, perché capisco soltanto un millesimo delle spiegazioni.»

Le guance le si chiazzarono di rosso, facendomi capire l'intensità dei sentimenti che l'argomento suscitava in lei. Si scostò la massa di capelli dal viso e appoggiò le mani sulle guance paonazze. «E i compagni... Ogni volta che faccio una domanda, loro sbuffano. E dicono: 'Oh, Dio, no, ancora lei'. Oppure: 'La faccia star zitta, per favore'. Una volta, all'ora di matematica, il ragazzo seduto davanti a me si è girato e ha detto: «Merda, non riesci a scrivere e basta, una volta tanto?' Avrei voluto morire, tanto ero imbarazzata. Non ho mai più fatto domande, a matematica.»

Su di noi calò un doloroso silenzio. Tagliente, come un piccolo pugnale. Sheila si girò a guardarmi. «Tutto perché sono la più piccola della classe. Non ho avuto l'istruzione che hanno avuto loro, e non è giusto.» La sua voce aveva un tono accusatorio. «Come possono pretendere che io sappia tutte quelle cose?»

«Tu sei la più piccola della classe, Sheila, ma sai *più cose* degli altri, non meno. Gli altri non fanno domande perché tutte le possibilità che vengono in mente a te, a loro non vengono in mente tanto velocemente. Loro non se ne accorgono nemmeno, che ci sarebbero delle domande da fare.»

Per un istante si strinse il labbro inferiore tra i denti. Guardando davanti a sé, verso la strada che si perdeva in lontananza, sospirò stancamente. «Se sono così intelligente, come mai allora mi sento tanto stupida? Che razza di dono è, se ribalta il mondo e trasforma il meno in più e il più in meno?»

* * *

Arrivammo a Marysville a metà pomeriggio, dopo aver attraversato lo stato a velocità di crociera. Aveva cominciato a fare un gran caldo, e il cielo era bianco d'afa; arrivare sulle strade ombrose della città fu un sollievo. Presi una stanza al motel di Main Street, che, per la gioia di Sheila, aveva la piscina. Purtroppo lei non aveva il costume da bagno, così facemmo un salto al centro commerciale a cercarne uno. L'ultima volta che ero stata lì, quel centro commerciale non c'era, e adesso Sheila, appassionata com'era di quei posti, voleva esplorarlo. Così, ce ne andammo in giro per negozi per un'ora o due, finché arrivò il momento di cenare; mangiammo qualcosa nell'area ristorante del centro commerciale e poi tornammo al motel. In macchina, sopraffatta dalla nostalgia nel rivedere quelle vie familiari, avrei preferito andare immediatamente a visitare i luoghi del passato, ma Sheila non vedeva l'ora di tuffarsi in piscina. Così trascorremmo la serata a nuotare.

La mattina dopo, pioveva a dirotto.

«Oh, santo cielo, ci crederesti?» disse Sheila, avvilita, mentre tirava le tende della stanza del motel. «In luglio? Non piove mai, in luglio.»

Quel giorno di luglio, invece, pioveva proprio, e le nubi facevano prevedere che non avrebbe smesso per un bel po'. «Su», dissi, «non importa. Andiamo.»

Sheila volle andare a vedere il campo degli stagionali. Credevo di ricordarla, la strada, e invece scoprimmo che non me la ricordavo e ben presto ci perdemmo. Questo mi rese un po' irritabile: l'inizio non era dei più promettenti.

Quando finalmente lo trovammo, il campo era zeppo all'inverosimile di lavoratori stagionali. Per molte colture era tempo di raccolto, e questo aveva ingrossato il numero dei lavoratori nel campo; ma poiché pioveva e in molti casi non si poteva lavorare, c'era un gran brulicare di gente tra le case.

Il campo era molto diverso da come lo ricordavo. Erano stati costruiti due nuovi casamenti, grandi strutture di alluminio tinte di verde che torreggiavano nel campo e mi rammentavano i capannoni dei vitelli a cui ero abituata nel Montana. Molte baracche di carta catramata, le cose che ricordavo meglio del campo degli stagionali, non c'erano più, e la vecchia disposizione delle vie era stata sconvolta dai nuovi fabbricati.

A che cosa stesse pensando Sheila, mentre giravamo in macchina per quei viottoli dissestati tra le case, non lo so. Si era fatta sempre più taciturna, man mano che ci avvicinavamo al campo. Con la faccia girata dall'altra parte, guardava fuori dal finestrino.

L'atmosfera era diversa, rispetto a quando andavo lì a trovare Anton. Non mi sembrò particolarmente sicuro, per due giovani donne bianche, girare da quelle parti da sole, e molti ci notavano, anche se eravamo in macchina. Così non proposi di scendere. Fu con un certo sollievo che varcammo la soglia e tornammo sulla via principale. Sheila taceva ancora.

Tornate in città, percorremmo lentamente alcune delle stradine che conoscevo meglio. Indicai la vecchia casa dov'ero vissuta. La pizzeria dove Chad e io avevamo portato Sheila dopo l'udienza non c'era più; al suo posto c'era un grande bar, ma lo indicai a Sheila per mostrarle dov'era la pizzeria. Per il giorno dopo, eravamo state invitate da Chad a fare un picnic nel giardino di casa sua e vedere i fuochi d'artificio, e dissi che mi auguravo che il tempo migliorasse.

Giù per una tranquilla via di periferia, fiancheggiata da alberi, trovai la nostra vecchia scuola. Era un edificio basso di mattoni, a un piano, con le finiture bianche, e si inseriva gradevolmente nel paesaggio circostante di case simili a ranch. Non si poteva dirla una periferia ricca, ma era una zona solidamente borghese, il genere di quartiere che incarna perfettamente il Sogno Americano degli anni Cinquanta e Sessanta. Da allora, avevo svolto gran parte del mio lavoro di insegnante in vecchi edifici d'inizio secolo pieni di spifferi, in quartieri non altrettanto prosperi di grandi città, e avevo dimenticato quanto fosse bella quella piccola scuola. Fui molto colpita dal contrasto con il campo degli stagionali.

Accostai e spensi il motore. «Lo riconosci, il posto?»

Sheila annuì debolmente.

«Vedi quella finestra là, la terza da sinistra? Quella era la nostra aula», dissi.

Meditativo silenzio.

«Ricordi qualcosa di questo posto?»

«Non so», mormorò, con un filo di voce.

Io ricordavo, altroché. Tutti quei momenti tornarono ad affollarmi la mente, ciascuno facendo a gara con gli altri per affiorare per primo alla coscienza. C'era la porta davanti alla quale mettevo in fila i bambini, in osservanza alla precisione militare alla quale il preside teneva tanto. C'erano le altalene, per le quali i bambini litigavano sempre. C'era l'ampio spiazzo di asfalto dove Anton e io avevamo faticato tanto per insegnare ai bambini a giocare a palla avvelenata, calcetto e...

«C'è ancora una classe speciale, in quell'aula?» domandò Sheila.

«No, quella non è più l'aula di una classe speciale. L'hanno trasformata in un centro d'orientamento», dissi. «Possiamo scendere e andare a fare un giro, se vuoi...»

«No.»

Misi in moto; poi mi fermai, sperando chissà che cosa. Finalmente mi scostai dal marciapiede e partii.

Dopo un'altra ora e mezzo che giravamo su e giù per le vie secondarie, cominciò a stuzzicarmi l'idea di tornare a visitare il centro commerciale. Pioveva ancora a dirotto; il mio umore cominciava a passare dall'agitazione a qualcosa di meno piacevole, e capii di aver fatto il pieno di nostalgia, per quel giorno.

«Vuoi fare qualcosa?» domandai. «Mi sembra di aver visto dove sono i cinema, al centro commerciale. Andiamo a vedere che cosa danno?»

Sheila fece segno di no. «Andiamo in quel parco», disse, «quello in cui hai fatto le foto l'ultimo giorno di scuola.»

«Perché non aspettiamo che smetta di piovere? Domani, magari, prima di andare da Chad.»

«No, andiamoci adesso.»

Il parco era ancora bello come lo ricordavo, con la sua ampia e serpeggiante via d'ingresso fiancheggiata di robinie e aiuole fiorite. Parcheggiai sul vialetto e lo percorremmo lentamente a piedi, tra i fiori. Ero estasiata, di fronte a quello stupendo spettacolo. Il giardinaggio mi piaceva molto, e i fiori che erano stati piantati mi incuriosivano; così mi fermavo a studiarli. L'interesse di Sheila, invece, era completamente assorbito da quello che la circondava. Camminava come stregata.

Il vialetto terminava allo stagno con le anatre. Quando arrivammo là dove incrociava la passeggiata attorno allo stagno, Sheila si fermò di colpo. Con la fronte corrugata, guardò le oche e le anatre che annunciavano rumorosamente il nostro arrivo. Emersero dall'acqua una dopo l'altra e, ondeggiando, ci circondarono. Per tutto il tempo, Sheila non si mosse. Se ne stava lì, a fissare il vialetto che portava allo stagno, con l'aria assorta, senza nemmeno vederle, quelle anatre, credo.

E anche davanti ai miei occhi cominciarono a levarsi i fantasmi del passato. Mi tornò tutto in mente con una nitidezza mai sperimentata prima. La pioggia scomparve e l'aria si riempì delle voci dei bambini. «Guardami, Torey! Guarda che cosa so fare! Come sono grandi gli alberi, qui. Hai visto che coniglietti ci sono? Laggiù, vieni da questa parte, ché te li faccio vedere. Posso dare da mangiare alle anatre? Posso guadare lo stagno? Rotoliamoci giù. Torey? Torey, guardami!»

E lì, sulla passeggiata che circondava lo stagno, c'era Sheila, la piccola Sheila, con addosso il suo sgargiante prendisole arancione, che correva, saltava, rideva. Allargò le braccia e cominciò a piroettare, reclinando la testa, con i lunghi capelli illuminati dal sole che si sollevavano a ruota. E ruotava, ruotava, ruotava, ignara di chi le passava accanto, degli altri bambini, di noi. Con gli occhi chiusi per proteggersi dal sole e le labbra discoste in un mezzo sorriso, lei, con la danza, realizzava qualche sogno segreto.

Ricordava? Guardai con la coda dell'occhio l'adolescente allampanata accanto a me. L'intuito mi diceva che ricordava qualcosa, e avrei tanto voluto conoscere i suoi pensieri, in quel momento; ma non osavo chiedere.

«Sono stata felice, qui», sussurrò, dopo un lungo silenzio. Lo disse a voce così bassa che non riuscii a capire che sentimenti provasse. Finalmente levò lo sguardo dallo stagno. Attraversò il prato per tornare sul vialetto e c'incamminammo verso la macchina.

Quando arrivammo, eravamo fradice di pioggia. Era una tiepida pioggia estiva. Non era molto fastidiosa, ma grondavamo. Sheila si chinò a raccogliere un baccello di robinia caduto sul vialetto.

«Quando penso a Marysville, penso sempre alle robinie», dissi. «Ricordo quanto profumavano l'aria, quando erano in fiore. E ricordo la prima volta che andai a Marysville, in macchina. Ero arrivata dall'autostrada e ricordo che, nel tratto in cui l'autostrada scende a valle, dal finestrino aperto sentii il profumo di Marysville prima ancora di arrivare. E quando i fiori cominciano a cadere, cadono come neve. Ricordo che la mattina, quando uscivo, la mia macchina ne era tutta coperta.»

Sheila si fermò e si girò a guardare di nuovo il vialetto che portava allo stagno, che non si vedeva più. Poi aprì con l'unghia il baccello di robinia e ne tirò fuori i semi, facendoli cadere sul marciapiede bagnato. «Questi sono velenosi, lo sapevi?» domandò, e gettò sulla strada il baccello vuoto. «Possono proprio uccidere.»

* * *

L'umore di Sheila andava via via peggiorando. Ansiosa di salvare la situazione, proposi un paio di partite a bowling, sapendo che le piaceva molto. No, non ne aveva voglia. Un cono gelato da Baskin & Robbins? No. Sicura? Potevo fare un salto a prendere una banana split con doppie noccioline e panna montata. No. Un giretto in libreria? No. L'unica cosa che aveva voglia di fare era continuare il giro in macchina.

Avendo battuto praticamente tutta la città, tentai con la campagna, dirigendomi a nord, imboccando un reticolo di stradine. Ben presto ci trovammo in mezzo ai campi, soprattutto di granturco e frumento. La zona era collinosa e Marysville era scomparsa velocemente dalla nostra vista, per lasciare davanti a noi soltanto i campi, che si estendevano ondeggianti fino a perdersi in lontananza.

Tentai più di una volta, invano, di avviare la conversazione.

Sheila se ne stava seduta in assoluto silenzio. Con le braccia incrociate sul petto, guardava fuori dal finestrino, e se ne stava così immobile che, se avessi avuto accanto una bambola gonfiabile, nessuno avrebbe notato la differenza.

La pioggia si attenuò, poi finalmente cessò, e le nubi, molto lentamente, cominciarono a diradarsi. Erano già le prime ore della sera; così, quando a ovest cominciarono a comparire i primi tratti di cielo azzurro, i raggi del sole arrivavano obliqui sulle colline.

« Fermati! » gridò Sheila. Non soltanto era la prima parola che diceva dopo quasi un'ora e mezzo, ma la disse così all'improvviso che temetti di andare a sbattere contro qualche cosa. Pigiai sui freni tanto forte che fummo sbalzate in avanti. Questo la indusse a lanciarmi un sorrisino; poi indicò l'est. « Guarda. »

Per un breve, accecante momento, dominò il colore. L'asfalto bagnato della strada luccicava nero contro l'improvviso oro del frumento illuminato da sole. Al di sopra del grano increspato, si levavano ancora brandelli di nuvolaglia, trapassati da un arcobaleno. L'arco non era completo, e il poco che si vedeva non era nemmeno nitido, ma quel piccolo tratto sfavillava sopra il frumento agitato.

« Oh, Dio », mormorò Sheila con un filo di voce, guardando quello spettacolo, « perché le cose belle mi mettono tanta tristezza? »

18

Tornate all'hotel, cenammo e poi uscimmo a goderci la piscina. Dopo la pioggia, l'aria era tersa e la notte senza nubi, con le stelle attenuate dalle luci della città e tuttavia ancora vagamente visibili.

Sheila era come frenata. C'era un che di grave, una sorta di abbattimento, nel suo silenzio. Per la prima volta, aveva messo da parte quella rabbia che avevo sempre sentito covare in lei, appena sotto la superficie. Al suo posto, niente, solo un grande vuoto.

Il moto mi fece bene. L'acqua era abbastanza fredda da indurmi a nuotare a grandi bracciate, e così feci, estraniandomi da tutto tranne che dallo scorrere dell'acqua sulla mia pelle, finché finalmente emersi, stanca e rilassata. Sheila non era una gran nuotatrice. Pensai che forse nessuno le aveva mai insegnato a nuotare e che cercava di cavarsela con quello che aveva capito nel corso degli anni; ma nuotò quasi quanto me. Poi ci ritirammo tutt'e due nel tepore dell'idromassaggio.

Nella camera del motel, Sheila si mise in piedi davanti allo specchio a strofinarsi i capelli con un asciugamano. E, asciugandosi, scrutava la sua immagine.

«Io ti piaccio?» domandò.

Dopo aver fatto la doccia ed essermi infilata la camicia da notte, mi ero sdraiata sul mio letto a dare un'occhiata ai programmi della televisione. La sua domanda mi colse alla sprovvista. «Ma sì, certo.»

«Lo so che sembro una stupida», disse, rivolta allo specchio. «Lo so che è questo che pensi.»

«Non è vero.»

«Sì, invece», insistette. «Tutti lo pensano. Anch'io.» Si passò le dita tra i capelli, lisciandoseli. «Sai, il fatto è che non voglio apparire come sono. Ecco perché lo faccio. Il fatto di sembrare una stupida passa in secondo piano, se così posso diventare un'altra.»

* * *

Quando fu a letto, spensi la luce. Non era poi tanto tardi, erano appena passate le undici, ma la nuotata, sommata alla tensione psichica della giornata, mi aveva sfinita. Sentii quasi subito arrivare il sonno.

Sheila si rigirava nel letto. Era buio pesto, così la sentivo senza vederla, ma i suoi movimenti mi disturbavano.

«Torey? Dormi?»

«No, quasi.»

Silenzio.

«Volevi dirmi qualcosa?» m'informai.

Un'altra lunga pausa. Si girò di nuovo. «Sono cambiate molte cose», disse, sommessamente.

«In che senso?»

«Al campo degli stagionali. È molto diverso da come lo ricordavo.»

Non risposi.

«Me lo ricordo. Non ho dimenticato tutto quanto.» Pausa. «I miei ricordi sono come il gruviera. Sono pieni di grossi buchi. Ma altre cose... Oggi ho visto il campo ed era... be', come se non me ne fossi mai andata. Me lo ricordo benissimo.»

Poi un altro silenzio, tanto lungo che quasi mi addormentai.

«Sai che cosa facevo, di notte, quando abitavamo al campo?» domandò, nel buio.

«Che cosa?»

«Be', pa' era sempre in giro a ubriacarsi», disse, usando per la prima volta, da quando ci eravamo ritrovate, il vecchio nome che usava per suo padre. «Mi lasciava sola. Quasi tutte le sere. Mi dava, non so, un sacchetto di patatine o qualcosa del genere e mi diceva di andare a letto, e poi usciva. E quando se n'era andato, io mi alzavo, uscivo e me ne andavo in giro per il campo. Era buio. Era, non so, molto tardi, e andavo a cercare delle case illuminate. Allora non avevamo l'elettricità, soltanto una lampada a kerosene e una torcia elettrica. Così andavo a cercare delle case con la luce accesa e poi andavo a spiare dalle finestre. Sempre. Ogni notte.»

«Perché? Perché eri sola? O per la luce?» domandai.

«Già. Volevo la luce, questo me lo ricordo. Ma soprattutto per vedere come vivevano gli altri. Molti non erano poi tanto diversi da noi, ma io volevo soltanto vedere.»

Pausa.

«Mi cacciai nei pasticci, per questo. Pa' mi scopre, e mi frustò a sangue.»

Scopre. Udii quel verbo al presente e rammentai il vecchio modo di esprimersi di Sheila, quando era bambina. Non avevamo mai capito perché parlasse a quel modo, e da quando ci eravamo ritrovate, si era sempre espressa impeccabilmente, dal punto di vista grammaticale, per essere un'adolescente. Era quasi irreale starmene lì sdraiata, al buio, a sentir riemergere parole e modi di esprimersi di tanto tempo fa.

«Una volta la polizia mi ha presa. Più di una volta, mi sembra. La gente credeva che rubassi, ma non rubavo. Guardavo e basta.»

«Ti capisco», dissi, a mezza voce. «Doveva essere triste, per una bambina così piccola, essere lasciata sola tanto spesso.»

«Già», fu la risposta della voce sommessa e incorporea che arrivava dall'oscurità. «Proprio così.»

Seguì un lungo silenzio. Ormai ero completamente sveglia, e me ne stavo sdraiata con gli occhi al soffitto. Le tende erano tanto spesse da oscurare le luci di sicurezza del motel, ma di tanto in tanto un'automobile che svoltava nel parcheggio mandava un breve sprazzo di luce sopra il bordo superiore. E per un attimo gli stucchi del soffitto acquistavano rilievo.

«Posso dirti che cosa succedeva, certe volte?» chiese.

«Qui? Quand'eri piccola?»

«Sì. Quando abitavamo al campo degli stagionali. Quand'ero nella tua classe.»

«Sì, certo», dissi.

«Avevo un materasso per terra. Era lì che dormivo. Pa' dormiva sul divano. Ma lui andava in giro a ubriacarsi e quando tornava a casa... c'era sempre qualcuno con lui. Donne, di solito. E scopavano sul divano.»

«Sì, ricordo che me l'hai detto, una volta», dissi.

«Ma qualche volta...» Si interruppe.

Ascoltai nel buio. Dal mio letto, accanto al suo, la sentivo tirare dei respiri leggeri.

«Be', si drogava. Sapevi anche questo, vero?» domandò.

«Sì.»

«Si bucava, soprattutto. E c'erano dei tizi che gli procuravano la roba. Ce n'erano due. Qualche volta arrivava con loro. A volte con uno solo, altre con tutt'e due, ma non aveva mai abbastanza soldi per pagarli. Ricordo quando me ne stavo sdraiata ad ascoltare le sue suppliche. Li implorava di dargli la roba, dicendo che poi i soldi li avrebbe trovati. Qualche volta piangeva, addirittura; ricordo di averlo sentito piangere.»

Guardai gli stucchi stagliarsi alla luce e il giallo dei fari sul soffitto.

«Be', uno di quei tizi, lui dava la roba a mio papà per poco se... A lui piaceva coricarsi con me... Non mi scopava né niente; solo, gli piacevano la bambine. Toccarle. E se gli prendevo in bocca l'uccello, mio padre poteva avere la roba per meno.»

Mi si gelò il sangue nelle vene. «Perché non me l'avevi detto?»

«Come fai a dire una cosa del genere, quando hai sei anni? E poi, era la mia vita. Ci ero abituata.»

Rimasi a lungo sveglia dopo che Sheila si fu addormentata. Uno dopo l'altro, tornarono i ricordi, quelli dei tempi della nostra classe. Allora la vita era così dura per lei. Era una bambina così povera e abbandonata che non c'era modo di fare tutto ciò che occorreva per cancellare tanto male. Anche allora lo sapevo, e avevo affrontato con lei un problema per volta, cambiando le cose che potevo. Eppure, dopo di allora, ero arrivata a credere di averla salvata dal peggio. Adesso, sapere che anche quand'era stata nella mia classe aveva continuato a soffrire mi feriva; e il fatto che non me ne fossi mai accorta mi ferì ancora di più. Continuavo a domandarmi che cosa avrei dovuto fare.

* * *

La mattina dopo, Sheila era tornata la ragazza un po' eccessiva di sempre. Se ne stette in bagno ore, a pettinarsi, ma quando uscì non era molto più ordinata di quando si era alzata dal letto, e la sua *mise*, un paio di jeans al ginocchio più sbrindellati del solito e una maglietta verde brillante che si addiceva di più a uno spettacolo di varietà a Las Vegas, bisognava vederla per crederci.

Era il Quattro Luglio e i nostri programmi per la giornata prevedevano il picnic con Chad e la sua famiglia. Non vedevo l'ora di andarci. Chad e io eravamo rimasti in buoni rapporti mentre il nostro legame si trasformava in una relazione platonica, per maturare negli ultimi anni in una vera e propria amicizia. Ci sentivamo spesso: ci scambiavamo lettere stimolanti e lunghe telefonate, ma rimaneva il fatto che non avevo mai visto né sua moglie né le sue tre bambine. Portare Sheila con me mi faceva prevedere un incontro ancora più piacevole.

Per andare da Chad partimmo alle tre. Abitava in una via tranquilla, con la strada non asfaltata, proprio ai margini della città. Aveva una bella casa, nuova ed enorme, con un triplo garage e un campo da tennis. Devo confessare che, quando la vidi, provai un pizzico di rammarico – o forse era invidia – all'idea che tutto quello sarebbe potuto essere mio. Non che fossi una patita di quel genere di casa o che volessi quel genere di vita, e a tennis non giocavo nemmeno, ma era impossibile ignorare tanto successo.

«Oh», mormorò Sheila mentre svoltavo nel vialetto di casa, ed espresse tutto quanto in quell'unica esclamazione.

Non facemmo in tempo a scendere dalla macchina, che Chad era già alla porta e la teneva spalancata. «Bene arrivate!» disse, e gli si precipitarono intorno le bambine.

Sua moglie, Lisa, comparve accanto a lui. Di origine latina, aveva occhi di rara bellezza, scuri e scintillanti. Anche lei era avvocato, e avevo sentito tanto parlare della sua terribile fama in tribunale che mi ero aspettata una persona molto diversa da quella che vidi. Aveva un'espressione dolce e il corpo minuto: un po' come di solito ci immaginiamo le eroine delle favole.

«E questa», stava dicendo Chad, tirando davanti a sé una bambina molto piccola, «questa è la mia Sheila.»

La sua Sheila e la mia Sheila si scrutarono a vicenda. Come sua madre, anche la figlia di Chad era di una bellezza dolce, femminile. Aveva lunghi e scuri riccioloni naturali che le coprivano le spalle. Era vestita in modo impeccabile, con un completino firmato, a due toni di verde, che metteva splendidamente in risalto il colore intenso dei capelli.

«Sheila ha cinque anni», disse Chad, stringendosela affettuosamente al fianco. Lei gli sorrise da sotto in su. «E queste... bambine, venite qui. State ferme un momento. Questa è Bridget, che ha quattro anni. E questa è Maggie. Quanti anni hai, Maggie?»

Laboriosamente, Maggie riuscì a distendere due dita.

«Giusto. Brava! Maggie ha compiuto gli anni proprio sabato scorso.»

Come la sorellina più grande, anche Bridget e Maggie avevano la fortuna di avere scuri capelli ricci e occhi ridenti, ed erano tutt'e due incantevoli, con quei vestiti pratici ma costosi. Erano tutt'e tre socievoli, aperte; cominciarono subito a chiacchierare con me e Sheila e ci invitarono nel cortile sul retro a vedere il tavolo per il picnic e la scatola dei fuochi artificiali.

Sul retro della casa, trovammo una grande piattaforma di legno rosso costruita ingegnosamente perché comprendesse una cassetta di sabbia accanto alle porte sul cortile e poi, da una parte, una grande altalena e un ponticello di legno; dall'altra c'era un vasto giardino ornamentale e in fondo uno steccato che dava sui campi aperti.

«Venite a vedere i nostri cavalli», gridò allegramente la Sheila di Chad, e ci guidò correndo giù per il prato. «Ti piace cavalcare, Sheila? Vuoi andare sul mio cavallo? Ti ci porto.»

«Grazie», rispose Sheila, incerta. «Grazie, ma non adesso, va bene? Magari più tardi.»

«Be', vieni a vederli. Mamma? Mamma, dacci delle mele.» E tornò correndo sulla piattaforma. Prese Sheila per mano. «Vieni. Prendiamo delle mele e poi andiamo. Voglio farteli vedere.»

Chad e io, seduti sulle sedie a sdraio sulla piattaforma, le guardammo scendere per il prato e andare verso lo steccato in fondo.

«Ecco una cosa che non avrei mai pensato di vedere», disse Chad, in tono assorto.

«Già.»

Ci fu un lungo momento di silenzio. «È cambiata, vero?» disse.

Non sapevo esattamente come rispondere. Quella era stata anche la mia prima impressione, ma andavo via via rendendomi conto che, no, in realtà Sheila non era cambiata granché.

«Sì, insomma, *quei capelli*», riprese, visto che tacevo. «E quei vestiti! Spaventerà i cavalli!» Rise. «Immagino che sia soltanto l'adolescenza, ma devo ammettere che da lei non me l'aspettavo. Mi era sempre sembrata una creaturina con tanto senso pratico.»

«A quei tempi non aveva molta scelta.»

«Come le è andata?» domandò Chad.

Seduta sulla mia sdraio, guardai lei e la piccola Sheila che davano le mele ai cavalli. «Non so», risposi. «Non l'ho ancora capito bene.»

* * *

Ben presto fiutai guai. Fin quasi dall'inizio, Sheila se n'era stata un po' in disparte. Le bambine avevano cercato di coinvolgerla in varie attività, dal cavalcare all'arrostire hot dog sulla griglia, ma Sheila aveva resistito a gran parte dei loro sforzi. Al principio, più che sgradevole era stata distante. Tuttavia, a mano a mano che il tempo passava e si avvicinava la sera, andava distaccandosi dal gruppo. Se ne stette un bel po' a passeggiare lungo il perimetro del cortile o a dondolarsi svogliatamente sull'altalena.

Sentendomi responsabile di lei, cercai di sorvolare sul suo comportamento, soprattutto con Lisa, che si stava dando un gran daffare per coinvolgere Sheila. Credo che, se Lisa l'avesse semplicemente ignorata, consentendole di partecipare quando si fosse sentita pronta, forse le cose sarebbero andate meglio; ma evidentemente questo andava contro il modo innato di Lisa di comportarsi con i bambini. Ben presto fu chiaro che Lisa era una che agiva e faceva agire. E volendo vedere Maggie, Bridget e Sheila abbastanza stimolate e inserite, aveva preparato per loro dei programmi così densi di corsi e attività extrascolastiche che probabilmente le figlie dovevano avere ciascuna la propria Filofax personale. Allo stesso modo, il picnic era stato organizzato con una cura estrema per il dettaglio, perché tutti quanti *si divertissero*. Il fatto che Sheila non volesse unirsi agli altri significava che *non si divertiva*, e questo la tormentava infinitamente.

Sheila contribuì. Vedendo quant'era facile infastidire Lisa, ce la mise proprio tutta, man mano che calava la sera. La sua noia era sempre più evidente. Le bambine la irritavano, e ogni volta che le si avvicinavano, lei aggrottava malignamente la fronte; ma soprattutto, voltò la schiena ai fuochi artificiali. Chad ne accendeva uno, quello sfrecciava in alto, poi *flash*! *bang*! e tutti, *ooh*, *aah*, mentre Sheila, annoiata, se ne stava appoggiata alla staccionata della piattaforma a guardare il tavolo da pranzo di Chad oltre le porte del cortile.

Anch'io mi feci coinvolgere in quel gioco. Mortificata per il comportamento maleducato di Sheila, prima cercai di giustificarla, poi provai a chiudermi con lei in bagno per scambiare qualche parola. Ma lei di parole non voleva sentirne. Non ci sentiva proprio.

«Perché sei così arrabbiata?» sibilai.

«Quella arrabbiata sei tu», ribatté, con una certa calma.

«Sei arrabbiata con me fin dal primo momento che ci siamo ritrovate. Ti comporti come se tutto quanto fosse colpa mia.»

«Be', non è così?» replicò.

* * *

Non so proprio come ce la cavammo, quell'ultima ora da Chad. Ero veramente arrabbiata. Per quanto mi riguardava, quella era una serata completamente rovinata. Il primo incontro con la moglie di Chad e le sue figlie, il primo faccia a faccia con Chad dopo tanti anni, e guarda un po' che bel pasticcio ne era venuto fuori. Avevo voglia di piantare Sheila alla prima stazione d'autobus e comprarle un biglietto di sola andata per Broadview.

Il silenzio, in quei dieci minuti di viaggio verso il motel, fu letale. Sheila gongolava, o almeno, così sembrava, dal mio punto di vista. Dopo averci messi tutti in agitazione, lei era calma e distaccata, sprezzante, quasi. Avevo la netta sensazione che si credesse al di sopra di tutto. Ogni minuto che passava, i miei sentimenti si facevano sempre più violenti.

«Bene, una serata da dimenticare», dissi stizzita mentre scendevamo dalla macchina davanti al motel. Armeggiai con le chiavi e aprii la porta della nostra camera.

«Sei proprio una fanatica del 'tutto sotto controllo', sai?» disse Sheila. «Dio, devi sempre aver tutto sotto controllo.»

«Non è vero.»

«Credi che la mia vita sia tua. Credi di avermi creata tu. Credi che io sia soltanto un personaggio del tuo libro.»

«Non è vero!» ripetei.

«Invece sì. Non avevo detto che volevo andare là, stasera. Sei tu che hai organizzato tutto, e non mi hai neppure chiesto che cosa ne pensavo. Perché avrei dovuto aver voglia di andarci? Non li conosco nemmeno, quelli.»

«Sì che li conosci. Quello è Chad, Dio santo.»

Scrollò le spalle con insolenza. «*Io* non lo conosco. Per quanto mi riguarda, poteva essere chiunque. Lui e quelle stupide bambine.»

«Quello era *Chad*. Quello che ti ha tenuta fuori dall'ospedale dello stato, che ti ha difesa quando nessun altro voleva difenderti. Dopo tutto quello che ha fatto...»

Mi interruppe con un violento movimento del braccio verso il basso, simile a un colpo di spada. «Dovrei essergli grata, vero?» Alzò la voce. «È questo che vuoi. Dovrei mostrarvi un po' di cazzo di gratitudine, per tutto quello che avete fatto per me. È così, giusto? È questo che vuoi.»

«*No.*»

«Sì, invece. Non prendermi per il culo, Torey. È questo che vuoi. Mostrare a tutti quanto sei buona. Ecco perché sei tornata, solo per questo.»

«Non è vero!» gridai.

Vedendo la sua faccia, capii quale mostro si fosse scatenato: andava dal rosa al rosso allo scarlatto scuro, con le vene che le sporgevano sulle tempie. Aveva le pupille dilatate e le labbra ritratte contro i denti. Sentii un campanello d'allarme, in un angolo della mia mente; mi avvertiva di badare alla mia incolumità fisica.

«Credi di aver migliorato la mia vita, vero?» strillò, alzando la voce a ogni parola. «Credi di aver messo a posto tutto? Invece no. Hai peggiorato tutto. È tutto un milione di milioni di milioni di volte peggio di prima!»

«Bla, bla, bla», dissi.

«*No!*» gridò, agitata, «sei tu che blateri. Sei tu che continui a immischiarti. Sta' fuori dalla mia vita!»

La guardai.

«Mi hai ingannata, Torey. Mi hai messa in quella stanza e mi hai fatto giocare con tutti quei giocattoli e leggere tutti quei libri, e mi hai fatta sentire importante. E poi, che cosa hai fatto? Sei rimasta, forse? Ti sei occupata di me, dopo avermi conquistata?» Piegò all'ingiù gli angoli della bocca finché credetti che fosse sul punto di piangere, poi tirò un respiro lunghissimo che la scosse tutta. «Mi hai ingannata; lo sapevi fin dall'inizio, che te ne saresti andata.»

«Non avrei voluto...» cominciai.

«Sì, invece! Hai voluto fare tutte le cose che hai fatto con me, Torey. Non sapevo che vita di merda fosse, la mia, finché, di colpo, sei arrivata tu e ho visto che esisteva un altro mondo. E l'hai voluto tu. Hai fatto tutto tu. Mi hai tirata su dalla merda e mi hai fatto credere di profumare come un fiore.»

«Sheila, ascolta...»

«Mi hai fatto credere di volermi bene.»

«Ma ti *volevo* bene, e te ne voglio ancora.»

«Oh, merda, risparmiami queste cose. Come puoi dirlo? Mi hai lasciata.»

«Sheila...»

«Avevi tanto potere, Torey. Io ti volevo un gran bene, così tanto. E tu, che cosa hai fatto? Mi hai spinta fuori per quella porta e mi hai lasciata.»

«Sheila, *ti prego.*»

«Ma non lo farai più, cazzo!» gridò, e prima ancora che me ne rendessi conto, aprì la porta della stanza e scomparve.

19

Me ne stetti in piedi come tramortita soltanto un istante o due; poi corsi alla porta a vedere dov'era. In quei pochi secondi, era scomparsa nella notte.

«Sheila? Sheila, dove sei?» gridai.

Una porta si aprì. «Può abbassare la voce?» urlò qualcuno.

Travolta dalla paura, chiusi la porta del motel e tornai dentro. E adesso? Diedi un'occhiata alla stanza. Le poche cose di Sheila erano sparse sul suo letto. Che cosa dovevo fare? Sarebbe tornata spontaneamente? O dovevo andare a cercarla? O lasciarla un po' in pace? La mia impotenza mi paralizzava.

Mi sedetti sul letto e cercai di mettere in ordine le idee. Dove poteva andare? La prima cosa che mi venne in mente fu il campo degli stagionali, ma di certo non stava andando là. Senza dubbio era troppo saggia per andare là da sola, a notte fonda. E poi perché? Ci abitava forse ancora qualcuno che conosceva? Ne dubitavo. Non mi aveva accennato di essere ancora in contatto con qualcuno di Marysville.

Dove, allora? Gli unici posti che mi venivano in mente erano quelli in cui eravamo state insieme e, date le circostanze, non credevo proprio che ci sarebbe tornata. Era più probabile che andasse in centro, semplicemente perché di solito i ragazzi, quando sono angosciati, si rifugiano nelle zone commerciali. Ovviamente, a quell'ora della notte c'erano scarse probabilità di trovare dei negozi aperti, soprattutto in una comunità delle dimensioni di Marysville; d'altra parte, quella era la notte del Quattro Luglio... Preoccupata, presi le chiavi della macchina e andai in cerca di Sheila.

Girai ininterrottamente per la città, per vie che diventavano sempre più familiari, finché cominciarono a venirmi in mente dei vecchi vagabondaggi per Marysville che avevo dimenticato da un pezzo. Era un posto molto tranquillo, a quell'ora. Per la verità, in Main Street qualche macchina c'era, ma poi non ne incontrai più per isolati interi, qualche volta per chilometri.

Andai in centro tre o quattro volte, ma di Sheila non c'era traccia. Da lì, seguii la via principale verso la zona commerciale che era stata ampliata attorno al viale. Feci il giro completo della città, usando l'autostrada per immettermi sulle strade che portavano in periferia, e finalmente arrivai al campo degli stagionali.

Là, a differenza del resto di Marysville, erano tutti in piedi. Alcune zone erano addirittura animate, e questo mi fece sospettare che, come ai vecchi tempi, non tutti i residenti lavorassero sodo durante il giorno. In una zona, nella parte più degradata, c'erano diversi uomini drogati o ubriachi sdraiati per terra, e cominciai a sentirmi molto a disagio. Non volendo abbassare il finestrino, non mi fermai a chiedere se qualcuno aveva visto una ragazza che corrispondesse alla descrizione di Sheila.

Tutti quei bei ricordi della città che avevo avuto durante i primi giri per Marysville si sgretolarono. Ormai lo odiavo, quel posto, e avrei voluto soltanto imboccare l'autostrada e tornarmene a casa; tuttavia, la preoccupazione mi fece proseguire ininterrottamente il giro notturno.

Finalmente, verso le due del mattino, vidi Sheila. Era una parte della città che non avevo preso affatto in considerazione; stava camminando su una grande arteria della zona residenziale, non lontano dalla nostra vecchia scuola. Ero capitata lì per puro caso: pensavo di andare a cercarla in un altro quartiere del centro e avevo tagliato per quella zona. Accostai e abbassai il finestrino.

«Senti, mi dispiace. Possiamo tornare al motel e discuterne?»

I suoi occhi erano grandi e scuri, alla fioca luce dei lampioni, e questo le conferiva un'aria selvatica, quasi animalesca. Sentii che era molto spaventata e che avrebbe potuto fare qualcosa di imprevedibile.

«Scusami», dissi, con il tono più contrito che riuscii a trovare. «Su, per favore! Torna con me al motel.»

Scosse la testa. «No. Vattene via. Non ho bisogno di te.»

«Ti prego.»

Mi guardò.

«Be', sta' a sentire, possiamo andare a prendere un hamburger o qualcos'altro da mangiare, se non vuoi tornare al motel. Che ne dici?»

Sheila esitò, e questo m'incoraggiò a insistere.

«Potremmo andare da Lenny's. Rimane aperto tutta la notte. Andiamo. Per favore.»

Con mio grande sollievo, aprì la portiera di destra e salì. Anzi, quasi ci sprofondò, nel sedile, tradendo così la sua grande stanchezza. La guardai, guardai i suoi capelli gialli e i suoi vestiti insulsi, tutti spiegazzati. Dio, com'è dura avere quattordici anni.

Quando fummo al ristorante, Sheila, affamata, divorò tutto quello che aveva nel piatto mentre io centellinavo una tazza di caffè e una ciambellina rafferma. Ma non parlò. Né io la forzai. Eravamo tutt'e due troppo stanche.

Dopodiché, tornò con me al motel senza protestare. Quando fummo in camera, si sedette sul suo letto e cominciò a sfilarsi i pesanti anfibi. «Io non rimango», disse, a bassa voce. «Domattina me ne vado di qui.»

«Sì, credo che anche per me sia arrivato il momento di partire.»

«No, Torey. Non intendevo questo», disse, alzando gli occhi. «Non vengo con te. Non me ne starò quattro ore in macchina con te. Tornerò a casa per conto mio.»

La guardai.

«Non puoi impedirmelo», aggiunse, visto che io tacevo.

«No, non te lo impedirò. Se è questo che vuoi, domani ti porterò alla stazione degli autobus e ti prenderò il biglietto. E potrai salire sul primo autobus che va fuori città.»

«Lo prenderò io, il biglietto», disse.

«No, Sheila, te lo pago volentieri; tu risparmia i tuoi soldi.»

«No, ho detto che me lo prendo io, Torey. Io non sono tua, quindi non provarci.»

Stancamente, annuii. «D'accordo. Fa' come vuoi.»

* * *

A letto, con le luci spente, tenevo gli occhi aperti nel buio. Che cosa avevo sbagliato? Che cosa era successo tra la notte prima, quando mi era sembrato che fossimo tanto vicine, e questa, in cui ci sentivamo lontane mille miglia? Come se mi avesse letto nel pensiero, Sheila parlò.

«Mi hai lasciata. Non sai quanto mi ha fatto male, questo?»

La sua voce era sommessa, quasi impercettibile, nonostante il silenzio della notte.

«Non avrei voluto, Sheila.»

«E allora perché l'hai fatto?»

«Semplicemente perché bisognava farlo. Io ero una maestra. Il mio lavoro finiva in giugno, e non potevo farci niente...»

«Quello che hai fatto non è giusto», disse, con un filo di voce. Seguì una lunga pausa. «Mi hai abbandonata.»

«Mi dispiace. Davvero.»

«E non è solo questo. Ti sei portata via tutto, quando te ne sei andata: il sole, la luna, le stelle. Tutto. Che diritto avevi di darmi tutto, visto che poi te lo sei portato via?»

* * *

Il lunedì dopo il Quattro Luglio, quando riprendemmo il corso estivo, Sheila non tornò a scuola. Da quando l'avevo lasciata all'autobus, a Marysville, non l'avevo più vista né sentita. Avrei tanto voluto telefonarle, se non altro per assicurarmi che fosse arrivata a casa sana e salva, ma l'istinto mi diceva che dovevo starle lontano.

Jeff, sempre bravissimo a cogliere il mio stato d'animo, dopo pranzo, in ufficio, mi costrinse a parlare. «Allora, che cosa succede?» domandò. «Dov'è scappato l'Orango?»

Gli feci un breve riassunto di quanto era successo durante la visita a Marysville.

«Ooh», rispose, come se si fosse toccato un livido. Seguì una pausa, durante la quale mise via una rivista medica che era rimasta aperta sulla sua scrivania quasi tutta la settimana e poi mi guardò. «Però posso capire che cosa ha passato. Era già stata abbandonata dalla madre. Poi sei arrivata tu, le hai dato tutte le attenzioni e le cure di cui aveva disperatamente bisogno. E poi anche tu sei scomparsa. A sei anni è difficile capire che quello che hai fatto tu era diverso da quello che aveva fatto sua madre.»

«Sì, questo lo so, ma *era* diverso. Io ero la sua maestra.»

«Va bene, eri la sua maestra», disse. «Ma che cosa c'era sul tuo curriculum, Hayden? Matematica? Lettura? O forse amore? Confidenza? Stima di sé?»

«Che cosa avrei dovuto fare con lei?» domandai. «Lasciarla stare? Vedere quella ragazzina incredibile in una situazione ancora più incredibile e non fare niente?»

Jeff si appoggiò allo schienale della sedia e increspò le labbra.
«Dici che non avrei dovuto farlo?» domandai.

«E tu?»

Mi girai dall'altra parte e sospirai. «In realtà è una domanda inutile. Non posso tornare indietro nel tempo a cambiare le cose. La domanda da farmi è: che cosa faccio, adesso?»

Tenendo in equilibrio una graffetta sull'unghia del pollice, Jeff mirò e poi la lanciò nel portamatite sulla sua scrivania. «Fa' quello che facciamo tutti, in questo lavoro: prega che alla fine tu possa aver aiutato più di quanto abbia ferito.»

* * *

Sheila non venne al corso per il resto della settimana né il lunedì seguente. Quel lunedì, nel tardo pomeriggio, mentre ero nel mio ufficio in clinica, sentii qualcuno bussare piano alla mia porta chiusa.

«Sì? Avanti.»

Sheila spinse gentilmente la porta. «Posso parlarti?»

Annuii.

«Jeff è qui? Vorrei parlarti in privato. Non vorrei che arrivasse», disse.

«No, non verrà. È all'ospedale e non torna, stasera», risposi.

Chiuse la porta alle sue spalle, attraversò la stanza e andò alla scrivania di Jeff. Scostò la sedia e ci si sedette sopra. Si guardò attorno. «Allora questo è il tuo ufficio, eh?»

«Sì.» Stavo compilando una scheda e tornai al lavoro.

Lei studiò la bacheca di Jeff. «Voi due siete uguali. Guarda, avete messo le vostre cianfrusaglie nello stesso modo. Avete perfino gli stessi identici cartelli della Pantera Rosa. Uno dice: 'Qui se la spassa Jeff'. E l'altro: 'Qui se la spassa Torey'. Dove li avete presi?»

«Li ha presi Jeff», risposi.

«Lo ami?» domandò Sheila, dondolandosi svogliatamente avanti e indietro sulla sedia.

«Mi è simpatico. Molto. Ma se parli dell'amore romantico, no. Ho qualcun altro.»

«Ah sì? E chi? Non ti ho mai vista con nessuno.»

La guardai. «Non avrai fatto tutta quella strada da Broadview per venire a parlare della mia vita sentimentale.»

«Be', sai, stavo soltanto cercando di attirare la tua attenzione», disse. «Non hai quasi alzato gli occhi, da quando sono entrata. Hai sempre tenuto il naso su quella stupida cosa che stai scrivendo.»

Chiusi la cartella, la misi nel portacarte e ruotai sulla mia sedia verso di lei. «Sono tutta tua.»

«Ehi, guarda. Lì c'è la mia poesia. Non mi hai mai detto di averla appesa.»

«Allora non ci sentivamo molto spesso», dissi. «Non avevo il tuo indirizzo.»

«Già, quando ho scritto quella poesia ero all'istituto per minori.»

Il tono della sua voce era lieve e spigliato, e il suo atteggiamento, mentre lei ruotava svogliatamente sulla sedia, rilassato. Nessuno avrebbe detto che tra noi fosse successo qualcosa. Per arrivare lì da Broadview doveva fare un viaggio di quarantacinque minuti in autobus e poi un buon dieci minuti a piedi dalla fermata più vicina: non poteva proprio essere una visita casuale. Eppure Sheila non lasciava trapelare nulla.

«Posso fare qualcosa per te?» domandai.

«Be', sono quasi le cinque. Ho pensato che magari avevi voglia di venire con me in un ristorante italiano o qualcosa del genere. Non necessariamente una pizzeria. Potremmo andare a mangiare gli spaghetti. O qualcos'altro, se vuoi.»

Feci un sorrisino.

«Oppure potresti portarmi a casa tua. Non ci sono mai stata. Ho pensato che, se prima ci fermiamo al supermercato, potrei prendere tutto quanto e cucinarti qualcosa per cena. C'è un piatto che mi riesce molto bene, con tonno e crema di funghi in scatola.»

«Mi piacerebbe molto», dissi, «ma purtroppo ho già un impegno per la serata.»

Si smontò. «Con quel ragazzo?»

Annuii.

Ci fu un lunghissimo silenzio.

«Senti, mi dispiace», dissi. «Mi piacerebbe molto, davvero, solo che non l'ho saputo in tempo. Un'altra sera, magari.»

Chinò la testa, così che i suoi capelli gialli si sparsero sul viso nascondendoglielo, e tirò un lungo sospiro. «Sto *cercando* di dirti che mi dispiace», farfugliò. Fece una pausa. «E volevo venire a casa tua.»

20

Martedì mattina, Sheila era di nuovo con noi. Come con me il pomeriggio prima, si comportò come se non fosse successo niente e lei non fosse mai mancata. Avevo minacciato Jeff perché non facesse scoppiare un caso. Quando Miriam, con discrezione, s'informò, Sheila mentì spudoratamente, dicendo che era stata malata.

Era un incanto vedere quanto Alejo fosse contento di rivedere Sheila. Quando lei comparve sulla porta, il faccino gli si accese tutto e attraversò di corsa la stanza per gettarle le braccia al collo con entusiasmo. Fummo colti tutti di sorpresa, dal momento che in quelle settimane Alejo era stato distaccato e imprevedibile; ma la più meravigliata era Sheila. Dapprima le trapelò in viso un'espressione di paura, ma poi sorrise e si chinò a ricambiare l'abbraccio.

Per tutto il corso estivo, Sheila, come Alejo, era stata diffidente. Ormai era chiaro che quello non era un ambiente naturale per lei. Con i bambini, non reagiva come fanno di solito le sue coetanee, e spesso le situazioni più difficili la turbavano perché, temevo, le erano ancora un po' troppo familiari. Jeff e io ne avevamo discusso; ci era sembrato che la cosa migliore fosse farla continuare fino al termine del corso, dal momento che ormai non era troppo lontano; ma avevamo concordato sul fatto che, probabilmente, aspettarci di più da lei non era realistico.

Sembrava sinceramente felice di essere tornata. Era di buon umore, anche se non proprio raggiante. Finora aveva reagito in modo naturale e rilassato soltanto con Alejo e, di tanto in tanto, con David. Evitava soprattutto le bambine ed era un peccato, perché ci sarebbe proprio servito un buon modello per Kayleigh,

Tamara e Violet. Tuttavia, quella mattina si mostrò sinceramente calorosa e generosa con molti dei bambini. Perfino con Violet.

Durante il corso estivo, Violet aveva maturato per Sheila qualcosa che potrei soltanto definire una «cotta». Si era sforzata invano di attirare l'attenzione di Sheila, sedersi accanto a lei, tenerle la mano. Violet, grande e grossa, senza grazia né bellezza e tanto ostinata da riuscire assillante, non era una ragazzina facile da accettare, nemmeno nelle circostanze più favorevoli. Per Sheila, il suo fervore ossessivo era irritante e i suoi ripetuti tentativi di toccarla odiosi. Io cercai di spiegare a Sheila che le cotte come quella erano abbastanza normali per le bambine dell'età di Violet e non significavano nulla di grave, ma Sheila, che aveva già qualche problema con la propria sessualità, continuò a trovare rivoltanti quelle *avances*. Quella mattina, tuttavia, ascoltò pazientemente le varie divagazioni di Violet, e anche se si tenne abbastanza lontana per non farsi toccare, all'ora della merenda le permise di sedere accanto a lei.

Dopo la merenda, portammo i bambini ai giardini pubblici davanti alla scuola e Sheila continuò a giocare attivamente con loro, spingendo Kayleigh sull'altalena e incitando David e Mikey ad arrampicarsi più in su che potevano sui ponticelli.

Capii che cosa stava succedendo. Come il cigno, che sopra la superficie dell'acqua mostra tanta grazia e sotto pedala come un forsennato, Sheila stava dandosi da fare per ricostruire un clima di serenità, sperando che lo scompiglio creatosi tra noi scomparisse, o almeno si facesse impercettibile. Quella mattina, guardandola, riflettevo su quanto di tutto questo fosse una sua costante di comportamento.

Sentendo il bisogno di affrontare la questione, piuttosto che permetterle di seppellirla, sulla strada per Fenton Boulevard la misi alle strette.

«Credo che sia ora di parlare», dissi, partendo.

«Ah. E di che cosa?»

«Di noi. Del week-end del Quattro Luglio. È evidente che i sentimenti in gioco erano molto forti, e credo che faremmo meglio a chiarirli.»

Sheila scrollò le spalle, come se quello che avevo detto fosse una novità, per lei.

«Ho l'impressione che tu creda che ti abbia piantata in asso quand'eri piccola.»

«Non ho mai detto questo.»

«Però l'ho captata, la tua rabbia. Ti sei sentita ingannata, hai creduto che non m'importasse di te e che ti avessi abbandonata.»

«Non fa niente. Non sono più arrabbiata», rispose.

«Queste cose bisogna affrontarle, Sheila. Se i tuoi sentimenti sono così forti, non li caccerai fingendo semplicemente che se ne siano andati.»

Scrollò di nuovo le spalle. «Non so. Prima o poi, nella mia vita, tutto quanto se ne va. Perché non dovrebbero andarsene anche quelli?»

«*Sheila.*»

«Va bene, va bene, ero sconvolta», disse, stancamente. «E con questo? Capita a tutti. Ma adesso è passata, quindi lasciamo perdere.»

Non risposi.

Mi guardò e cercò di abbindolarmi con un sorriso. «Vuoi che dica che mi dispiace, vero? D'accordo, sono stata una stupida. Non volevo.»

«Non c'è niente di male ad arrabbiarti con me», dissi. «Non importa. Ma dobbiamo affrontare la questione.»

«No, non ero arrabbiata. Sono stata stupida e basta. Ogni tanto mi capita. Quindi lasciamo perdere. Facciamo come se non fosse successo niente.»

«Ma *è* successo.»

«No, se dico che non è successo.» Mi guardò. «Esistono soltanto le cose che credi che esistano. È così. L'ho letto. Ed è vero, perché lo so.»

«Mi stai dicendo che, se credi che non abbiamo litigato, non abbiamo litigato?» domandai.

«Possono turbarti soltanto le cose che esistono. Ed esistono soltanto se le fai esistere.»

Poi calò il silenzio. Di colpo, mi sentii trasportata indietro negli anni, nello stanzino buio della scuola dove mi ero rifugiata con Sheila dopo che aveva combinato un grosso guaio nell'aula di un'altra insegnante. Quell'insegnante l'aveva mandata dal preside, che le aveva dato una bella «battuta», una forma di punizione corporale che all'epoca era ancora accettata nella mia scuola.

Angosciata per aver perso il controllo della situazione e per le botte date a scuola a una bambina che, come sapevo, subiva già maltrattamenti in famiglia, mi ero ritirata con lei nell'unico luogo appartato che ero riuscita a trovare, per cercare di risolvere la questione. Sheila, tuttavia, a quanto pareva l'aveva risolta da sé e, con un certo orgoglio, mi aveva fatto notare che non aveva versato neppure una lacrima quando il preside l'aveva picchiata.

«Non hai voglia di piangere?» avevo domandato, stupita. Aveva sei anni; e io, di ventiquattro, ne avevo una gran voglia.

«Così nessuno può farmi male», aveva risposto, con senso pratico. «Non sanno che mi fa male, se non piango. Così non possono farmi male.»

Mi resi conto che, sette anni dopo, Sheila agiva ancora in base a una variante di quella teoria.

* * *

Avevamo davanti a noi ancora due settimane buone di corso estivo. Sia Jeff sia io eravamo felicissimi dei risultati. Certo, gli intoppi non erano mancati, e c'erano un mucchio di cose che in futuro avremmo fatto diversamente, ma in generale era filato tutto liscio.

Un evidente vantaggio nel fornire ai nostri pazienti un corso di quel genere era l'opportunità di lavorare con loro in un ambiente naturale. Alcuni dei bambini, tra cui Kayleigh e Mikey, avevano reagito bene al lavoro in gruppo e al sostegno, e si avviavano a lasciarsi i loro problemi alle spalle.

Altrettanto buoni erano i risultati diagnostici. Alcuni dei bambini, in cura da un po' presso la clinica, non avevano dato segni di miglioramento. Stare con loro tre ore al giorno, cinque giorni alla settimana e in tante circostanze diverse consentiva a Jeff e a me di valutare i loro problemi molto più accuratamente di quanto non fosse stato possibile entro i confini della clinica e dell'ora di terapia.

Tamara ne era un buon esempio. Era arrivata alla clinica a sei anni su consiglio del medico di famiglia. Le aveva curato le ferite sugli avambracci, che, nonostante gli sforzi, non volevano guarire. E ben presto il suo sospetto che Tamara si autoinfliggesse quelle ferite, impedendone la guarigione, trovò una conferma.

Dapprima Tamara era stata in cura presso un'altra psichiatra della clinica, ma dopo un anno e mezzo di terapia era stata affidata a Jeff, nella speranza che potesse migliorare più velocemente con un terapeuta uomo. Con Jeff aveva fatto altri dieci mesi di ludoterapia, con sedute a scadenza settimanale, ma Jeff sentiva che non l'aveva aiutata a dominare i suoi impulsi autodistruttivi.

Il corso estivo ci mostrò una bambina complessa, profondamente infelice, che aveva difficoltà a instaurare rapporti praticamente con tutti, grandi e piccoli. Probabilmente, come diceva il suo nutrito dossier, una concausa del comportamento di Tamara era la depressione, ma in fondo la depressione è una reazione abbastanza naturale, quando si crede di non piacere a nessuno. Incapace di attirare l'attenzione di cui aveva bisogno, aveva scoperto che le ferite erano fonte di grande interesse, per gli altri. Durante il corso, la vedemmo spesso versare sangue, quando le cose non andavano come avrebbe voluto. Jeff, armato di queste conoscenze, adesso stava lavorando con Tamara per aiutarla nei suoi rapporti interpersonali, e sentiva che finalmente stavano facendo dei passi avanti nella terapia.

Alejo era un altro bambino inserito nel gruppo a scopo diagnostico. Purtroppo, per lui il finale non era altrettanto lieto. Col passare del tempo, Jeff e io dovemmo riconoscere che i suoi problemi dipendevano in gran parte da un quoziente intellettivo molto basso e, quasi certamente, da una lesione cerebrale, piuttosto che da un trauma psicologico. Senza dubbio, anche i suoi traumatici primi anni di vita avevano influito su di lui, e questo si manifestava nelle sue reazioni brusche, e qualche volta cruente, a ciò che gli accadeva attorno; tuttavia, i suoi comportamenti più violenti dipendevano in gran parte dalla sua incapacità mentale di far fronte a ciò che la scuola e la famiglia richiedono normalmente a un bambino. Questo si era manifestato soprattutto nelle attività quotidiane, e Jeff e io ci stavamo preparando a discuterne con i genitori.

Ma l'idea di parlarne con Sheila mi spaventava ancora di più. Di tutti i bambini, Alejo era speciale, per lei. C'era una naturale affinità, tra loro; c'era stata fin dal principio, e noi l'avevamo incoraggiata. Adesso mi pentivo di averla coinvolta tanto, perché sapevo che Sheila avrebbe trovato inaccettabile il verdetto finale su Alejo.

Purtroppo non feci in tempo a dirglielo: lo seppe sentendo per caso Jeff parlare con me alla fine di una lezione, mentre stavamo riordinando.

«Come, ha un QI basso? Vuoi dire che è ritardato?» domandò Sheila, avvicinandosi.

«La settimana scorsa Jeff l'ha sottoposto ai test di routine», risposi.

«La settimana scorsa? Quando non c'ero? Avete aspettato che non ci fossi, vero?» replicò.

Jeff si girò dall'altra parte per non farsi coinvolgere in una discussione con lei.

«Non ha un QI basso. È assolutamente normale», continuò.

Miriam, che stava avvicinandosi a noi con le scatole di matite e pennarelli, disse: «Rimane sempre un bambino incantevole».

«*Non è* ritardato. Non è per questo che non parla. Tu credi che sia per questo, vero? Ma non è così. Con me parla.»

«Parla anche con noi, Sheila», dissi. «Ma non dice granché, e non dice granché perché alcune parti del suo cervello non funzionano esattamente come dovrebbero. Si chiama afasia.»

«Non me ne importa, come si chiama», ribatté. «Lui non ce l'ha. È assolutamente normale. Semplicemente, *con voi* non parla. Con me parla benissimo. In *spagnolo*. Quindi come potete aspettarvi che vi dica qualcosa, se non parlate nemmeno la sua lingua?»

Jeff mi batté sulla spalla. «Non vale la pena di discuterne, Hayden», mormorò, a bassa voce.

«Già, certo, tu puoi dirlo», lo aggredì Sheila. «Tanto non è a te che danno dello stupido.» Scagliò a terra lo straccio con cui stava pulendo i tavoli e se ne andò a grandi passi.

* * *

«Non puoi permettergli di fare questo ad Alejo», mi disse poi Sheila, in macchina. La rabbia era scomparsa dalla sua voce, e a quella si era sostituita una pressante preoccupazione.

«No, è una situazione molto difficile.»

«Ma ti rendi conto di quello che faranno, vero?» disse. «Lo rispediranno in Colombia.»

«Non possiamo esserne certi. I suoi genitori hanno discusso a lungo le varie alternative, e quella è soltanto una delle tante.»

«Non puoi permetterglielo.»

Su di noi calò il silenzio. Mi concentrai sulla guida, mentre imboccavamo l'autostrada.

«Tu *non vuoi* che succeda, vero?» volle sapere.

«No, certo che non voglio.»

«Allora, Torey...»

«Non sono io a decidere, ragazzina. Alejo è un bambino incantevole, ma ha delle lesioni cerebrali ed è emotivamente labile. Sono dei grossi problemi da affrontare. Io posso incoraggiare i genitori a tenerlo, e lo farò sicuramente. Lo farà anche Jeff, ma non potremo costringerli.»

«Ma se volessero rimandarlo in Colombia?» gridò. «Se lo manderanno di nuovo nell'orfanotrofio?»

«Sheila, io non ho molta autorità, al riguardo. Anzi, non è nemmeno un mio paziente, né di Jeff. Quindi, tecnicamente, io non ho alcuna autorità. Spero con tutto il cuore che non lo mandino indietro. Gli farebbe male, e credo che sia moralmente sbagliato; ma non posso imporre ai suoi cose che non vogliono fare. Né impedirgli di fare qualcosa che vogliono fare. Loro sono i suoi genitori legittimi.»

Sheila, frustrata e arrabbiata, cominciò a farfugliare: «Guarda che cosa gli è successo! L'hanno trovato che viveva in un cassonetto dell'immondizia, l'hanno portato qui e gli hanno dato dei bei giocattoli, la televisione, da mangiare e tutto quanto. E adesso che cosa fanno? Lo rispediscono nel cassonetto dell'immondizia. E voi avete intenzione di starvene lì seduti a far niente?»

«Non ce staremo seduti a far niente», dissi. «*Cercheremo* di aiutare Alejo a cambiare il suo comportamento. Cercheremo un'alternativa che i suoi genitori possano accettare.»

«E se non ci riuscirete?» domandò Sheila.

«Mi sentirò giù da morire.»

«Ah, sì? Ti sentirai giù?»

«Non posso fare nient'altro», dissi.

Incrociò le braccia sul petto e si girò dall'altra parte. «Siete dei poveri stronzi», borbottò. «Tu e compagnia bella. Siete proprio dei poveri stronzi di merda.»

21

Quell'estate la mia vita privata era soggetta a continui cambiamenti. Tendevo alle relazioni esclusive e a lungo termine, che spesso duravano diversi anni, e in quel momento ero «tra un uomo e l'altro», come disse sinteticamente una mia cara amica. In realtà ero «tra un uomo e l'altro» da diversi mesi, ormai, e cominciavo a essere stufa della situazione.

Avevo sempre trovato difficile sincronizzare il lavoro alla vita personale. Anche se mi ero ammorbidita rispetto ai primi anni, quando l'intensità con cui mi buttavo nell'insegnamento lasciava ben poco spazio ad altre attività, amavo ancora profondamente il mio lavoro. La domenica sentivo ancora un fremito d'impazienza per il lunedì che si avvicinava, e trovavo ancora impossibile cacciare del tutto dai miei pensieri i bambini con cui lavoravo. Non che fossero un'ossessione, ma, semplicemente, loro se ne stavano lì, in un angolo della mia mente. Questo, lo sapevo, faceva di me una compagna difficile, che soltanto un uomo sicuro e tollerante avrebbe sopportato. In quel periodo, di uomini del genere, a quanto pareva, ce n'erano in giro ben pochi.

Per complicare ulteriormente le cose, preferivo uomini che facevano un lavoro diverso dal mio. Era un modo per non parlare di lavoro ventiquattr'ore su ventiquattro, come facevo con i colleghi. E poi, così evitavo le rivalità. Ero molto incline alla competizione, anche feroce, e con i bambini questo era utile, perché non perdevo mai la volontà di vincere, nemmeno quando le probabilità erano tutte contro di me; tuttavia, nelle relazioni personali era letale. E poi, l'esperienza lievemente schizofrenica di mantenere due vite separate mi piaceva perché mi consentiva di sviluppare interessi e doti che forse altrimenti sarebbero sembrati incompatibili col lavoro.

Il contendente del momento era Allan. Qualche anno prima, il centro della città era stato sottoposto a un'opera di valorizzazione; molti vecchi edifici erano stati sottratti al decadimento e adesso facevano parte di una zona commerciale che si rivolgeva a una clientela abbastanza selezionata. Allan aveva una piccola libreria in una viuzza in mezzo alla zona ristrutturata.

L'avevo conosciuto cercando un oscuro libro di drammi greci. Incuriosito, mi aveva invitata nella stanza sul retro per mostrarmi la sua collezione di classici: fu una delle migliori tattiche di approccio che mi fosse capitata. E da lì proseguimmo con una serie di belle cene in ristoranti molto diversi dalle bettole che di solito frequentavo.

Allan era, in una parola, civile. Gli piaceva l'opera, discuteva di alta letteratura col tono entusiasta e disinvolto di chi quei romanzi non li ha soltanto letti, ma anche gustati, e sapeva scegliere vini rossi straordinariamente buoni. Il suo appartamento era in una vecchia casa ristrutturata non lontana dal centro della città, ed era impeccabilmente arredato con tappeti indiani e mobili d'antiquariato. Aveva perfino la tovaglia, sul tavolo, e quello era un segno di vera e propria classe, per una come me, che sul tavolo non aveva quasi mai un buco libero.

L'avevo capito fin dal principio, che Allan e io non eravamo fatti l'uno per l'altra, come Chad e io. Allan era schizzinoso, e questo mi dava sui nervi. Io ero imprevedibile, o, come diceva lui, «volubile», e questo dava sui nervi a lui. Ma in quella relazione c'erano molti aspetti positivi, non ultimo il fatto che non avevo conosciuto nessun altro.

Riguardo alla professione, che doveva essere diversa dalla mia, ad Allan non mancavano di certo i requisiti necessari. Dal suo punto di vista, l'esplorazione delle zone oscure del comportamento umano non era molto diversa dalla spedizione di sonde spaziali in un'altra galassia. Cercare di parlargli dei miei bambini era impossibile. Ma mi andava bene così. Se volevo rimuginare qualche problema che aveva a che fare col lavoro, avevo Jeff; e quando non lavoravo, ero ben contenta di parlare di poeti greci o di tappeti shiraz.

· · ·

Per quel venerdì sera, Allan e io avevamo in progetto un picnic. Per Allan non c'era niente di inelegante, in un picnic. Lui faceva picnic all'europea, con tanto di ceste di vimini, tovaglia a scacchi bianchi e rossi da stendere a terra e piatti di porcellana e stoviglie. Un picnic del genere richiedeva qualcosa di più raffinato del pollo fritto di Kentucky Fried Chicken e dei fagioli alla brace; così trascorsi tutto il giovedì ad arrostire melanzane e gingillarmi con vari pâté, mentre Allan andava a caccia di baguette e del vino giusto.

Venerdì sera, dopo il lavoro, tornai a casa per gli ultimi ritocchi alle pietanze. Saremmo andati in una bella zona sul lago, ai confini orientali della città. Poiché era necessaria una buona protezione contro le zanzare, Allan era in camera a cercare di far funzionare la mia lampada insetticida.

Qualcuno bussò alla porta. Credendo che fosse il ragazzo dei giornali che veniva a prendere i soldi, mi misi la banconota tra i denti e mi pulii le mani unte prima di abbassare la maniglia.

Sheila.

«Ciao», disse, allegramente.

«Ciao. Che cosa ci fai qui?» domandai.

«Ho cercato il tuo indirizzo sull'elenco telefonico, ma lì non ci sei ancora, così ho chiamato l'ufficio informazioni abbonati», rispose. «Posso entrare?»

«Non dovrebbero darlo, l'indirizzo», ribattei.

«No, lo so, ma se fai finta di averlo già e dici per esempio: «Hayden di Maple Avenue?», loro ti dicono sempre, no, e ti danno l'indirizzo giusto. O una parte, almeno. Poi riagganci, provi con qualcun altro e poi usi quello che hai saputo per sapere il resto. Funziona sempre. «Guardò alle mie spalle. «Posso entrare?»

Entrò senza aspettare una risposta. Sorridendo, guardò le pareti del mio appartamento. «Però, è proprio bello, qui. Mi piace molto come hai sistemato questo posto.» Si lasciò cadere su una sedia. «Sono venuta qui perché ho pensato che magari potremmo parlare.»

Non volevo farla sentire sgradita, ma non mi ero proprio aspettata una sua visita. E per un attimo mi lasciò interdetta.

«Cerchi sempre di parlarmi, in macchina, quando mi porti a Fenton Boulevard, ed è una cosa che odio», disse Sheila. «C'è troppo poco tempo. So che il viaggio finirà presto e non riesco mai a organizzarmi le idee abbastanza velocemente. Stasera non avevo niente da fare così ho pensato di venire qui a parlare.»

Stava cercando di abbindolarmi? pensai. Sapeva che, normalmente, avrei rinunciato a qualsiasi cosa dovessi fare pur di indurla a parlare?

Proprio in quel momento, da dietro comparve Allan. «Torey? Oh...» disse, vedendo Sheila.

«Oh», gli fece eco Sheila.

«Avevo un impegno, per stasera», dissi, gentilmente.

«Oh, capisco.» Seguì una lunga pausa, durante la quale lei guardò Allan. «È con lui che scopi, adesso?» Lo disse tranquillamente, come se per lei fosse un normale argomento di conversazione.

«Sheila, penso che tu debba andare», dissi. «Mi dispiace che tu abbia fatto tanta strada; avresti dovuto avvertirmi prima.»

La sua espressione si indurì. *Conosco quell'espressione*, pensai. In un lampo mi tornò in mente il faccino corrugato, arrabbiato, pronto alla vendetta della piccola Sheila di tanti anni prima. Molte cose di lei erano cambiate, eppure, con quell'espressione, la riconobbi immediatamente.

«Sai, non è bello come Chad», mi disse, in un gradevole tono da conversazione. Diede un'occhiata ad Allan. «Quello è l'ultimo che si scopava. Be', forse non proprio l'ultimo. Non so quanti ce ne sono stati in mezzo.»

«*Sheila.*» Misi una mano sulla sua spalla e la girai verso la porta. «Ci vediamo lunedì.» La spinsi fuori e chiusi la porta.

«Forse sì o forse no», borbottò.

Voltando le spalle alla porta, vidi la faccia di Allan, bianca come un lenzuolo per lo shock. «Mi dispiace», dissi.

«Ma chi era quella?»

«È difficile da spiegare.»

* * *

Sheila tornò lunedì e si comportò come se non fosse successo niente. Si unì ai bambini, fu servizievole e a ricreazione chiacchierò amabilmente con Miriam. Sapevo di essere sulla difensiva e di aspettarmi non so bene che cosa, da lei; ma quel qualcosa non si materializzò. Sheila si comportò come ci si sarebbe aspettati da una qualsiasi assistente della sua età.

In macchina, andando a Fenton Boulevard, tacqui. Se per lei quello non era il momento adatto per parlare, potevo aspettare. Ci sarebbero stati altri momenti.

Con le braccia conserte, Sheila rimase in silenzio per due o tre chilometri. Con la coda dell'occhio, di tanto in tanto, la sorpresi a guardarmi. Mi piegai in avanti ad accendere la radio.

Sheila tirò un lunghissimo sospiro. «Oh, Dio, adesso mette il broncio», brontolò a fior di labbra.

«Non sto mettendo il broncio», dissi. «Ieri sera hai detto che durante questo viaggio non vuoi parlare perché è troppo breve.»

«Non intendevo dire che non voglio parlare per niente. Praticamente non hai detto una parola, da quando siamo salite in macchina.»

Studiai le macchine davanti a me sull'autostrada.

Sheila mi osservava. Poiché non rispondevo, lasciò cadere le spalle. Sospirò. «Tor?»

«Sì?»

«Che cosa mi succederà?»

«Cosa intendi dire?» domandai.

«Be', quando questo corso estivo sarà finito. Che cosa sarò? Voglio dire, che cosa sono, adesso? Non una tua alunna, vero? Non sono una tua paziente. Almeno, non credo. Però un'amica non la tratteresti come tratti me.»

Questo attirò la mia attenzione. La guardai. «Che cosa intendi dire?»

«Lo sai che cosa intendo dire, Torey. Noi non siamo amiche. Chiamala come vuoi, ma non è amicizia.» Una pausa. «E adesso questo corso è quasi finito. Mi lascerai di nuovo?»

«No. Non devo andare da nessuna parte. Sarò ancora alla clinica.»

Mandò un piccolo schiocco della lingua che rivelò la sua frustrazione. «Sei, non so, così ottusa, certe volte», borbottò. «Non mi interessa dove lavorerai, Torey. Il problema è che *io* non ci sarò, giusto? Che cosa succederà, a me?»

«Che cosa vorresti che ti succedesse?» domandai.

Con le braccia ancora conserte, Sheila girò la testa dall'altra parte e guardò fuori dal finestrino. Trascorsero lunghi momenti di meditativo silenzio. «Il tempo sta per scadere», sussurrò. «Siamo a due chilometri e novecento metri dalla stazione dell'autobus. Merda.»

Svoltai nel parcheggio di un grande discount, andai in fondo e spensi il motore. «Ci sono altri autobus. Se perderai il solito, potrai prenderne un altro più tardi.»

I suoi occhi si fecero enormi per la sorpresa.

«Se mi stai chiedendo che cosa succederà riguardo ai nostri rapporti, sta a te decidere. A me piace vederti. Mi sono divertita, quest'estate. Spero che, quando il corso estivo sarà finito, continueremo a vederci.»

La macchina si scaldò velocemente, sotto il sole estivo, così abbassai il finestrino e mi ci appoggiai.

«Davvero?» domandò Sheila. «Potremo vederci, qualche volta?»

«C'è qualcosa che non dici», risposi. «Mi stai domandando più di quanto tu non mi abbia detto.»

Lei tacque. Nel caldo, il sudore le imperlava la fronte e le colava giù per un lato del viso. I minuti passavano. Cominciai a vagare col pensiero, e, come tanto spesso mi accadeva quand'ero con Sheila, ripensai ai tempi in cui eravamo nella stessa classe.

Di colpo, provai un acuto desiderio. Com'era stato tutto più semplice, allora, quando io ero l'adulta e lei la bambina, quando ero convinta che il mio mondo fosse quello giusto e il suo quello sbagliato, e si trattava soltanto di farla passare dall'uno all'altro. Allora non mi ero mai chiesta quale fosse il vero significato di ciò che facevo.

«Te lo scopi?» domandò, con voce sommessa.

Strappata bruscamente ai miei pensieri, la guardai sorpresa. «Chi?»

«Quello che era a casa tua. Te lo scopi?» La domanda non era affatto insolente, come quando si era riferita a quell'attività sabato sera; aveva il tono di chi chiede per sapere.

«È una domanda un po' personale», replicai.

Come se all'improvviso provasse imbarazzo, chinò la testa e arrossì sulle guance. Tirò un respiro profondo. Poi, di colpo, pensai che avrebbe pianto.

«Scusami», dissi. «Non sono arrabbiata per la tua domanda. È solo che è una di quelle domande alle quali non sono preparata a rispondere.»

Era sull'orlo delle lacrime. Vidi che si stringeva il labbro inferiore tra le labbra per non farlo tremare. «Me l'hai già detto.» La sua voce era scossa, ma le lacrime non caddero. «Quand'ero piccola. Ti ho chiesto se tu e Chad scopavate e tu hai detto di sì.»

Non mi sembrava di ricordare quelle parole precise, così tacqui un momento, cercando di farmi venire in mente che cosa potevo aver detto.

«L'hai detto», insistette, leggendo nel mio silenzio. «È stata quella volta dopo che il fratello di mio papà, Jerry... aveva fatto quello che aveva fatto. Lo sai. E non riuscivo a capire che cosa succedeva. Non capivo perché l'aveva fatto, visto che mi era tanto simpatico. E tu mi spiegasti tutto quanto. Perché lui mi aveva detto che era così che tu e Chad vi amavate, e me lo stava solo insegnando, così avresti amato anche me. E io te lo domandai. E tu rispondesti subito. Lo so, perché ricordo che l'hai fatto.»

«Allora era diverso, ragazzina. Stavo spiegando», dissi. «Non era una semplice conversazione.»

«Perché mi chiami così?», domandò bruscamente, guardandomi.

«Così come?»

«Ragazzina. Quand'ero bambina mi chiamavi piccola. Tigre. Tesoro. Che cos'ero allora che adesso non sono più?»

* * *

Rimuginando la nostra conversazione, mi venne in mente che Sheila aveva ricordato chiaramente che cosa ci eravamo dette sull'argomento quando aveva sei anni. Aveva fatto riferimenti precisi a quella conversazione di tanto tempo prima, usando nomi veri e dettagli che indicavano un ricordo nitido dell'accaduto. E questo contrastava nettamente con i ricordi confusi che aveva avuto in precedenza o, addirittura, con la sua insistenza sul vuoto di memoria riguardo a Chad. Forse i ricordi cominciavano a riaffiorare? E se era così, che cosa li aveva cancellati, prima? O forse aveva sempre ricordato e mi aveva mentito? E se era così, perché?

Cominciavo anche a capire chiaramente che c'era qualcosa, dietro le sue parole. Conversazione dopo conversazione, intuivo che parlavamo su un doppio binario, che lei si riferiva a qualcos'altro, oltre che all'argomento esplicito della conversazione. E avevo la netta sensazione che fosse consapevole di quel significato nascosto, e che era questo, soprattutto, ad alimentare la rabbia che Sheila mi aveva manifestato durante il corso estivo.

D'altra parte, forse non era poi tanto nascosto. Durante la nostra visita a Marysville, Sheila non aveva avuto incertezze nel parlarmi del dolore e della rabbia che aveva provato quando l'anno scolastico era finito e io me n'ero andata. Forse avevo sbagliato a non sollevare di nuovo l'argomento. Quella sera, al motel, l'intensità dei suoi sentimenti mi aveva allarmata così tanto, e il bisogno di risolvere il problema contingente della sua fuga mi aveva tanto distratta, che non avevo affrontato la questione con la lucidità che avrei potuto avere in un ambiente più controllato, come la clinica o la classe. E poi aveva ragione: il viaggio in macchina dopo il corso non era il momento più adatto a una discussione del genere.

Guardai il calendario. Il pomeriggio seguente avremmo avuto un colloquio con i genitori di Alejo, così non avrei potuto vedere Sheila. E quella settimana, essendo l'ultima del corso, era piena di appuntamenti. Jeff e io, oltre agli impegni di routine in clinica, avevamo anche diversi colloqui per le valutazioni finali. Presi l'agenda e scrissi il nome di Sheila sulla pagina di venerdì. Aveva un bisogno disperato di venire a casa mia, pensai; così, forse venerdì sera avremmo potuto fare qualcosa di speciale insieme.

La mattinata seguente fu un disastro. Tutto cominciò quando il conducente del minibus, che portava i bambini a scuola, annunciò che Violet si era sentita male durante il viaggio e aveva vomitato dappertutto e su tutti quanti. Questo significò che dovemmo andare tutti e quattro a pulire. Poi la madre di Violet, quando le telefonai, mi spiegò che non poteva venire a prenderla perché il marito era uscito con la macchina. Miriam si offrì di portare a casa Violet, ma c'era un bel pezzo di strada da fare, così rimanemmo senza Miriam per la prima metà della mattinata.

Tamara, sulla cui abitudine di ferirsi potevamo stare ragionevolmente tranquilli, evidentemente trovò che i bambini del minibus stavano attirando troppa attenzione. Approfittando della nostra distrazione, riuscì a mettere le mani su un grosso paio di forbici e si fece un bel taglio sulla parte interna del braccio, quasi dal polso al gomito. Non era profondo, ma sanguinava parecchio, e in quel momento c'eravamo soltanto Jeff, Sheila e io. Tutta quella baraonda cominciava ad agitare i bambini, e devo ammettere che avevamo perso il controllo della situazione.

Jeff, essendo dottore, si prese l'incarico di medicare Tamara, mentre Sheila e io cercammo di tranquillizzare i bambini e restituire loro dei punti di riferimento. Il corso estivo non era durato abbastanza da creare una vero e proprio spirito di gruppo come quello, utilissimo, che avevo sempre coltivato nelle mie classi. Mancava un vero e proprio centro, in quel gruppo; così, quando arrivava il disastro, tutto cadeva subito a pezzi. Cercai di rallegrare i bambini cantando qualche canzone, ma Joshua e Jessie, i nostri bambini autistici, strillavano entrambi, e altri due continuavano ad allontanarsi dal gruppo.

L'unico momento divertente fu quando, in mezzo al caos, notai che David, Alejo e Mikey erano spariti. Colta dal panico nel rendermi conto che quella mattina, in mezzo a tanto trambusto, non avevo perquisito David, come facevo di solito, per togliergli dalle tasche eventuali fiammiferi, mi precipitai fuori a cercarli. Impiegai cinque, dieci minuti a trovarli. Erano tutti e tre fuori. Io ero ancora dentro, quando sentii le loro voci da una finestra aperta; mi avvicinai cautamente perché, prima di tradire la mia presenza, volevo vedere che cosa stavano combinando. David aveva proprio acceso un fuocherello d'erba secca e rametti al riparo dell'edificio scolastico.

«Vedi, l'ho acceso», disse a Mikey. «Te l'avevo detto, che ce l'avrei fatta.»

Ero sul punto di intervenire quando, con mia piacevole sorpresa, sentii David che diceva: «Ma adesso dobbiamo spegnerlo.»

«E come?» domandò Alejo.

David diede un'occhiata in giro in cerca di qualcosa da usare, poi il suo faccino si illuminò. «Ci sono. Così.» E si sbottonò i jeans. «Ecco, tutti insieme. Al tre, facciamo tutti pipì.»

* * *

Dopo la scuola, Jeff e io avevamo il colloquio con i genitori di Alejo e non potei accompagnare Sheila a Fenton Boulevard. Così, mentre Jeff e io tornammo alla clinica, lei andò a piedi alla fermata dell'autobus vicino alla scuola.

Alejo era il solo bambino del gruppo che non fosse un paziente né di Jeff né mio, così nessuno dei due conosceva i suoi genitori, il signor Banks-Smith e sua moglie. Avevo visto soltanto il padre, il primo giorno di corso, quando era venuto ad accompagnare Alejo. La madre non l'avevo mai incontrata. Jeff aveva avuto qualche contatto in più, dal momento che, un paio di settimane prima, aveva sottoposto Alejo a tutti i test, ma per le informazioni sulla sua famiglia avevamo fatto affidamento soprattutto sul dottor Freeman, lo psichiatra di Alejo.

La madre di Alejo era medico di base, mentre il padre faceva l'assicuratore. Erano tutt'e due alti, attraenti, dai lineamenti nordici, il genere di coppia che avrebbe potuto essere concepita dalla mente di un pubblicitario. Ci salutarono calorosamente, stringendo la mano sia a Jeff che a me; poi, prima di accomodarsi, scambiarono qualche battuta spiritosa con il dottor Freeman. La cosa che mi ferì di più, osservandoli, fu constatare quale terribile errore fosse stato commesso. Quelli non erano i genitori giusti, per Alejo.

La mia seconda dolorosa constatazione fu che i Banks-Smith non si erano affezionati ad Alejo. Mentre scorrevamo i risultati dei vari test, le relazioni e le schede, loro, a turno, li esaminavano e ponevano domande articolate e intelligenti, ma lo facevano nello stesso modo ponderato ma distaccato in cui lo facevamo Jeff, il dottor Freeman e io. Non ci parlavano da genitori, ma da colleghi.

«Così, dite che Alejo ha un grado di efficienza intellettiva inferiore a quello dei suoi coetanei», disse il signor Banks-Smith a Jeff. «E questo si traduce in un QI pari a...?»

«Se consideriamo la curva a campana, con il QI medio... vale a dire, gran parte della popolazione si trova qui, in mezzo, dove è più fitta...»

«No, mi dica soltanto le cifre, per favore. Qual è il suo QI?» domandò Banks-Smith.

«Di solito cerco di evitare che ci si leghi mani e piedi ai dettagli più specifici», replicò Jeff. «Il QI è una misura relativa, e i test non sempre riflettono fedelmente la situazione.»

«Coraggio, mi dica quanto», insistette Banks-Smith.

«Be', l'ho sottoposto al WISC. Per le capacità lessicali, ha totalizzato sessantacinque punti, cioè settantanove punti percentuali, che si traducono in un QI complessivo di settantaquattro.»

«Quindi risulta ritardato, giusto?» disse Banks-Smith.

«Di solito, per noi la linea di demarcazione è il settanta; ma, davvero, preferiamo non attribuire troppa importanza ai singoli punteggi, soprattutto in un caso come quello di Alejo, in cui i risultati possono essere stati distorti da elementi culturali.»

«E lei», disse Banks-Smith, accennando a me, «lei ha detto che ci sono precise indicazioni di una lesione cerebrale?»

«Probabili, ma non precise. È molto difficile essere precisi, in casi come questo», risposi.

«E quali sarebbero le cause?» domandò il padre di Alejo. «Gli è stata inflitta? È un risultato delle sue privazioni?»

«Impossibile dirlo. Mostra segni di afasia, un'incapacità di usare e capire le parole come tutti gli altri. Quasi tutti i bambini che ho visto affetti da questo disturbo ne soffrivano fin dalla nascita.»

«Quindi potrebbe averne sempre sofferto; è questo che mi sta dicendo?» domandò.

Non avrei voluto dirlo, ma, purtroppo, probabilmente era così.

«E non potrà mai migliorare, vero?» disse la dottoressa Banks-Smith.

«Può migliorare», si affrettò a dire Jeff. «Durante il corso estivo ha fatto grandi progressi, nelle relazioni interpersonali. Se la sta cavando benissimo, per questo aspetto, e si è fatto degli amici tra i compagni. Abbiamo visto dei cambiamenti positivi, in lui, vero, Torey?»

Annuii.

«Credo che, se continuasse con la clinica...» cominciò Freeman, ma la dottoressa Banks-Smith lo interruppe con un cenno del braccio.

«No, quello che vi sto chiedendo è questo: non potrà mai guarire, vero? La sua intelligenza non potrà aumentare. La lesione cerebrale non potrà essere sanata.»

«Be', no...» disse Freeman.

Mi sentii trascinare giù, come in un tunnel lunghissimo. Avevamo perso. Forse avevamo perso ancora prima di cominciare. Avevo il sospetto che i Banks-Smith avessero già deciso di rimandare Alejo in Sud America e che, anzi, avessero già cominciato a muoversi in quella direzione ancora prima del colloquio. In ogni caso, in quel momento capii che non c'era speranza. Alejo era condannato.

22

«Ho pensato che magari ti farebbe piacere venire a casa mia, domani sera», dissi a Sheila il giorno dopo, in macchina, mentre andavamo a Fenton Boulevard. «Domani è venerdì, quindi non dovremo alzarci presto, la mattina dopo. Magari potrei fare qualcosa alla brace.»

«Alla brace? E dove la metti, la graticola, in una mansarda?»

«Ho una porta che dà sul tetto del garage. Aspetta domani e vedrai.»

Sheila sorrise dolcemente. «Sì, mi piacerebbe molto.»

Ci fu un breve silenzio, poi tornò a guardarmi. «Com'è andato il colloquio di ieri sera con i genitori di Alejo?»

Mi strinsi nelle spalle.

«Che tipi sono, i suoi?»

«Passabili. Gradevoli, in un certo senso. Se li avessi incontrati a una festa o qualcosa del genere, penso che li avrei trovati simpatici», risposi.

Si prese una ciocca di capelli e la studiò. «Allora, che cosa ne sarà di lui? Cercheranno di mandarlo indietro?»

«Non lo so con certezza. Se ne occuperà il dottor Freeman, perché è lui il terapeuta di Alejo; noi non ne abbiamo parlato.»

«Sì, ma farete qualcosa, no? Tu e Jeff. Cercherete di fermarli», disse Sheila, in un tono che cominciava a farsi pressante. «Sì, insomma, non glielo *permetterete.*»

Ritrassi le labbra contro i denti e tirai un respiro. «Io non voglio che lo facciano, ma temo che, se vorranno farlo, non potrò impedirglielo.»

«Ma non glielo permetterai.»

«Te l'ho già detto...»

Sheila si chinò sul sedile e appoggiò le mani alle tempie, come se soffrisse. «Oh, non può succedere. Oh, Gesù, l'hanno portato qui. Gli hanno dato tutte quelle cose. È tutto così bello.»

Udivo le lacrime, nella sua voce. E, inaspettatamente, sentii le mie. Mi salirono agli occhi senza preavviso, velando la strada davanti a me. Di colpo, fui sopraffatta dall'atrocità di quanto stava succedendo ad Alejo e a tutte le povere vittime come lui. «Fa piangere anche me», dissi.

Sorpresa, Sheila mi guardò.

Sollevai una mano per asciugarmi le lacrime. «Mi sento così impotente, quando succedono queste cose. Vorrei cambiare le cose, lo vorrei tanto disperatamente, e invece non posso.»

Lei mi guardava stupefatta, con la fronte aggrottata. Al contrario di me, i suoi occhi erano rimasti asciutti.

«Qualche volta fa bene», dissi delle mie lacrime, e asciugai l'ultima. «In circostanze come queste, è la sola cosa che mi rimane da fare.» Le sorrisi.

«Qualche volta anch'io vorrei piangere, ma non ci riesco quasi mai», disse Sheila. «Sento il sentimento crescere e poi, quando mi sembra di essere lì lì per piangere, quello scompare.»

Annuii.

«Veramente, sono io che lo faccio scomparire», disse. «Non che, necessariamente, voglia farlo. È solo che, di colpo, penso: che cos'è, questo? Non è una cosa reale. Che cos'è? Qualche reazione chimica nel nostro cervello. Qualche molecola. Quale? Carbonio? Idrogeno? E, in fondo, che cos'è? Niente. Non è proprio niente.»

«Lo credi davvero?» domandai.

«Sì.»

«*Davvero*?»

Si strinse nelle spalle. «È quello che mi viene in mente, che lo voglia o no.»

* * *

Festeggiammo il nostro ultimo venerdì con un'attività speciale: pittura con le dita, ma con la crema al cioccolato invece della tempera. Miriam e io avevamo già sperimentato varie volte questa attività, così eravamo preparate al gran pasticcio che si sarebbe creato. Miriam arrivò con un vasto assortimento di camicie vecchie per proteggere i vestiti; spostammo i tavoli per fare spazio e coprimmo il pavimento con i giornali; dopodiché disponemmo per terra dei grandi fogli da disegno e preparammo delle enormi ciotole di crema istantanea.

Sheila e Jeff erano tutt'e due molto divertiti dai nostri preparativi. Jeff, con i suoi studi freudiani, attribuì un po' troppo significato a quella pappetta marrone, ma fu il primo ad affondare le mani nella ciotola e spargere crema sul foglio di Violet. E ne riservò abbondanti manate al foglio di ogni bambino.

I bambini, ovviamente, erano entusiasti. Arrivava più crema nelle bocche che sui fogli, e di lì a poco ne ebbero la faccia coperta da orecchio a orecchio, ma il divertimento era proprio quello. Di tutte le attività che, anno dopo anno, avevo sperimentato con le mie classi, quella era diventata una delle mie preferite. Sporcare e fare pasticci è sempre liberatorio, ma c'era un particolare senso di libertà, in quella roba sparsa dappertutto. Quella crema fredda che faceva cic ciac, la sua abbondanza, il permesso di sporcare tutto con le dita e di leccarla direttamente dai fogli creava un'atmosfera di sfrenata allegria. I bambini erano tutti vivaci e aperti.

Anche Sheila ne era sedotta. Per tutta la mattinata era stata insolitamente espansiva: senza che nessuno glielo avesse chiesto, aveva chiacchierato con diversi bambini e aveva sollevato Mikey in alto, sopra la sua testa. Sulle prime, Alejo aveva mostrato una certa riluttanza a toccare la crema al cioccolato, così Sheila si sedette accanto a lui, per terra, e cominciò a dipingere sul suo foglio, incoraggiandolo a imitarla. Prese una ditata di crema dal foglio e gliela mise davanti perché la assaggiasse. Lui non volle saperne, così se la mangiò lei, disegnandosi due bei baffi sopra le labbra. Alejo rise. Aveva una risata stupenda, radiosa e maschile, e ci girammo tutti, sorpresi di sentirla. Lui sollevò un dito coperto di crema, se la fece gocciolare in bocca e scoppiò a ridacchiare.

Io ero felicissima dei risultati dell'attività. Tutti ridevano e parlavano, e provai un profondo senso di soddisfazione, guardandoli.

Sheila comparve alla mia destra e disse: «Porto Alejo al gabinetto. Deve andarci, e siccome è tutto coperto di crema, già che ci sono gli do una bella lavata.» Dal suo rivestimento di cioccolato, Alejo mi sorrise.

«Sì, credo che sia il momento di andare tutti a ripulirci», dissi.

Avvertii i bambini che mancavano cinque minuti alla conclusione dell'attività, andai da Jeff e Miriam e dissi che, dopo che avessimo ripulito un po' i bambini, loro avrebbero potuto portarli fuori per la ricreazione mentre io avrei pulito l'aula. L'idea venne accettata, e ben presto mi ritrovai sola in mezzo a un disastro che sembrava quello causato dall'esplosione di una fabbrica di crema.

C'era una tale baraonda che non potei mettere piede fuori dall'aula per tutta la ricreazione. Sentivo la voce di Jeff arrivare dalla finestra aperta, mentre arbitrava una partita di squali e sirene, e questo risvegliò in me lontani ricordi d'infanzia. Il caldo secco dell'estate, la luce che arrivava per terra, disegnando sul pavimento le ombre dei pioppi al di là della finestra, le voci dei bambini: tutto si intrecciò per regalare un momento di trascendenza al concretissimo compito che stavo svolgendo.

Passò una buona mezz'ora prima che i bambini tornassero in classe e riprendessimo le normali attività. Mentre tutti si sistemavano, controllai la classe. «Dove sono Sheila e Alejo?»

«Stavo proprio per chiederlo a te», replicò Jeff.

Lo guardai con un'espressione vacua. «Che vuoi dire?»

«Be', ero convinto che fossero qui dentro ad aiutarti, durante la ricreazione. Ho pensato che forse li avevi mandati dal bidello a prendere qualcosa.»

«Cosa? Non erano fuori con te?»

Jeff scosse la testa.

«Miriam», gridai. «Hai visto Sheila e Alejo? Non erano fuori con te?»

Sulla sua faccia comparve un'espressione stupita. «Credevo che fossero con te.»

In quel momento capii l'espressione «sentirsi gelare il sangue nelle vene»: mi invase un senso di freddo, che mi fluì giù per tutto il corpo.

«Quando l'hai vista per l'ultima volta?» mi domandò Jeff.

«Un sacco di tempo fa. Ha portato Alejo in bagno. Io sono sempre stata qui e credevo...»

* * *

Uscendo nel corridoio e poi andando verso il bagno, cercai di scacciare il panico che sentivo montare dentro di me. Irruppi nel bagno delle ragazze, spalancai le porte dei gabinetti e guardai nell'angolo dove c'erano i bidoni della spazzatura. Poi andai alla porta accanto, nel bagno dei ragazzi, e feci lo stesso. Niente, nessuno.

Tornata in classe, mi appartai con Jeff sul retro, accanto al lavabo, a discutere sul da farsi, mentre Miriam cercava di tenere occupati i bambini.

«Che cosa è successo? Dove possono essere andati?» domandò Jeff.

«Non lo so. Non ho idea di che cosa stia succedendo. Sheila stava benissimo, stamattina, quando è arrivata.»

«È una che scappa?» domandò Jeff.

«No. Credo di no», risposi. «Be', non saprei. A sei anni no.»

«È passato un bel po' di tempo», disse, aspramente.

«Ma perché avrebbe dovuto andarsene? Non era triste, almeno, non sembrava. Stamattina è stata incantevole, di ottimo umore.»

«Già», disse Jeff, tetro. «Come i suicidi, quando hanno deciso.»

Calò il silenzio e rimanemmo a guardarci.

«Ma perché si è portata via Alejo?» domandò. «È questo il punto preoccupante.»

Jeff non fece in tempo a finire la frase che conoscevo già la risposta. «Era preoccupata per lui, per la possibilità che i suoi genitori lo mandino indietro, in Sud America.»

«Oh, Dio. Così, secondo te è scappata con lui?» domandò Jeff.

Pausa.

«Perché non mi avevi detto che c'era questa possibilità, Hayden? Avremmo dovuto essere avvertiti che avrebbe potuto farlo.»

«Non credevo che *ci fosse*, questa possibilità, non più di quanto credevo che tu avresti potuto prendere uno dei bambini e andartene», risposi, con un sibilo astioso.

«Be', mi sembra che adesso ti sia convinta in fretta. Non hai avuto problemi ad accettare questa possibilità; quindi, evidentemente, sapevi che quello avrebbe potuto avere un effetto su di lei.»

«*Non lo sapevo*. Poteva avere un effetto su di me? E su di te? Tutt'e due eravamo sconvolti, dopo la reazione dei Banks-Smith, l'altra sera; perché non noi? Perché avrei dovuto sospettare di Sheila?» gridai.

Jeff mi guardò tetro.

* * *

Erano tante le circostanze avverse in cui avevo visto Jeff riuscire a mantenere il buon umore, ma questa volta non ci riuscì. Era veramente arrabbiato, con me, come se gli avessi nascosto chissà quali segreti sulla stabilità mentale di Sheila. E siccome non era così, siccome anche per me era stata una grossa sorpresa, anch'io mi sentivo ferita e arrabbiata. Questo non migliorò di certo la situazione, perché nei primi quindici minuti di crisi, nessuno dei due ebbe abbastanza lucidità per pensare.

Jeff aveva ragione nel dire che ero convinta che Sheila fosse scappata con Alejo. Anche se non mi era mai passato per la testa che Sheila potesse tentare un'impresa del genere, adesso che era successa, mi sembrava che tutto quadrasse. Lei era disperata, e questo richiedeva misure disperate. La logica voleva che il primo passo fosse quello di perlustrare da cima a fondo la scuola; così, quando Jeff e io avemmo superato il primo stadio delle reciproche accuse, aiutammo Miriam a predisporre le cose perché per un po' potesse arrangiarsi da sola con i bambini e poi ci spartimmo la ricerca: metà scuola a lui e metà a me.

Ispezionai sistematicamente tutte le stanze, gli sgabuzzini e gli stanzini di cui avessimo la chiave e alcuni di cui non l'avevamo. La mia speranza era che Sheila, anche se la sua intenzione fosse stata davvero quella di portarsi via Alejo, avesse cercato di nascondersi nella scuola in attesa che ce ne fossimo andati via tutti; così, cercai di non trascurare nessun possibile nascondiglio. Non avendo trovato nulla, tornai da Jeff e, insieme, andammo a setacciare il campo giochi e i giardini pubblici di fronte alla scuola. Continuavo a controllare nervosamente l'orologio. Temevo il momento in cui sarebbero arrivati il minibus e il taxi a portare a casa i bambini, perché allora avremmo dovuto informare il taxista che, quel giorno, non c'era nessuno da portare a casa. Jeff si era placato, ma era ancora irritabile. Così, mi tenevo i miei sentimenti per me.

Purtroppo, per quanto avessimo cercato, di Sheila e Alejo non c'era traccia. Arrivarono le dodici e trenta, e Miriam portò i bambini davanti alla scuola. Quando vedemmo il taxi accostare per portare a casa Alejo, dovemmo ammettere la sconfitta. Al taxista non spiegai nulla; dissi soltanto che Alejo non sarebbe tornato con lui, e lui, scontrosamente, accolse la notizia come se si trattasse soltanto di un seccante cambiamento di programma dell'ultimo momento. Intanto, Jeff entrò a svolgere l'ingrato compito di telefonare al dottor Rosenthal e ai genitori di Alejo.

Miriam, che aveva altri impegni dopo pranzo, tornò a casa, lasciando Jeff e me da soli, a guardarci a vicenda.

«Oh, Dio», borbottò Jeff. «Perché doveva finire così? Ce la stavamo cavando così bene. È stata un'esperienza meravigliosa. Perché doveva finire così?»

Poi entrò in scena il dottor Rosenthal. Quando, con la sua mole gigantesca, comparve sulla soglia dell'aula, capii veramente la gravità della situazione. Non era mai venuto da noi. Aveva seguito il programma con molta attenzione, perché Jeff e io dovevamo consegnargli una relazione ogni settimana, e aveva assistito a diversi colloqui con i genitori; ma per il resto, quello era un nostro progetto. Vederlo lì, in quel momento, fu come vedere improvvisamente un genitore severo che vada a rimediare alle marachelle dei figli. Jeff e io eravamo tanto più giovani degli altri, in clinica, e tanto più inesperti che, a confronto degli psichiatri, coi loro modi formali da giacca e cravatta, eravamo sempre sembrati dei ragazzini. Questo, in altre occasioni, mi aveva fatto un grande piacere; ma adesso, vedendo quell'uomo alto, con il suo elegante abito scuro e i capelli brizzolati, riuscivo soltanto a pensare che ero proprio una sciocca.

Attraversò l'aula, venne verso Jeff e me, che eravamo al tavolo, e si abbassò per sedersi su una delle nostre seggioline. «Sapeva che quella ragazza era un pericolo?» mi domandò.

Quando sono sotto pressione, di solito riesco a mantenere una certa freddezza. Ma in quel momento no. Era passata l'ora di pranzo e avevo fame. Ero preoccupata, ed ero rosa dal sospetto che fossi io la causa di tutto e dal senso di colpa. La domanda del dottor Rosenthal, anche se posta schiettamente, suonava molto simile all'interrogatorio di Jeff di quegli ultimi novanta minuti. Così, mi misi a piangere.

Questo turbò Jeff, che cominciò a dimenarsi e si girò dall'altra parte; invece Rosenthal, con sorprendente gentilezza, si alzò, fece il giro del tavolo e venne dalla mia parte. Mi posò una mano sulla spalla. «Non si preoccupi», disse. «Tutto si risolverà.»

Ero felice che lo credesse.

Il padre di Alejo arrivò all'una e trenta. «Che storia è questa? Che cosa succede? Chi è la ragazza?» domandò. Come era accaduto a Jeff, la sua preoccupazione prese la forma della rabbia.

Agitò un pugno minacciosamente verso di noi. «Perché non l'avete tenuto d'occhio?»

Rosenthal sollevò Jeff e me dalla necessità di spiegare. «Ho saputo che state pensando di rimandare Alejo in Colombia», disse a Banks-Smith.

Quelle parole lo colsero del tutto impreparato. Fissò Rosenthal con sguardo vacuo.

«È così?» insistette Rosenthal.

«Be'...» Banks-Smith rimase un momento interdetto a guardarci uno dopo l'altro. «Che cosa c'entra, questo?»

«La ragazza che è scappata con Alejo ha sviluppato un forte attaccamento nei suoi confronti. Temeva che potesse essere rimandato in orfanotrofio.»

Banks-Smith abbassò gli occhi.

«Non credo che Alejo sia in pericolo», disse Rosenthal. «A quanto dicono i miei collaboratori, che la conoscono, è una ragazza sensata, abituata a cavarsela da sola. Quindi, penso che dovremo reagire con calma, razionalmente. Quanto è accaduto è molto spiacevole, ma sono certo che tutto si risolverà nel migliore dei modi.»

Avrei voluto baciarlo, in quel momento, tanto gli ero grata per il suo aiuto. Per la prima volta da quando era iniziata quella storia, cominciavo a pensare che forse la situazione non era poi così grave.

* * *

Ci fu un'ultima perlustrazione della scuola e dei suoi dintorni. Rosenthal contattò il custode, che ci fornì le chiavi per i locali della scuola in cui non eravamo potuti entrare; così potemmo setacciare ogni angolo, ogni recesso. Purtroppo, non trovammo nemmeno un indizio del loro passaggio.

Alle quattro, ci trasferimmo di nuovo alla clinica. La dottoressa Banks-Smith ci incontrò là. Rosenthal era riuscito a spegnere la rabbia di Banks-Smith con tale successo che ora Banks-Smith era entrato nella squadra di ricerca come membro di rinforzo. Sua moglie si unì al colloquio nella sala conferenze, dandoci utili suggerimenti sul possibile comportamento di Alejo in quella situazione. Il padre di Sheila era stato contattato sul luogo di lavoro, e tutti eravamo in attesa del suo arrivo.

Mentre, aspettando il signor Renstad, passeggiavamo per il

corridoio della clinica con la nostra tazza di caffè in mano, mi si avvicinò Rosenthal. «Venga un momento nel mio ufficio, per favore», disse.

In contrasto con la luce forte e l'agitato andirivieni davanti alla sala conferenze, l'ufficio di Rosenthal, a luci spente, era buio e silenzioso. Essendo il direttore, aveva diritto all'ufficio più grande, una stanza in stile tardo-vittoriano, con un caminetto di mogano e il soffitto con gli stucchi. C'era una pesante moquette e sedie di cuoio meravigliosamente cedevole – sedie-utero, le chiamava Jeff, per la loro capacità di avviluppare chi vi si sedeva sopra in una confortevole mollezza – oltre all'obbligatorio lettino psichiatrico.

«Mi dica qualcos'altro di quella ragazza», mi chiese Rosenthal. «Qual è il suo passato?»

«È una mia ex alunna», dissi. In sala conferenze avevo già riassunto brevemente i miei rapporti con Sheila, ma ora scesi nei dettagli. Gli parlai dell'ambiente povero in cui era vissuta e della sua storia di abbandono e violenza.

Annuendo, Rosenthal allungò un braccio sopra la scrivania e accese un registratore a cassette posto sul davanzale. Il concerto per piano n. 20 di Mozart cominciò. Lui piegò la testa da una parte e lo ascoltò. Le gravi prime note dell'allegro suonarono come un presagio, alle mie orecchie.

«È del tutto comprensibile, no?» disse finalmente Rosenthal. «C'è una bambina, anche lei abbandonata dalla madre. Si identifica con il ragazzino, che è stato abbandonato in Colombia. Lui è stato salvato, ma adesso sta per essere abbandonato di nuovo.»

Annuii.

Mi guardò. «È una cosa che dice molto di quella ragazza, in realtà. È una ragazza buona.»

«Credo che... se interpreto correttamente le mie ultime esperienze con Sheila... ci sia motivo di pensare a un'identificazione più profonda. Vede, Sheila e io... be', mi sono fatta coinvolgere nella questione dell'abbandono. Credo che mi veda nel ruolo dei genitori di Alejo: portandola nella mia classe, io l'ho aiutata a uscire dalla sua vita di prima, facendola abituare a un ambiente più stabile, a rapporti più affidabili con gli adulti, e poi, alla fine dell'anno scolastico...»

Ci fu un profondo silenzio. La musica, che avrebbe dovuto riempirlo, lo sottolineò.

«Non volevo», dissi. «Per me è difficile accettare il fatto che quella che credevo un'esperienza bellissima, lei l'abbia interpretata come un abbandono... Di essere stata abbandonata dalla madre, non lo ricorda nemmeno, ma che l'abbia fatto io sì. E adesso questo. »

« Ah », fece Rosenthal, e non aggiunse altro. Si appoggiò allo schienale e guardò in su, verso la decorazione del soffitto. Fummo inondati dalla musica.

* * *

Quando uscii dall'ufficio di Rosenthal, il padre di Sheila era nella sala conferenze. Stava lavorando, quando l'avevano chiamato, e portava un paio di jeans lerci e una camicia macchiata di sudore. I suoi stivaletti con la punta metallica ticchettavano contro le gambe della sedia e il tavolo da conferenza. Non appena lo vidi, capii che averlo chiamato era stato un errore. Il suo aspetto trasandato era imbarazzante, ma la cosa peggiore fu ciò che disse. Io avevo cercato di minimizzare gli aspetti più sinistri dell'infanzia di Sheila, perché sentivo che quello che aveva fatto a cinque o sei anni non dovesse essere usato contro di lei adesso, che aveva quattordici anni. Renstad riconobbe subito che Sheila aveva avuto dei problemi con la polizia, ma senza riferirsi a quel lontano passato. Quando misi in dubbio le sue parole, lui ammise che, no, non aveva mai avuto problemi da quando, quasi dieci anni prima, era stata nella mia classe; ma poi aggiunse che aveva combinato dei guai alla prima famiglia di adozione, perché continuava a scappare, e alla fine era stata mandata in un istituto di custodia per minori. Quando finì di parlare, i Banks-Smith avevano gli occhi fuori dalle orbite e insistettero perché fosse chiamata la polizia.

* * *

Alle sei e quarantacinque arrivarono due agenti di polizia. Uno era un tizio corpulento, tarchiato, di nome Durante; l'altra, Metherson, era una donna dai capelli corti e biondi e un luccichio d'acciaio negli occhi. Il padre di Sheila, i Banks-Smith, Jeff e io eravamo ancora seduti al tavolo delle conferenze, e Jeff e io stavamo raccontando per l'ennesima volta la nostra storia. Dopo tanto tempo di emozioni così intense, ormai ero inebetita; mi limitai dunque a raccontare i fatti, senza cercare di interpretare alcun aspetto. Dopodiché, l'agente Durante rimase nella sala conferenze con gli altri, mentre l'agente Metherson, Jeff e io ci trasferimmo nel nostro ufficio a rivedere il dossier di Alejo e discutere più approfonditamente del corso estivo. Quando tornammo nella sala conferenze, scoprimmo che qualcuno aveva ordinato dei panini al servizio pronta consegna della Diciannovesima Strada. Né Jeff né io avevamo mangiato, a pranzo, così ci avventammo su quei panini come cani famelici.

Il tempo aveva rallentato la corsa, si era quasi fermato. Gli agenti erano arrivati e se n'erano andati, ma noi eravamo rimasti tutti lì, senza sapere esattamente che cosa fare. A differenza delle febbrili ore del pomeriggio e della prima serata, adesso non rimaneva che aspettare. E mangiare. Ordinammo qualcos'altro al servizio pronta consegna e uno di noi fece una salto al negozio di fronte a prendere una dozzina di ciambelline. Rosenthal fece dell'altro caffè e Jeff andò a fare razzia al distributore automatico di bibite. Seduta lì, a far niente, dopo aver digiunato tutto il giorno, era facile per me ingigantire i fatti. E questo non fece che contribuire al confuso e deprimente senso di letargia che provavo.

Alle nove di sera, tornando dal bagno, incrociai il signor Renstad che stava aspettando davanti alla porta d'ingresso della clinica. Voleva andare a casa; ebbi il sospetto che avesse avuto voglia di andarsene a casa fin dal momento in cui era arrivato, ma adesso c'era un certa urgenza nella sua irrequietezza.

«Che cosa possiamo fare?» disse, stancamente. «Stare qui non serve a niente. Lei non tornerà qui.»

Annuii.

«Possiamo soltanto aspettarla finché non arriva, nient'altro. non si può fare nient'altro, con Sheila.»

«Quante volte è già successo?» domandai.

Scrollò le spalle. «Abbastanza spesso.»

«E di solito dove va?»

Scrollò di nuovo le spalle. «Lei non me lo dice, e io non glielo chiedo. È come sua madre. Fa quello che vuole, quando vuole, come vuole, e io me ne sto a casa, a sperare che non abbia combinato qualche guaio.»

«Ma Sheila *non ha* avuto guai con la polizia, recentemente, vero?» domandai, quasi temendo la sua risposta.

«No.»

Ci fu un breve silenzio tra noi. Guardai il crepuscolo, fuori dalle doppie porte. «Può dirmi qualcosa delle famiglie adottive? È una cosa di cui Sheila non mi ha detto molto. In quante famiglie è stata?»

Renstad gonfiò le guance ed espirò. «Un bel po'. Non so. Dieci, forse.»

«*Dieci*?» dissi, sorpresa. Avevo pensato che fossero tre o quattro. «In quali occasioni? Quando lei... non c'era?»

«Sì.» Annuì. «Ai tempi di Marysville. Quando ero all'ospedale dello stato. Due volte, sa... a farmi tirare fuori dall'alcol.» Sorrise imbarazzato.

«Ma dieci volte in quanto tempo? Sei, sette anni?»

«Non riusciva a sistemarsi. La prima volta andò bene. Avrà avuto otto anni, forse, la prima volta che fu adottata. E loro sembravano proprio brava gente. La portavano a farmi visita. Questo quando ero a Marysville, e per un po' me la portarono ogni mese; poi, di punto in bianco, non me la portarono più. E poi viene fuori che lui se la scopa, il vecchio. Prima ti fa vedere la sua faccia da brava persona e poi, di notte, si scopa la tua bambina.»

Gli studiai il viso.

«Lei non disse niente, di questa storia, ma scappò. Veramente, non ne ha mai parlato, ma quel tizio è stato incastrato, perché si scopava l'altra ragazzina che gli hanno dato, quindi immagino che lo facesse anche con mia figlia.»

Oh, Dio, pensavo, non sarebbe mai finita?

«È stato lui a farle prendere l'abitudine di scappare, quel tizio là. Prima non era mai scappata, ma adesso, ogni volta che ti arrabbi con lei, lei se ne va. E sembra una lepre. Continuano a metterla in posti diversi, ma niente la ferma. Tutta sua madre, dico io. Se vuole andarsene, se ne va, e nessuno di questa gente qua», disse, indicando la sala conferenze, «riuscirà a trovarla.»

23

Aspettammo invano, e alla fine dovemmo arrenderci e andarcene a casa, lasciando la questione in mano alla polizia. Arrivata a casa, non riuscii ad addormentarmi. Pensavo e ripensavo ai diversi aspetti dei miei rapporti con Sheila. Era stato troppo facile, per me, pensare che quello che avevo fatto per lei quando aveva sei anni fosse stato abbastanza, che io avessi cambiato le cose. Adesso, insonne, nel buio della notte, trovai fin troppo facile pensare che non avevo cambiato proprio niente.

Il giorno dopo era sabato. Non tornai alla clinica, dal momento che lì avrei potuto fare ben poco; però mi tenni sempre pronta a rispondere al telefono. Venne a trovarmi Allan, che rimase un po' a casa mia; ma era venuto con l'intenzione di trascorrere con me il pomeriggio nel nord dello stato, a curiosare nei negozietti di mobili antichi e di seconda mano che costellavano le sonnacchiose comunità rurali del Corn Belt. Quando gli raccontai l'accaduto, lui ne rimase stupefatto, e disse più di una volta di non aver mai conosciuto nessuno che si ficcasse in situazioni come quelle in cui mi ficcavo io. Sebbene comprensivo, era anche un po' sconcertato. Ebbi anche il sospetto che non avesse nessuna voglia di trascorrere un luminoso pomeriggio estivo in città. Così, Allan se ne andò presto, e io trascorsi il resto della giornata da sola.

Il telefono squillò parecchio. Rosenthal mi telefonò tre volte per aggiornarmi. L'agente Metherson due, e così pure Freeman, lo psichiatra di Alejo che lavorava alla clinica. Due volte anche Jeff. E io, nel tardo pomeriggio, contattai Renstad per sapere se aveva avuto notizie. Quando telefonai, a casa sua c'era la polizia, così ebbi un'altra opportunità di parlare con l'agente Metherson. Ancora niente di nuovo.

Mi cucinai la cena e mi sistemai a mangiare davanti alla televisione. Ma non c'era niente di interessante, così rilessi il giornale e feci i cruciverba. Inquieta, mi venne voglia di andare a farmi una nuotata al club ginnico. Avevo proprio bisogno di un po' di ginnastica, e l'idea di farmi una bella faticata e poi l'idromassaggio mi allettava; ma alla fine rinunciai. Sparecchiai e portai i piatti in cucina per lavarli.

Qualcuno bussò alla porta.

Sheila? L'idea mi attraversò la mente in un baleno, tirandomi su il morale. «Un attimo», gridai, sollevando le mani dall'acqua saponata e asciugandole. Bussarono di nuovo, più forte, con maggiore insistenza. Corsi ad aprire.

Jeff.

«Che cosa ci fai, qui?» domandai.

«Che bella accoglienza», ribatté, ed entrò. Si guardò in giro. «Allora è qui *chez* Hayden, eh? Mi piacciono quei pannelli lì.»

«Che cosa ci fai, qui?»

«Niente, ho pensato di fare un salto. Visto che ce ne stiamo tutt'e due appiccicati al telefono, possiamo starci insieme. Sai giocare a scacchi? Ho portato la scacchiera. Potremmo giocare a Trivial Pursuit, ma in due non è un granché. Però sono un portento, a Trivial Pursuit», disse, con un sorrisino.

«Ci avrei giurato.»

Scorse i titoli della mia libreria. «Allora, dov'è quel libro che hai scritto?»

«Non è ancora stato pubblicato. Non uscirà prima di aprile, ma il manoscritto è lì.» Lo indicai.

Andò a prenderlo, mentre io tornai in cucina a vuotare il lavandino e finire di riordinare. Passò qualche minuto prima che Jeff entrasse in cucina, con il manoscritto in mano.

«Chi è questa, Hayden?»

«Chi?»

«Questa qui, capitolo primo, pagina uno: 'L'articolo era breve: poche frasi a pagina sei, subito dopo i fumetti. Parlava di una ragazzina di sei anni che aveva rapito un bambino del vicinato'.» Sollevò gli occhi. «È Sheila?»

Fui colta da un senso d'orrore.

Continuò a leggere: «'... aveva portato il bimbo di tre anni in un giardinetto del luogo, l'aveva legato a un albero e gli aveva dato fuoco. Ora il piccolo era ricoverato in ospedale, in condizioni critiche.' ». Si interruppe per guardarmi. « Non ci hai mai parlato di questo. »

« Non ci ho pensato. »

« Non ci hai pensato, Hayden? Lei l'ha già fatto e tu non ci hai pensato? »

Non era esattamente la verità. In realtà ci avevo pensato, e parecchio, soprattutto la notte in cui non avevo dormito, ma non sapevo esattamente come inserire quel tassello. Sembrava così terribile, quell'episodio. *Era* orribile. Eppure, aveva attinenza con ciò che lei aveva fatto adesso? Ne dubitavo. Come per le prove inammissibili in un processo, parlarne in quel momento avrebbe soltanto influenzato la gente senza contribuire utilmente. Lo dissi a Jeff.

Lui alzò un sopracciglio. « Sta' attenta. Ti stai erigendo a giudice e giuria di tutta la vicenda. »

« Così, secondo te bisognerebbe rivelare questa storia? » domandai.

« Be', almeno al dottor Rosenthal. Sì, insomma, non lo si può definire un episodio di poco conto, ti pare? Con tutto quello che mi hai detto su di lei, non avrei mai pensato che da ragazzina fosse capace di fare cose del genere. A quanto pare l'ha quasi ucciso, quel bambino. »

« È stata un'eccezione. Un grido di aiuto. Non ha mai più fatto cose del genere », replicai. Sentivo che era la verità, anche se quello era l'unico punto che Sheila e io non avevamo mai affrontato, nei nostri discorsi. Nella mia classe, avevamo parlato praticamente di tutti gli aspetti della sua vita, compreso l'abbandono, lo stupro e altre difficoltà ad adeguarsi alle nostre aspettative; ma di quel rapimento non avevamo mai parlato. Ci avevo pensato spesso, in quei cinque mesi in cui era stata nella mia classe, ma non l'avevo mai forzata a parlarne. Allora non ero una psicologa specializzata, e sentivo che non era compito mio insistere, se lei non voleva parlarne spontaneamente. Il fatto è che non volle mai farlo.

La notizia inquietò Jeff. « Potrebbe fare qualcosa », continuava a ripetere, come se non fosse vero che *tutti*, in circostanze favorevoli, potremmo fare qualcosa. Poi passò all'aspetto legale della questione: « Potrebbero denunciarci, se succedesse qualcosa, visto che non avevamo avvertito nessuno ».

« Se proprio volessero, potrebbero denunciarci comunque, solo perché abbiamo fatto collaborare Sheila al corso estivo. È sempre stata un pericolo», replicai. «Ma, per l'amor del cielo, era così piccola quando è avvenuto quell'episodio. Insomma, a sei anni io rubavo tavolette di cioccolato dal droghiere. E solo per questo sarei un pericolo pubblico, adesso? No, ovviamente. Perché quando sono cresciuta e sono diventata più saggia, gli altri si aspettavano che non lo facessi e mi trattavano come una che non lo faceva.»

«Questo è un po' diverso da un furto di tavolette di cioccolato, Hayden.»

«No, il punto è che lei adesso non dovrebbe essere trattata come una criminale per qualcosa che ha fatto quand'era piccola.»

Jeff scosse la testa. «No, Hayden, il punto è che quella ragazza ha già rapito un bambino e gli ha fatto del male, e se non diciamo a qualcuno che noi lo sappiamo, ci metteremo in un mare di guai.»

Alla fine, Jeff l'ebbe vinta e telefonammo a Rosenthal. Lui ascoltò solennemente. No, la prego, la polizia no, d'accordo? avevo chiesto, ma Rosenthal, gentilmente, addusse gli stessi argomenti addotti da Jeff. Così, un'ora e mezzo dopo, l'agente Durante era seduto al tavolo della mia cucina con Jeff e me.

Quando se ne furono andati tutt'e due, io ero completamente a terra. Che cosa aveva quella ragazza? Aveva così tanto da offrire, era così promettente, eppure, ogni volta finiva tutto male. Feci scorrere l'acqua calda nella vasca e cercai di lavarmi via di dosso tutti i problemi.

Di nuovo la porta. La sveglia sul comodino segnava quasi le undici e trenta. L'agente Durante aveva detto che avrebbe controllato i particolari del rapimento a Marysville e che se avesse avuto delle domande da farmi, sarebbe tornato da me. Mi alzai stancamente dal letto, mi infilai la vestaglia e andai alla porta. Non ne aveva mai abbastanza, quel tizio?

Era Sheila. Sheila e Alejo se ne stavano lì, in piedi, sotto la luce fioca del piancrottolo. «Possiamo entrare?» domandò.

«Certo», dissi, sorpresa. «Sì, entrate.» Mi feci da parte per farli passare.

Sheila si abbandonò sul divano, e Alejo si lasciò cadere accanto a lei. Lui sembrava aver pianto da poco. Aveva gli occhi gonfi e cerchiati di rosso. Sheila sembrava soltanto stanca.

«Dove siete stati? Lo sai che tutti vi stanno cercando?» domandai. «Hanno chiamato la polizia, ti rendi conto?»

Sheila fece una smorfia. «Potresti farci qualcosa da mangiare? Abbiamo così fame.»

Preparai dei panini al tonno, e quando li ebbero divorati, passarono al pane tostato con burro di noccioline. Intanto, io cercavo il modo di affrontare la situazione. Non era affatto escluso che Sheila potesse scappare, se avessi detto subito a tutti che era lì; ma, sapendo quanto fossero disperati i genitori di Alejo, volevo informarli che era sano e salvo.

Fu Alejo a risolvere la questione. Dopo aver messo via il burro di noccioline, mi girai e lo vidi dormire profondamente, con la faccia sul tavolo.

«Vieni, tesoro», dissi, e mi abbassai per prenderlo in braccio. Lo portai in camera mia, gli tolsi le scarpe e lo infilai sotto la trapunta. Lui continuò a dormire.

Quando tornai in cucina, Sheila, quasi sdraiata sulla sedia, davanti al tavolo, non sembrava molto più in forma di Alejo. Si sorreggeva la testa con una mano, nascondendo gli occhi sotto le dita.

«Devo chiamarli e dirgli che siete qui», dissi.

«Lo so», mormorò, stancamente.

«Perché l'hai fatto? Eravamo preoccupati, Sheila.»

Guardò in su, verso di me, con la faccia tutta corrugata. «Non arrabbiarti con me. Comportati con me come hai fatto con lui, d'accordo? Di' soltanto: 'Vieni, tesoro', e dimmi che sei contenta che sia tornata.»

* * *

Quando arrivarono i genitori di Alejo, sia Alejo sia Sheila dormivano. Avevo spostato Alejo sul divano, perché dormiva così profondamente che la luce e il rumore difficilmente l'avrebbero disturbato, e avevo portato Sheila nel mio letto. I genitori di Alejo lo sollevarono abbracciandolo e baciandolo, ma prima che arrivassero alla macchina, lui si era già riaddormentato.

L'agente Durante, che era appena smontato dal turno serale, andando a casa passò da me. Gli mostrai la camera da letto e lui, dal corridoio, guardò Sheila che dormiva nella stanza buia. «Stupidina», mormorò, e tornò in soggiorno.

«Che cosa succederà, adesso?» domandai.

«Dipende dalla volontà o meno dei genitori di sporgere denuncia. Dipende da quello che faranno tutti quanti.»

«La vicenda potrebbe concludersi qui?»

Scrollò le spalle affabilmente. «È possibile.» Mi guardò negli occhi. «È davvero una brava ragazza?»

«Sì.»

«Be', le dica di vestirsi meglio.»

24

La mattina dopo Sheila si alzò tardi ed entrò in soggiorno traballando come una vecchia orsa che si sveglia dal letargo. Erano passate le undici, e io ero seduta per terra a leggere i giornali della domenica. Lei si lasciò cadere in poltrona e mi guardò tra il mare di giornali.

«Dio, quanti giornali prendi?» domandò, e si strofinò assonnatamente la faccia.

«Vuoi del succo d'arancia?»

Lei sbadigliò e si strofinò di nuovo la faccia. «Sono tutta irrigidita. Credo di non essermi mossa tutta la notte.» Poi, di colpo, un lampo di comprensione le attraversò il viso. Percorse con lo sguardo la stanza di casa mia e poi tornò a guardare me. «Quasi non me lo ricordo, come sono arrivata qui», mormorò. «Eppure, come ho potuto dimenticare?»

«Già», dissi, «abbiamo qualche problema da sistemare.»

«Sì» borbottò Sheila, «un bel po' di guai, eh?»

* * *

Il solo cui non avevo telefonato la sera prima era il padre di Sheila. Sapevo che avrei dovuto farlo, ma ormai era troppo tardi, e poi avevo pensato che l'assenza di sua figlia probabilmente non gli stava togliendo il sonno. Tuttavia, quando Sheila fu ben sveglia, insistetti perché gli telefonasse.

«Devo andare a casa subito?» domandò, quando chiarii che non avrebbe fatto niente prima di aver detto a suo padre dove si trovava.

«Non vuoi andarci?»

«Non potrei stare qui un pochino? Ti prego.»

«Sta' a sentire», dissi, «prima ci occuperemo di te, va bene? Ti fai una doccia e ti ripulisci. Io ti preparerò qualcosa per colazione e poi cercheremo di capire che cosa succederà, con questo pasticcio. Poi magari potrei accompagnarti a casa. D'accordo? Ma *adesso* telefona a tuo papà.»

A malincuore, Sheila acconsentì.

* * *

Sheila aveva un'aria insolitamente indifesa, quella mattina. Forse erano soltanto i rigori dell'esperienza con Alejo, che l'avevano lasciata stanca e affamata. Quale che ne fosse il motivo, lei non cercò di nascondere il bisogno.

Uno dei momenti più toccanti fu quando andò a lavarsi. Poiché non aveva vestiti puliti, le proposi di mettersi una mia vecchia tuta da ginnastica, così avrei potuto lavare le sue cose. Quando sentii che era uscita dalla doccia, entrai in bagno a prendere la biancheria sporca. Sheila era in piedi davanti allo specchio, con i capelli gocciolanti.

«Ti piacciono i miei capelli, così?» domandò, mentre se li pettinava.

Esitai, incerta se mentire per educazione o dirle gentilmente la verità.

«Non ti piacciono, vero?» riprese, accorgendosi che esitavo. «Credi che mi diano un'aria stupida.»

«No, davvero. È solo che i tuoi capelli mi erano sempre sembrati bellissimi. Avrei sempre voluto i capelli lisci, e invece ho dovuto accontentarmi dei riccioli, e i tuoi capelli erano così belli e lucenti.»

Sheila se li scostò dal viso, li raccolse in una coda di cavallo e si guardò allo specchio. Così somigliava molto di più alla Sheila bambina. Per la prima volta, vidi la ragazzina che conoscevo incrociare il mio sguardo. «Non so perché lo faccio, perché trasformo così il mio aspetto. Non piace a nessuno.»

«Secondo me hai fiuto per la moda», dissi. «Il tuo modo di vestire mi piace abbastanza. È diverso, ma non c'è niente di male a essere diversi; ed è bello.»

«Volevo tanto piacerti», disse, sommessamente. «Volevo piacere a tutti, ma poi, quand'ero lì lì per riuscirci, mi tiravo indietro. Non so perché. Penso, posso mettermi questo – un vestito o qualcos'altro – e tutti penseranno che è molto carino. Ma poi, un'altra parte di me mi fa tirare indietro. Metto via quel vestito e provo qualcos'altro, qualcosa che so che agli altri non piacerà per niente. *Saprei* cosa fare. *Vorrei* farlo. Ma non ci riesco mai.»

Sorrisi gentilmente. «È solo l'adolescenza. È inevitabile.»

«No», disse. «Forse nella maggior parte dei casi, ma non nel mio. Perché io ho sempre fatto così. Anche quand'ero molto piccola, anche quando morivo dalla voglia di piacere agli altri, non riuscivo mai a fare le cose che mi avrebbero resa più piacevole.»

* * *

Col pomeriggio, arrivò la necessità di affrontare e risolvere il problema del rapimento di Alejo. Era tutta la mattina che squillava il telefono, e alla fine era stato deciso che ci saremmo incontrati tutti, compresa Sheila, alla clinica. I sentimenti erano ancora molto accesi, e intuivo che l'intervento della polizia rimaneva una possibilità concreta, ma considerai un buon segno il fatto che tutti volessero incontrarsi e discutere il problema prima di consegnarlo alle autorità.

A casa con me, Sheila era visibilmente preoccupata. Per quanto sia strano, per una quattordicenne, mi stava sempre appiccicata, seguendomi da una stanza all'altra per tutta la casa. Si preoccupava per i suoi capelli e i suoi vestiti, si mordeva le unghie e si torceva le mani, anche se non parlava mai esplicitamente del problema, ma solo per cenni superficiali.

«Faremo un passo per volta», dissi, mentre salivamo in macchina.

«Io cercavo soltanto di fare quello che mi sembrava giusto», mormorò. «Ecco la cosa davvero terribile. Io volevo fare la cosa più giusta.»

«Lo so, tesoro.» Inserii la chiave nel blocchetto dell'accensione e tesi un braccio verso di lei. «Vieni qui.» La tirai a me e l'abbracciai. E gli anni scomparvero. Di colpo era tornata piccola, e provai il bisogno violento di proteggerla.

Su di lei, l'abbraccio ebbe lo stesso effetto. Mi guardò mentre mettevo in moto e uscivo dal vialetto. «Sai che cosa mi fa venire in mente? Ricordi quella volta che entrai nell'aula di quella maestra e feci un disastro?»

«Sì.»

«Ricordi dopo? Mi portasti in quello stanzino piccolissimo e, mi ricordo, mi sedetti sulle tue ginocchia. Ero tanto spaventata. Che cosa era successo? Il preside mi aveva picchiata, o qualcosa del genere. Questo non lo ricordo bene, però ricordo che era dopo qualche cosa, e tu mi portasti là dentro e mi tenesti sulle ginocchia.»

Annuii.

«Stavo così male. Sentivo un gran vuoto, dentro, come se qualcuno mi avesse tirato fuori tutte le budella. E poi tu mi prendesti sulle tue ginocchia. Era buio, lì dentro, questo me lo ricordo, e ricordo anche che me ne stavo contro di te e sentivo le tue braccia, e che tu, in un certo senso, mi riempisti di nuovo.»

La guardai e sorrisi. «Sì, lo ricordo bene.»

Poi calò il silenzio. Era una luminosa giornata estiva di sole, una di quelle giornate ideali per stare all'aperto, in riva a un lago o su un prato a fare un picnic, e il contrasto con l'atmosfera tesa che regnava in macchina era stridente. Io guardavo il traffico e pensavo vagamente ai picnic e al caldo che poteva fare, senza tuttavia che l'eco delle parole di Sheila si disperdesse mai del tutto.

«Te lo ricordi bene», dissi a un tratto, quando cominciai a rendermene conto. «Voglio dire, considerato quanto poco ricordavi.»

«Già», concordò. «Mi è tornato in mente. Non tutto, ma qualche sprazzo qua e là. Chissà perché. Comincio a ricordare qualcosa.»

* * *

All'incontro, ovviamente, oltre a Rosenthal, Jeff, Freeman e il padre di Sheila, c'erano anche i Banks-Smith. E bisogna dire a loro onore che accolsero Sheila con pacata comprensione. Rosenthal presiedette il gruppetto che sedeva attorno al tavolo da conferenza, contribuendo significativamente, con la sua sussurrata urbanità, alla compostezza generale; ma i Banks-Smith mi colpirono.

Ci informarono che Alejo era a casa, stanco ma salvo e felice. La notte era trascorsa tranquillamente, quella mattina aveva fatto una bella colazione e adesso si stava godendo i cartoni animati a casa della nonna. Freeman era passato di lì poco dopo pranzo a parlare un po' con Alejo e, secondo lui, dopo quella brutta esperienza non era affatto peggiorato. Anzi, disse che l'aveva trovato socievole e loquace, e che aveva voluto mostrargli un nuovo giocattolo.

«Quello che dobbiamo capire, Sheila, è perché è successo», disse Rosenthal.

Sheila, accanto a me, chinò la testa. Tacque.

«Hai sbagliato. Vedo che lo sai già. Portare via Alejo ha dato una grande preoccupazione ai suoi genitori, ed eravamo tutti preoccupati anche per la tua incolumità.»

«So di aver causato un sacco di guai», balbettò Sheila, sempre a capo chino. «Mi dispiace. Non volevo.»

«Ma perché è successo?» domandò Rosenthal.

«Perché avevo pensato...» Sollevò la testa e guardò intensamente i Banks-Smith dall'altra parte del tavolo. «Perché avevo pensato che loro avrebbero rimandato indietro Alejo.»

«Così hai pensato che portarlo via sarebbe stato meglio?»

Sheila annuì.

«Lo credi ancora?» domandò Rosenthal.

Per un lungo istante, Sheila non rispose. Aveva le mani in grembo, e se le torceva e si guardava le nocche farsi bianche. Poi, finalmente, tornò a guardarlo. «Sì, lo credo ancora.»

«Che cosa avresti fatto di lui?» le domandò Rosenthal.

Lei scrollò le spalle. «Non lo so esattamente. Ma non gli avrei fatto del male, se è questo che vuole sapere.»

«No, non pensavo che gli avresti fatto del male», disse Rosenthal.

Sheila tirò un respiro profondo e alzò gli occhi. «Tanto nei pasticci ci sono già: posso anche dire che cosa penso.» Si girò a guardare i Banks-Smith. «Non rimandate indietro Alejo. Lui non può farci niente, se è così. È soltanto un bambino. Lui non sa che non essere intelligenti non è accettabile, che siccome gli è successo qualcosa che l'ha danneggiato, non è bravo come gli altri bambini.»

Adesso toccò ai Banks-Smith chinare la testa. Vidi gli occhi della donna riempirsi di lacrime.

«Non intendevo creare tanto subbuglio. Non credevo di crearne tanto, visto che voi non lo volevate più», disse.

«Questo non è vero», disse la signora Banks-Smith tra le lacrime. «Noi gli vogliamo bene. Non lo manderemo da nessuna parte.»

Il marito annuì. «Mi dispiace se ti abbiamo fatto credere che non gli volevamo bene, Sheila. E questa storia, se è servita a qualcosa, è servita a farci capire quanto gliene vogliamo.»

* * *

Alla fine, i Banks-Smith decisero di non denunciare Sheila. Anzi, si comportarono generosamente per tutto l'incontro, e questo mi fece sospettare che Rosenthal avesse avuto un colloquio privato con loro per spiegare la situazione di Sheila. In ogni modo, fu una di quelle rare occasioni in cui il dolore e la paura portano a crescere. Credo che uscimmo tutti migliori da quell'esperienza.

Parlando con il papà di Sheila dopo la conclusione dell'incontro, mi offrii di portare Sheila a casa mia, stare con lei per il resto della giornata e poi accompagnarla a Broadview la sera stessa. Lui non aveva mai aperto bocca da quando era cominciato tutto, e la sua reticenza perdurava. Immagino che fosse preparato al peggio, con le autorità, e che non avesse capito che in realtà era andato tutto per il meglio. In ogni caso, evidentemente tutta quella storia l'aveva un po' confuso, e non sembrava gli importasse granché di sapere quando e da dove Sheila sarebbe tornata. Mi venne in mente che forse era un po' sbronzo, o forse stava smaltendo una sbornia.

La decisione di chiudere lì la faccenda sembrò sbalordire anche Sheila. Mi ero aspettata di vederla esultare e desiderare un festeggiamento; invece la vidi sprofondare nel silenzio. E cercava il contatto fisico con me. Mentre eravamo in piedi in sala conferenze a parlare con suo padre, mi prese a braccetto e mi si appoggiò contro. Sorridendo, le cinsi le spalle col braccio, e allora lei si aggrappò a me in un tenero abbraccio.

Io lo ricambiai, ma poi feci per staccarmi. Sheila mi trattenne. «È così bello», mormorò. «Non staccarti. Non voglio perderti di nuovo.»

* * *

Ripiegai sulle nostre due passioni: portai Sheila in pizzeria e poi al bowling. Credo che fosse ancora sfinita, dopo quell'esperienza, perché non giocò affatto bene; però sembrò divertirsi. Quando uscimmo, vidi che alla multisala del centro commerciale, di fronte al bowling, davano *Il libro della giungla* di Walt Disney. D'impulso, le chiesi se voleva andare a vederlo. Così ci andammo.

Quando uscimmo dal cinema si era fatto buio, e capii che dovevo portare a casa Sheila, soprattutto perché Broadview era a un'ora buona di macchina.

Per i primi dieci minuti di viaggio parlammo gradevolmente del film, ma poi calò il silenzio. Ormai percepivo la stanchezza di Sheila e, cullata dal motore, non sentivo alcun bisogno di parlare. A un certo punto l'illuminazione dell'autostrada si interruppe e c'inoltrammo nell'oscurità della campagna.

Mentre sfrecciavamo nel buio, riflettevo; mi venne in mente che, nonostante i traumi di quegli ultimi giorni, o forse proprio a causa di quelli, i miei rapporti con Sheila non erano mai stati così buoni, da quando ci eravamo ritrovate. Benché, per molti aspetti, fosse stata una giornata travagliata, era stata anche gratificante, per la sfera dei sentimenti.

«Non lo farai più, vero?» domandò Sheila, piano. «Appartiene tutto al passato, eh?»

La guardai.

Se ne stava seduta con la testa appoggiata alla cintura di sicurezza. Fissò gli occhi nel buio davanti a sé. «Ricordo quella sera.»

Frugai nella memoria per cercare di rammentare l'episodio al quale alludeva, ma alla fine mi arresi. «Non so esattamente di che cosa parli», dissi.

«Ma sì. Quella sera che mi hai lasciata. Quando te ne sei andata.»

«Quando me ne sono andata? E dove?»

Sheila si drizzò sul sedile e mi guardò. «Ma sì che te lo ricordi. Stavo facendo casino in macchina, così hai frenato e mi hai fatta scendere.»

«Quando?»

«Quand'ero piccola. Quand'ero nella tua classe, dopo la scuola. Quella sera.» Si era insinuata una nota inquieta, nella sua voce. «Ero in macchina con te, eravamo tutti quanti in macchina. Che cosa stavi facendo?» Lo chiedeva più a se stessa che a me. «Ci stavi portando fuori? A divertirci? Come stasera. Come hai fatto stasera.»

Rimasi un momento perplessa, cercando di ricordare l'episodio di cui parlava, ma la sola volta che Sheila era stata con me in macchina di sera era stata quella in cui Chad e io l'avevamo portata a magiare la pizza dopo l'udienza. «Non credo che fossi io», azzardai.

«Ma sì che eri tu. Me lo ricordo. C'era la strada. Ricordo le luci dei lampioni che correvano via, e poi il buio, come adesso. Tu hai accostato e mi hai detto di aprire la portiera e di scendere.»

«Non ero io, Sheila.»

«Ma sì. Ricordo la tua macchina. Quella piccola, rossa. La chiamavi Bingo. Ci portavi tutti fuori con quella e noi cantavamo quella canzone, B-I-N-G-O, per la macchinetta rossa.»

Sorrisi. «Sì, quella me la ricordo; è stata la mia prima macchina. Ma io vi ho portati fuori soltanto due o tre volte, e mai di sera.»

«Era sera», insistette. «Eravamo tutti seduti dietro. Io avevo la portiera contro un fianco, e dall'altra parte, accanto a me, c'era... Jamie? No, non c'era nessun Jamie, vero? Billy? No. Be', il nome non me lo ricordo, però era seduto accanto a me e facevamo un po' di casino, dei versacci. Delle pernacchie, credo. E tu ci hai detto di stare zitti. Di stare zitti altrimenti avresti fermato la macchina e ci avresti fatti scendere. Stavamo soltanto facendo un po' di casino, ma tu ti sei proprio arrabbiata e io mi sono spaventata. *Io* ho smesso. È questo che mi ha sconvolta in tutti questi anni, Torey: io avevo smesso. Jamie invece no: lui fece un'altra grossa pernacchia e tu accostasti. Questo lo ricordo chiaramente, perché ci fu un grande sobbalzo, e ci mettemmo tutti quanti a strillare. E tu dicesti: 'Fuori'. Io avevo cominciato a piangere. Sapevo che non ero stata io, ma tu eri così arrabbiata. L'idea di dirti che non ero stata io mi spaventava e sapevo che dovevo scendere. E poi tu ripartisti.» Tirò un respiro profondo. «Vedi, è per questo che è stata tanto dura per me calmarmi, da quando sei tornata. Continuavi a dirmi: 'Ricordi questo? Ricordi quest'altro?' e se cercavo di ricordare uno degli episodi di allora, la sola cosa che mi veniva in mente era che mi avevi lasciata. Mi avevi fatto credere di essere speciale e poi, semplicemente, mi avevi scaricata.»

La guardai inorridita. «Sheila, quella non ero io!»

«Sì che eri tu, perché ricordo la tua macchina.»

«Non ero io. Quella era tua madre. E non era Jamie che era seduto accanto a te; quello era Jimmie, tuo fratello. Mi hai confusa con lei.»

Sheila aveva un'espressione di profondo sconcerto. «Eri tu. Sei tu che mi hai lasciata. Non me la ricordo nemmeno, mia madre.»

Vidi una piazzuola di sosta lungo la strada e svoltai in quella. L'intensa luce sopra di noi, in contrasto con il buio dell'interno della macchina, creava dei forti rilievi, e vidi un'espressione di vero e proprio terrore attraversare il viso di Sheila. Caduta tra due confusi mondi di ricordi, forse si aspettava quasi che le dicessi di scendere; così mi affrettai a spegnere il motore. Il fatto è che non avrei potuto continuare a guidare: quel discorso era troppo importante. Avevo capito che richiedeva tutta la mia attenzione.

«Sheila, non sei mai stata con me in macchina, di sera. Sei stata nella macchina di Chad dopo l'udienza e nella mia, quella rossa, forse due o tre volte, in gita con tutta la classe; altrimenti, non sei mai stata con me in macchina.»

Se ne stava seduta come paralizzata. Rimase a lungo immobile, con gli occhi fissi davanti a sé, assenti; poi, confusa, scosse la testa lentamente, debolmente. «Me lo *ricordo*», disse, piano, in tono perplesso. «Mi hai detto di scendere. Hai allungato un braccio verso la mia portiera e l'hai aperta. Ero così spaventata. Piangevo, avevo paura, non volevo scendere. Sentivo passare le macchine, e piangevo, piangevo, e nessuno è venuto a prendermi.»

«Non ero io», dissi, dolcemente.

«Ero così sicura che fossi tu», replicò, con la voce che si faceva sempre più acuta, fino a diventare un gemito. Le lacrime le caddero sulle guance. Si coprì la faccia con le mani e si piegò in avanti. «No, oh no», gridò, sgomenta.

Mi chinai tra i due sedili, la abbracciai e la strinsi forte. «È perché ti ho lasciata, vero? Mi dispiace, tesoro. Non avevo capito quanto questo ti aveva ferita.»

25

Alla fine, la sola conseguenza del rapimento di Alejo fu che il dottor Rosenthal e i genitori di Alejo ritennero opportuno che Sheila non tornasse a lavorare al corso estivo. Era comprensibile, e tutti concordammo. E poi, quella era l'ultima settimana, quindi le cose non sarebbero cambiate granché.

Poiché non tornò al corso, non ebbi la possibilità di vederla prima del mercoledì sera seguente. Mi telefonò quel pomeriggio alla clinica per chiedermi se poteva venire a casa mia. Sembrava di buon umore, ma un po' sola, così acconsentii a farle preparare la sua famosa cena a base di tonno e crema di funghi. Quando arrivai a casa, la trovai seduta sul gradino d'ingresso del palazzo con in grembo un sacchetto di carta pieno di cose da mangiare.

«Non avresti dovuto spendere i tuoi soldi», dissi. «Probabilmente avevo in casa tutti gli ingredienti.»

«Non fa niente. Volevo ripagarti per sabato sera. E per domenica.» Si alzò dal gradino e mi seguì su per le scale fino al mio appartamento.

Sheila era esuberante, quella sera. C'era un netto contrasto fra la ragazzina taciturna e imbronciata che avevo conosciuto in maggio e quella ragazza vivace e chiacchierona, ed era facile starle accanto; anzi, era facile voler starle accanto. Tuttavia, c'era una vena nascosta, sotto quell'allegria, un'amarezza che, ai miei occhi, faceva apparire Sheila terribilmente vulnerabile.

Avevamo un gran bisogno di parlarne. Scoprire, quella domenica sera, che Sheila aveva confuso me con sua madre e il mio allontanamento con il suo abbandono mi aveva scossa profondamente, e doveva aver scosso anche lei, immagino; eravamo tutt'e due sopraffatte dai sentimenti, tanto che allora non eravamo riuscite a discuterne seriamente. Tuttavia, ero decisa a farlo. Ciò che scoprivo mi faceva vedere tutto con occhi diversi.

Ma quella sera l'argomento non emerse da sé. Forse eravamo ancora troppo frastornate dalla scoperta, per poterne parlare. Non saprei. In ogni modo, la nostra conversazione girava attorno alla questione senza mai toccarla.

Sheila partì più volte per la tangente. Era *molto* loquace, e per la prima volta sembrava determinata a dare libero sfogo alle sue potenzialità intellettive, descrivendomi i progetti più straordinari che aveva in mente. Per esempio, se la cavava benissimo con i computer, e mi parlò abbondantemente dei programmi che usava al computer della scuola. Sempre affascinata dalla storia romana e da Cesare, le era venuta l'idea di cercare di estendere un programma per consentire alla macchina di costruire dei modelli tridimensionali degli edifici romani tra i quali ci si potesse spostare. Conoscendo il genere di programmi usati nelle scuole, non riuscivo a immaginare quale pensasse di modificare, ma sentirla parlare era affascinante.

Così, la serata trascorse gradevolmente, come tra amiche, più che tra insegnante e studente o terapeuta e paziente, e forse era giusto così. Soltanto verso la fine, quando ormai era tardi e sapevo di doverla mandare a casa – altrimenti il giorno dopo, a scuola, non avrei combinato niente – Sheila sfiorò il problema. Si era fatta un po' malinconica, verso la fine della serata. Credo che, in fondo al cuore, avesse sperato che la invitassi a passare la notte da me, e che fosse triste perché l'invito non arrivava e sarebbe dovuta tornare a casa.

« Sai una cosa? » disse, mentre mi alzavo a raccogliere i piatti e gli avanzi che avevamo sparpagliato dappertutto nella stanza e a riordinare. « Mia madre non me la ricordo nemmeno. Ho un vuoto completo. Non ho mai visto nemmeno una sua foto. Papà non ne ha. Quindi potrebbe essere chiunque. »

Calò il silenzio, accompagnato dal lieve tintinnio delle tazze che avevo in mano.

« Quando sono tra la folla, guardo. Guardo le facce e penso, sei tu mia madre? Non la riconoscerei. E lei non mi riconoscerebbe. E questo lo trovo incredibile. Pensa, Torey. Quella donna mi ha portata dentro di lei. Mi ha fatta. Mi ha *creata*, e metà di quella che sono viene da lei, eppure, se la incrociassi per strada, non la riconoscerei. »

Rimase in poltrona, con la lampada sopra il tavolo che la

inondava di luce dorata al tungsteno. Portai le tazze nel lavandino e tornai. Per tutto il tempo, Sheila non mi aveva tolto gli occhi di dosso. «Secondo te, perché mi ha lasciata?» domandò.

Alla luce della lampadina, vedevo le lacrime nei suoi occhi. Non cadevano, ma brillavano, mandando dei deboli bagliori mentre lei muoveva la testa.

Feci un pausa per farmi venire in mente la risposta migliore. Non feci in tempo ad aprir bocca che lei riprese: «Tor? Secondo te, le cose si metteranno mai a posto per me?»

«Mi stai domandando se troverai mai tua madre?»

Scrollò le spalle. «No, non necessariamente. Vorrei soltanto sapere se per me le cose si metteranno mai a posto. Secondo te? Avrò mai la possibilità di essere normale?»

Lentamente, annuii. «Sì, credo di sì. Questo comporta che dovrai accettare alcune cose. Accettare che ti è successa una cosa terribile, quando tua madre ti ha lasciata... anzi, due cose terribili, visto che anch'io ti ho lasciata. Non volevo, o almeno, non intendevo che fosse una cosa terribile per te, ma adesso capisco che è stato così. E significa accettare il fatto che forse erano due cose che dovevano succedere, che le circostanze non lasciavano alternative, ma che non è stata colpa tua. Ti sono successe, ma non sei stata tu a farle succedere. E infine, devi perdonare e non pensarci più.»

«Credi che ci riuscirò?»

Annuii. «Sì. Dovrai essere forte, ma tu sei sempre stata una tigre.»

* * *

Non vidi Sheila per il resto della settimana. Eravamo impegnati nelle ultime incombenze di fine corso: i colloqui con i genitori e i referti clinici. Poi arrivò il week-end e con Allan presi l'aereo per andare fuori città, a vedere un balletto come avevamo deciso. Soltanto il mercoledì seguente mi accorsi che era un pezzo che non sentivo Sheila, così cercai di telefonarle. Non rispose nessuno.

Tenere i contatti con gli altri non è certo il mio forte. Il telefono non mi piace, e perciò rimando le telefonate per periodi imbarazzantemente lunghi. Tutti i miei amici, consapevoli di questo mio vizio, sono abituati a doversi fare vivi quasi sempre loro. Anche con Sheila era stato così, di solito. Era quasi sempre stata lei a telefonarmi. Quando toccò a me prendere l'iniziativa, passarono tre o quattro giorni prima che mi venisse in mente di cercarla di nuovo. E, di nuovo, non ebbi risposta. Cominciavo a preoccuparmi, perché da maggio, quando ci eravamo ritrovate, non erano mai passate due settimane intere senza che avessi notizie di lei.

Nessuna risposta. Nessuna risposta. E di nuovo, nessuna risposta. Poi, il giovedì di tre settimane dopo che Sheila aveva cucinato per me, riprovai a casa sua. Questa volta trovai un messaggio registrato: la linea era stata disattivata.

Il mio primo pensiero fu che il signor Renstad non avesse pagato la bolletta del telefono. Era un possibilità più che ragionevole, conoscendolo. Ciò nonostante, ero preoccupata. Così, dopo il lavoro, mi misi in macchina e andai a Broadview a investigare di persona.

Per via della distanza e del traffico, arrivai a casa di Sheila dopo le otto. Sulle strade erano già calate le ombre della sera, quando accostai di fronte alla bifamiliare beige. Nell'abitazione di sinistra, dove viveva un'altra famiglia, c'erano le luci accese e il rumore della televisione. In quella dei Renstad regnava il buio.

Bussai. Nessuna risposta. Bussai di nuovo. Ancora niente. Andai sull'altro lato della casa a vedere se c'era un altro ingresso e provai a bussare lì. In casa non c'era nessuno, era ovvio. Tornai sull'altro lato, mi sollevai sulla punta dei piedi e cercai di sbirciare dalla finestra.

«Ehi, che cosa fa?» gridò una voce.

Trasalii. Mi scostai e vidi la testa di un uomo spuntare dalla porta dell'altra abitazione della bifamiliare. «Oh, salve», dissi. «Sa dove sono quelli che abitano qua? Sembra che non ci sia nessuno in casa.»

«Lì non li troverà», rispose. «Si sono trasferiti più o meno tre settimane fa.»

«Trasferiti?» dissi, sorpresa.

«Già.»

«E dove sono andati? Lo sa?»

«No. Non ne ho idea. Mi dispiace.» Poi chiuse la porta e scomparve in casa.

Inebetita, me ne stetti lì, sul marciapiede, accanto alla casa, a fissarla. Trasferiti? Sheila non mi aveva mai parlato di un trasferimento. E Renstad non ne aveva accennato, quel week-end, quando l'avevamo visto. Aveva un lavoro fisso, aveva la sua squadra di baseball. Perché avrebbero dovuto trasferirsi? E dove?

* * *

Sheila e suo padre erano scomparsi. Non potevo crederci. Nelle settimane che seguirono provai sorpresa, rabbia, abbattimento, rimorso, tristezza, l'intera gamma di emozioni. Tristezza, soprattutto. Avevo impiegato quasi tre mesi a ricreare un rapporto con Sheila, e adesso non rimaneva più nulla.

Non potevo crederci. Ne discussi ininterrottamente con Jeff e cercai di capire dove potevano essere andati e quali segnali di un'imminente partenza non avevo colto. Cercammo insieme di scoprire dov'erano scomparsi. Fu molto più dura di quanto sperassi. Per legge, non avevamo nessun diritto di sapere dov'era Sheila o suo padre; così le nostre indagini, prive di sotterfugi, non ci aprirono molte porte. Io ero riluttante a mentire o falsificare le mie intenzioni, così mi rimanevano soltanto la capacità deduttiva, la tenacia e la fortuna. Le prime due non mi mancavano; quanto alla terza, potevo soltanto aspettare.

Per quanto trovassi odioso pensarlo, la prima ipotesi che mi venne in mente fu che Renstad avesse commesso un altro reato e fosse di nuovo in prigione. Le norme di riservatezza mi impedirono di incontrare qualcuno disposto a confermare quest'ipotesi. Quando mi ritrovai con le spalle al muro, Chad mi sembrò la mia unica possibilità, così gli telefonai e gli chiesi se poteva scoprire qualcosa. Lui, che si faceva sempre scrupolo di mantenere il segreto professionale, era riluttante ad aiutarmi; tuttavia disse che Renstad non compariva tra i clienti del suo studio. E questo sembrava ridurre le probabilità che si trovasse di nuovo in prigione.

Jeff suggerì che forse erano semplicemente scappati, dalle bollette o da un qualche usuraio o qualcosa del genere. Se eravamo fortunati, disse, magari erano ancora in città e si trattava soltanto di aspettare che Sheila si facesse viva. In fondo, tutto si riduceva proprio a questo, come temevo: aspettare Sheila. Lei sapeva dov'ero e, a differenza di quando avevamo perso i contatti, adesso era abbastanza grande per cercarmi.

In ogni modo, era finito tutto. Sheila era scomparsa di nuovo.

PARTE TERZA

26

Sheila non si fece viva. Arrivò l'autunno. E arrivarono nuovi bambini. Si formavano nuovi rapporti. Il lavoro procedeva.

Poi, in ottobre, la sorte girò a mio favore. Grazie a una serie di colpi di fortuna, scoprii che Renstad era tornato a Marysville, al centro di disintossicazione dell'ospedale di stato. Cercai invano di parlargli al telefono. Così, quando arrivò il week-end lungo del Columbus Day, andai là di persona.

Era un tiepido e luminoso pomeriggio autunnale, quando arrivai al reparto. I pioppi e le betulle si erano coperti di brillanti sfumature gialle e oro, messe in risalto dai lunghi raggi del sole autunnale.

Renstad non sembrò affatto sorpreso, quando mi vide, e nemmeno tanto felice, anche se venne con me nella saletta dei visitatori senza farsi pregare troppo.

«Perché non ci lascia in pace?» disse, quando gli domandai di Sheila. «Lei non le fa bene.»

«Che cosa intende dire?» domandai.

«La mette in agitazione. Se la stava cavando bene, prima che lei arrivasse. Si era sistemata e non avevamo nessun problema.»

Lo guardai.

«È lei la causa di tutto. Ha sconvolto Sheila, e non la voglio più intorno. Si era sistemata bene, e poi è arrivata lei e l'ha messa in agitazione.»

«Non intendevo sconvolgere Sheila», dissi. «Non credevo di averlo fatto.»

«Le ha messo in testa delle idee che non dovrebbe avere. Sheila era contenta, prima che arrivasse lei.»

«Ma le cose di cui abbiamo parlato erano cose che Sheila

voleva discutere. Credo che abbia bisogno di parlare con qualcuno di quello che le è successo.»

«E che cosa le sarebbe successo? Che cosa le è successo? Niente che non abbia fatto succedere. E lei l'ha istigata. Il fatto che ha rapito quel bambino. Non l'avrebbe mai fatto, se non fosse stato per lei. Sheila stava benissimo, prima che lei arrivasse.»

«Mi dispiace, ma...»

«Quindi ci lasci in pace, d'accordo? Pensi ai fatti suoi. Sheila non ha bisogno del suo aiuto, e voglio che non la veda mai più. Ne ho tutti i diritti. Posso impedirglielo.» E con queste parole si alzò e tornò al reparto.

Dopo questa lezione, tornai alla macchina. Soltanto quando fui seduta dietro il volante la rabbia cominciò ad avere la meglio sugli effetti di quella sgridata. Io? Era colpa mia? Che stupido, quell'uomo.

In ogni modo, da quell'incontro emergeva un fatto innegabile: lui non aveva nessuna intenzione di dirmi dov'era Sheila. Di certo avrebbe fatto in modo che non la trovassi, o avrebbe ostacolato i miei sforzi, se l'avessi trovata. Scoraggiata, tornai a casa.

* * *

Il tempo passava. Arrivò l'inverno. Di tanto in tanto qualcosa mi rammentava l'accaduto. Un pomeriggio di gennaio passarono a trovarmi i genitori di Alejo per dirmi che l'avevano adottato ufficialmente. Adesso era in una classe speciale per bambini lievemente handicappati mentalmente e stava facendo progressi. Un'altra volta, mia madre mi mandò una ricetta a base di tonno e crema di funghi. E un gelido pomeriggio di febbraio, Chad passò nel mio ufficio con la sua Sheila. Era in città per affari, e sua figlia, che adesso aveva sei anni, si stava godendo il suo primo viaggio da sola con papà. Con addosso il suo vestitino immacolato, Sheila, vivace, socievole, terribilmente educata, mi mostrò un piccolo videogioco portatile che suo padre le aveva regalato. Il contrasto fra quella bambina e la ragazza da cui aveva preso il nome non sarebbe potuto essere più stridente.

Io continuavo a sperare; ogni sera, quando tornavo a casa, frugavo invano tra la posta in cerca di qualcosa che portasse la scrittura di Sheila. Passò l'inverno, e poi la primavera, e arrivò l'estate.

Organizzammo di nuovo il corso estivo. E questa volta non eravamo più i dilettanti dell'anno prima. Avevamo ventiquattro bambini divisi in tre classi, con tre insegnanti specializzati, quattro assistenti e degli psichiatri che, a rotazione, lavoravano sul posto. Jeff veniva soltanto una volta alla settimana e io, anche se lavoravo lì tutti i giorni, avevo compiti di supervisione e giravo da una classe all'altra. Era un corso eccellente, mi sembrava, ma mancava il magico entusiasmo di quello che l'aveva preceduto.

Quando arrivò il compleanno di Sheila, ai primi di luglio, me ne ricordai. Avrebbe compiuto quindici anni. E poi fu la volta dell'anniversario della sua scomparsa. Chissà dov'era e che cosa faceva, in quel momento, continuavo a domandarmi.

Quando il corso estivo terminò, mi presi un mese di ferie e partii per il Galles. Le montagne spoglie e nebbiose del nord di quell'angolo della Gran Bretagna erano diventate una seconda casa, per me. Non sapevo esattamente che cosa mi avesse attirata là, la prima volta, ma so per certo che cosa mi fece ritornare. Starmene lì, tra le brughiere e i muri di pietra e ardesia, mi sembrava giusto e naturale. Era qualcosa di fisico, una sensazione profonda, e ritornai là per la pace che provavo ogni volta che tornavo.

Quell'estate mi feci un gruppo di amici tra la gente del luogo, della quale condividevo l'amore per le montagne. Trascorrevamo le giornate a vagabondare per le brughiere piovose, in mezzo alla nutrita popolazione gallese di pecore. E la sera ce ne stavamo attorno ai fuochi di carbone dei pub locali, dove potevo soddisfare la mia passione per la Guinness alla spina e l'accento gallese. La città, la clinica e tutto il mio recente passato erano scomparsi come scomparivano le montagne quando la foschia si sollevava dal mare.

* * *

Come ogni vacanza riuscita, anche quella, quando finì e io tornai, mi lasciò così esausta che facevo fatica a tenere gli occhi aperti. Scesi dall'aereo barcollando, presi un taxi per la città e poi, sempre barcollando, salii le scale di casa mia. Appoggiai a terra lo zaino, pescai le chiavi di casa e aprii la porta. Almeno, cercai di aprirla. Mentre la spingevo, la posta, che era stata infilata nel buco per le lettere, era caduta per terra e si era infilata sotto la porta. Mi ci volle un bel po' per toglierla da lì sotto e poter entrare in casa.

Quando fui dentro, mi chinai a raccogliere le buste e subito mi cadde l'occhio su una lettera. Riconobbi immediatamente la scrittura di Sheila. Aprii la busta.

Cara Torey,

non so come cominciare, ma credo che mi ucciderò. Le pillole le ho. Sono qui, e la sola cosa che mi rimane da fare è scrivere questa lettera. Mi sento tanto sola, Torey. A quanto pare, niente va per il verso giusto, per me, e sono troppo stanca per continuare a tentare. Questa è l'unica cosa sensata da fare.

Ma prima volevo scriverti. Volevo ringraziarti per tutto quello che hai fatto per me. So che più di una volta hai dovuto mettercela proprio tutta, con me, e sono felice che tu l'abbia fatto. Voglio che tu sappia che ti sono sempre stata grata. Mi dispiace che le cose non siano andate per il verso giusto.

Con affetto, Sheila

E in fondo c'era una fila di O e X per indicare abbracci e baci, come nelle lettere delle bambine.

Cercai subito la data, ma non c'era. Girai la busta per vedere il timbro postale e con mio profondo orrore vidi che la lettera era stata imbucata due giorni prima della mia partenza per il Galles, ben quattro settimane prima. Rimasi a fissarla, paralizzata dal dolore.

Sulla lettera c'era un indirizzo, quello di un istituto a circa un'ora di macchina di distanza, a est della città. Ma che cosa potevo fare, ormai? Erano passate quattro settimane. Che cosa dovevo fare? Telefonare all'istituto e chiedere se Sheila era ancora viva? Conoscendo il suo carattere, non mi sembrava tipo da inscenare un suicidio. Se aveva detto che si sarebbe suicidata, era quasi certo che l'avrebbe fatto, e non so come avrei reagito, di fronte a una telefonata come quella.

Purtroppo, quello non fu il solo disastro che trovai al mio ritorno. Un altro ragazzo con cui lavoravo aveva aggredito una sorvegliante ed era scappato, e aveva scelto proprio la sera del mio ritorno per frugare nell'ufficio mio e di Jeff in cerca di un coltello fatto in casa che gli avevo requisito. L'insorgere di quel problema, a cui si aggiungevano l'insistenza da parte delle autorità affinché io mi occupassi di quel ragazzo e il mio generale stato di stanchezza dopo un viaggio di ritorno dall'estero durato ventiquattr'ore, mi indussero a comportarmi, di fronte alla lettera di Sheila, in un modo che adesso mi getta nel più profondo imbarazzo. Ero lì, con la lettera peggiore che avessi mai ricevuto e, per quanto mi vergogni ad ammetterlo, non feci niente.

* * *

Non dimenticai affatto quella lettera. Mi assillava, giorno e notte. Nei piccoli momenti di quiete, soprattutto a notte fonda, quando mi svegliavo, l'idea di quella lettera mi tormentava. Il problema era che non sapevo proprio come affrontare la situazione. Ero davvero convinta che Sheila avesse compiuto il gesto minacciato, ma non sapevo come o a chi chiederne conferma. E poi, l'idea che mi avesse scritto in un momento di disperazione e che non avrebbe mai saputo che non avevo potuto risponderle mi riempiva di tristezza e vergogna. Doveva aver pensato che anch'io, come tutti gli altri, l'avevo abbandonata.

Tutto questo mi diede la possibilità, inattesa quanto sgradita, di farmi un profondo esame di coscienza. Con Sheila avevo fallito. Era la fine. E poi, non riuscivo a non sentire che ero stata io la causa di tutto. Quando aveva sei anni, le avevo fatto scorgere mondi inimmaginabili e, come tanto giustamente aveva sottolineato, le avevo fatto credere che potessero essere suoi. Giovane e idealista com'ero allora, avevo veramente creduto che potesse essere così. Era brillante, attraente, affascinante, quando voleva, e piena di coraggio. Credevo di averle dato il passaporto per una vita migliore. Ora che ero più vecchia e saggia, capivo che niente era tanto semplice quanto sembrava.

I mesi che seguirono furono un periodo di difficoltà e scompiglio per molti aspetti della mia vita. Avevo una lunga lista di pazienti, e i bambini di quella lista erano un insieme più impegnativo del solito. Fui aggredita fisicamente in due occasioni e quasi stuprata in una terza. Cosa peggiore di tutte, il lavoro con la maggior parte dei miei pazienti non era affatto gratificante: a fronte di lunghe ore di sforzi, la risposta era minima.

L'etica capitalistica della clinica cominciava a seccarmi: non mi sentivo a mio agio, sapendo che potevo occuparmi soltanto di quei bambini che potevano permettersi di pagare le mie prestazioni e non, invece, di quelli che più di tutti gli altri avevano bisogno del trattamento. Questo mi fece perdere del tempo prezioso per cercare di garantire un fondo speciale ai bambini che credevo avessero davvero bisogno di una terapia e provare risentimento nei confronti di quelli con disturbi più lievi che, pur potendo essere curati facilmente a scuola o a casa, avevano genitori ricchi che insistevano per la terapia.

Il colpo più duro, tuttavia, arrivò in inverno inoltrato, quando Jeff lasciò la clinica in tristi circostanze. Nutrivo scarso interesse per le abitudini sessuali dei miei colleghi, se queste non avevano ripercussioni su questioni legate al lavoro o sui miei rapporti con ciascuno di loro. Dentro di me, forse sapevo che Jeff era gay, ma poiché questo era irrilevante ai fini del lavoro che svolgevamo insieme, non avevo dato importanza alla cosa. Non si può dire altrettanto per la società. Quando il consiglio di amministrazione della clinica scoprì le sue preferenze sessuali, ritenne poco saggio che Jeff lavorasse a stretto contatto con dei bambini. Gli fu concesso di andarsene in sordina con delle buone referenze, e lui, pensando di non avere scelta, accettò. Si trasferì in un centro per alcolisti in California.

Io ero distrutta. Stavamo lavorando insieme a parecchi casi e avevamo basato i nostri metodi terapeutici sulla nostra collaborazione. Jeff se n'era andato da un giorno all'altro; fino all'ultimo momento aveva cercato di negoziare la sua permanenza con gli amministratori. E poiché questi non si erano mossi dalle loro posizioni, lui aveva avuto un'esplosione di rabbia. Così, non ero stata preparata alla sua partenza, e non mi rimase che raccogliere i cocci. Ce n'erano tanti, e mi tennero sgradevolmente impegnata.

Unica luce, quell'inverno, era stato l'avvento di un nuovo ragazzo, Hugh. Allan era uscito di scena da un pezzo, e mi sentivo già condannata a mesi e mesi del terribile rituale degli appuntamenti quando saltò fuori un uomo incredibilmente bello, con un perfido senso dell'umorismo e un furgone Volkswagen vecchio di dieci anni tutto dipinto a scarafaggi morti. Eravamo la prova vivente che il vecchio detto «gli opposti si attraggono» è vero, dal momento che Hugh e io eravamo la coppia più improbabile al mondo. In completa antitesi rispetto ad Allan e Chad, Hugh si era ritirato dal college, ed era uno che sapeva sempre cavarsela da solo; a ventun anni aveva avviato un'attività di disinfestazione con i soldi che avrebbe dovuto usare per la sua istruzione. Aveva grande acume per gli affari, e starsene a quattro zampe nelle cantine e nei solai degli altri, ad ammazzare quelle piccole creature, era proprio la sua passione; così, dieci anni dopo aveva una delle società di disinfestazioni più prospere della città.

La cosa che più mi attraeva di lui era il suo senso dell'umorismo, di proporzioni leggendarie. Per me, con la professione tanto seria che avevo, l'umorismo era un salvagente al quale mi aggrappavo spesso per stare a galla; così, era facile amare qualcuno in grado di apprezzare il lato divertente delle situazioni meno divertenti della vita.

La primavera arrivò tardi quell'anno. Dopo un inverno secco e freddo, che si era protratto sgradevolmente per tutto marzo, in aprile arrivarono i temporali, seppellendoci, paralizzando la città e distruggendo i pochi segni di primavera che c'erano.

Alla clinica, ebbi accese discussioni con i miei colleghi sul destino del corso estivo. Freeman aveva rilevato gran parte delle mansioni di Jeff all'interno del corso e, senza consultarmi, aveva chiesto e ottenuto che ci espandessimo in due sedi. Adesso ci saremmo occupati di quarantotto bambini, compreso un gruppo di bambini autistici gravi che non erano pazienti della clinica. Avevo il sospetto che dietro tutto questo ci fosse il progetto di far quattrini, e ne ero enormemente seccata, perché avrei voluto che l'iniziativa rimanesse limitata ai bambini di cui riuscivamo a seguire i progressi. Ma le mie idee non contavano granché. Ormai la mia posizione, all'interno del progetto, era marginale. Alla fine rinunciai alla lotta. Forse era un buon corso, ma lontano anni luce da quello che Jeff e io avevamo concepito due estati prima; così, stabilii che Freeman poteva tenerselo tutto.

Col maggio, arrivò un nuovo compagno di ufficio di nome Jules. Rispetto a Jeff, fu un cambiamento impressionante sotto ogni aspetto, dalla fisionomia al comportamento. Passato alla psichiatria infantile dopo essere stato urologo per anni, era un tombolotto di quasi cinquant'anni con qualche traccia di bianco là dove avrebbe dovuto avere i capelli. Al contrario di Jeff, con le sue battute pungenti e la sua ostentata sicurezza di sé, Jules era gentile e affabile come un coniglietto. Mi piaceva. E, più lo conoscevo, più apprezzavo la sua compagnia. Era facile parlare con lui e, poiché era un brillante pensatore trasversale, i nostri discorsi potevano saltare in ogni direzione. Ma non era Jeff. Jeff mi mancava ancora immensamente, e mi ci volle un bel po' per abituarmi a una faccia nuova all'altra scrivania.

Poi, una sera di giugno, tornai a casa e trovai per terra, insieme all'altra posta, una grossa busta. Riconobbi immediatamente la scrittura di Sheila. Stupefatta, la aprii. C'erano dentro tredici fogli di bloc-notes. Il primo era una breve lettera indirizzata a me:

Cara Torey

avrei voluto scriverti, ma dopo la mia ultima lettera non sapevo come cominciare. Mi dispiace. In ogni modo, sono ancora qui.

Ti mando queste. Avrei voluto mandarle a mia mamma, ma siccome non so dov'è, le mando a te. Spero che non ti dispiaccia.

Sollevai la lettera e guardai le pagine sotto. Su ciascuna era stata scritta un'unica, breve lettera indirizzata alla madre di Sheila.

Cara mamma,

vorrei tanto vederti. Vorrei tanto sapere che aspetto hai. Ho cercato delle tue foto, ma né papà né nessun altro, a quanto pare, ne ha. Vorrei conoscerti. Hai i capelli biondi come i miei? Sono lisci? Hai gli occhi azzurri? Ogni volta che esco, guardo le donne che incrocio. Continuo a cercare qualcuno che mi riconosca. Che aspetto hai? Credo che se riuscissi a scoprirlo, mi sentirei meglio.

Cara mamma,

perché te ne sei andata? È una cosa che mi ha sempre tormentata. Sì, insomma, perché non mi hai portata con te? Ero una bambina tanto cattiva? Non so, forse con te ero impertinente, o qualcosa del genere? Litigavo con Jimmie? O, semplicemente, ti eri stufata di avere due figli?

Cara mamma,

te ne sei andata per via di papà? Adesso so tutto di lui, so che non riesce a smettere, con quella roba. E questo mi fa arrabbiare. Mi fa venir voglia di scappare. È questo che è successo a te? Non sopportavi la situazione?

Piegai le lettere, le infilai di nuovo nella busta e guardai di nuovo il mio nome scritto sopra. Nell'angolo in alto c'era il nome dello stesso istituto che avevo visto sulla lettera precedente. Andai in cucina, alzai la cornetta del telefono e feci il numero dell'ufficio informazioni.

27

La brusca partenza di Renstad, come aveva ipotizzato Jeff, era connessa ai debiti. Quello che allora non sapevamo, contrariamente alle sue parole, era che Renstad faceva ancora regolarmente uso di droga, e che i debiti li aveva contratti con personaggi poco raccomandabili della malavita. Come evidentemente aveva fatto tante altre volte, era scappato con Sheila appena in tempo per evitare i guai.

Ma i guai – nella fattispecie, la legge – l'avevano raggiunto qualche mese dopo. Era stato giudicato colpevole di una lieve infrazione connessa alla droga e mandato di nuovo al centro disintossicazione dell'ospedale di stato, quello dove l'avevo trovato. Sheila, intanto, era stata sistemata in un istituto per minori nella località in cui il padre era stato arrestato.

Insoddisfatta della nuova situazione, era scappata. Questo aveva sollecitato la sua sistemazione presso una famiglia adottiva, e quando era scappata anche da lì, era stata trasferita in un istituto per minori in una località rurale, a circa un'ora di auto a est della città. Era un posto che la gente chiamava «il ranch dei bambini», un eufemismo per indicare un istituto di custodia. Era da lì che Sheila mi aveva scritto quelle righe sull'intenzione di suicidarsi, ed era da lì che avevo ricevuto il gruppo di lettere più recenti.

Quando finalmente ebbi scoperto dove si trovava Sheila, telefonai immediatamente al ranch e parlai con la direttrice, Jane Timmons.

«Della Clinica Sandry, dice?» domandò, meravigliata. «Sheila Renstad è stata in cura presso la Sandry? E chi pagava le parcelle?»

Infastidita da una domanda che mi sembrò insolitamente sgarbata, soprattutto perché rivolta a una perfetta estranea, spiegai che i miei rapporti con Sheila risalivano a molto tempo prima, senza tuttavia specificare che non erano più professionali bensì personali.

Mi bastarono trenta secondi di telefonata per capire che per quella signora i soldi e la posizione contavano molto. Più di tutte le mie qualifiche professionali, probabilmente, ad aprirmi le porte fu il fatto che fossi della Sandry, una clinica privata nota e costosa. Se avessi detto che ero semplicemente un'amica, mi sarei dovuta accontentare di suo padre e nessuno, probabilmente, mi avrebbe degnata della minima attenzione.

Jane Timmons mi disse che Sheila era al ranch da poco più di un anno e che era stata quasi sempre una ragazza difficile, che si rifiutava di cooperare, non legava molto con gli altri e sembrava avere pochissimi amici, forse nessuno. Avevano sventato tre suoi tentativi di fuga, in uno dei quali Sheila era riuscita a spingersi fino al fiume e loro avevano dovuto chiamare la polizia.

Le domandai quali erano i concetti pedagogici generali del ranch e lei confermò i miei sospetti, cioè che il loro era un programma basato soprattutto sulla modificazione del comportamento, in base al quale i ragazzi dovevano guadagnarsi ogni autorizzazione attraverso un sistema a punti. Chiesi anche quali possibilità c'erano che Sheila fosse rilasciata dal ranch. Jane spiegò che il signor Renstad avrebbe ottenuto la libertà vigilata poco prima di Natale, e se l'assistenza sociale l'avesse ritenuto opportuno, Sheila sarebbe tornata a vivere con lui.

Poiché Jane Timmons credeva che avrei incontrato Sheila per ragioni professionali, per il nostro incontro Sheila non dovette guadagnarsi dei punti. Grazie a Dio. Per una ragazza emotivamente e intellettualmente complessa come lei, la modificazione del comportamento era un sistema destinato al fallimento.

* * *

Arrivai al ranch il sabato dopo il sedicesimo compleanno di Sheila. Era una giornata calda e luminosa, che seguiva un lungo periodo di siccità. Il ranch, un insieme di edifici bassi e moderni, si estendeva lungo le sponde del letto asciutto di un fiume. Non c'era nemmeno un albero, sulla proprietà, e tutta l'erba era stata bruciata dal calore estivo, assumendo un colore giallo-bruno. Soltanto il filo spinato luccicava al sole.

Poiché era il week-end, Jane Timmons non c'era, ma fui gradevolmente accolta dal giovanotto incaricato e poi mandata da Holly, l'assistente cui era stato affidato il gruppo di cui faceva parte Sheila. Mi portò all'ala delle ragazze, dove Sheila stava aspettando nella sua camera.

Era un vero e proprio reparto di sicurezza, con un numero infinito di pesanti porte chiuse a chiave e quelle finestre di vetro spesso con dentro il fil di ferro che non riescono mai a riflettere un'immagine senza distorcerla. La camera di Sheila era la terza a sinistra. La porta, di quercia tinta di un colore tenue, con una finestrella quadrata e una serratura a incastro, era aperta. Sheila era seduta sul letto a gambe incrociate.

«Ciao», dissi.

«Ciao.» Ci fu un lungo momento di esitazione, poi, di colpo, Sheila si buttò tra le mie braccia e mi strinse forte. Io la abbracciai e la tenni stretta a me.

Sulla soglia, Holly ci osservava. Da sopra la testa di Sheila, la guardai. «Può lasciarci un po' sole?»

Dopo una pausa, annuì. «Sì, va bene.»

* * *

Sheila aveva fatto dei grandi cambiamenti, in quei due anni. Era più alta, ma anche più magra. Troppo magra. Aveva un'aria fragile. Al posto dei suoi vestiti strambi, portava un normalissimo paio di jeans e un'altrettanto normale T-shirt azzurra. Anche il colore sgargiante dei capelli e gran parte della permanente se n'erano andati, e la frangia era cresciuta fin quasi a scomparire. Il risultato era una mancanza assoluta di stile e un insieme disordinato di radici biondo scuro, punte crespe e tinte, e ciocche che spuntavano diritte, il tutto fatto crescere troppo a lungo senza attenzione.

Sheila mi stava esaminando altrettanto attentamente. «Stai invecchiando, sai?» disse. «Hai le rughe.»

«Be', grazie mille.»

«È che non ho ti mai pensato con le rughe.»

«Capita anche ai migliori», dissi, e mi sedetti sul letto della sua compagna di stanza.

La camera era semplice e spartana. In realtà non era più grande di una celletta, più o meno due metri e mezzo per tre.

C'era una finestra in fondo, due letti di ferro con sopra un copriletto rosa shocking e una sola scrivania ai piedi del letto di Sheila. La sua compagna di stanza, una ragazza che si chiamava Angel, aveva la parete sopra il letto tappezzata di poster di rock star e un vasto assortimento di peluche sul cuscino. Sheila non aveva niente.

Mi guardai intorno e poi tornai a guardare Sheila, che si era seduta di nuovo a gambe incrociate sul letto. Era una ragazza immensamente affascinante, nonostante la magrezza e l'aspetto non curato, ma c'era una malinconia, in lei, che non avevo mai visto prima.

«Allora, ti sei sposata?» domandò.

«Sposata? Io?» risposi, sorpresa. «No. Perché? Credevi che mi fossi sposata?»

«Sì. Con Jeff.»

«*Jeff*? Jeff e io eravamo... voglio dire, non era così. Non stavo con Jeff. Eravamo solo amici. Anzi, colleghi. Niente di più.»

Piegò la testa con aria scettica.

«E tu?» domandai. «Hai un ragazzo?»

Non rispose. Ci fu un momento di pausa, una sola battuta, poi tornò a guardarmi. «Allora, dov'è Jeff? Verrà anche lui a trovarmi?»

«No», dissi, e Sheila si smontò.

«Oh, speravo che venisse», disse, tristemente. Fui colta alla sprovvista, visto che avevo sempre creduto che provasse soltanto antipatia, per lui.

«Adesso è in California», dissi, e riflettei brevemente sull'opportunità di raccontarle l'accaduto. Decisi di farlo, per chiarire che era stato costretto a partire.

Sheila ascoltò la storia con profonda attenzione, corrugando la fronte. Quando terminai, scosse lievemente la testa. «Se n'è andato? Andato per davvero?»

«Purtroppo sì.»

«Oh, Jeff», mormorò debolmente, scuotendo ancora la testa. «Il crollo di un uomo così grande non doveva fare uno strepito più grande? La terra avrebbe dovuto spingere i leoni nelle vie e gli uomini delle città nelle loro tane.»

Sentendo quelle parole, capii che era una citazione, ma non sapevo di che cosa.

«Non lo riconosci?» domandò Sheila. Si chinò sopra la sponda del letto, tirò fuori da sotto una scatola piatta e sollevò il coperchio. Ci mise dentro una mano e tirò fuori la copia dell'*Antonio e Cleopatra* di Shakespeare che Jeff le aveva regalato quando aveva compiuto quattordici anni. La copertina era sciupata, e in qualche punto era tenuta insieme col nastro adesivo. Vidi che parecchie pagine si erano staccate.

Dal nulla, calò su di noi un pesantissimo silenzio. Sheila si teneva il libro in grembo e ne studiava la copertina logora. Io, visto che non mi veniva in mente niente da dire, me ne stetti seduta e basta.

Finalmente Sheila riprese a parlare, dolcemente. «Chissà perché me l'ha regalato. Che regalo stupido, pensavo. Sì, perché chi è che vuole leggere *Shakespeare*? Per divertimento, dico. Solo una vecchia pazza con pesanti scarpe nere e reggicalze. Io no di certo.

«Poi, una sera ero bloccata alla stazione di polizia, ad aspettare. Non sapevo come passare il tempo, così cominciai a leggerlo. È stato difficile cominciare, abituarsi alla lingua – anche se adesso mi sembra strano, visto che, ora che l'ho letto, la trovo facilissima –, ma quella sera dovetti fare un grande sforzo. E pensavo, ma perché mai me l'ha regalato?

«Poi arrivai qui. Era come stare nel deserto. Se non guadagni punti e non stai al loro gioco, rimani seduto e basta. Sai, è con la noia che ti controllano.» Questa volta il suo sorriso era più enigmatico. «Così cominciai di nuovo a leggerlo. E quella volta lo lessi da cima a fondo. E quando lo finii, lo lessi di nuovo. E poi di nuovo. Scommetto di averlo letto più o meno dieci volte in due giorni. Che bello, pensavo. Che donna stupenda. Che donna *magnifica*. E quell'uomo dà via tutto quello che ha, per lei. Dà via il mondo, letteralmente. Eppure... non so, non si dicono quasi mai niente di gentile. Si amano, nella loro testa, ma nella realtà non fanno che discordare, litigare, schernirsi.

«Dio... quando lo leggo, mi fa... come dire? Espandere? No. No, non è la parola giusta.» Fece una pausa per riflettere. «È come se fossi in una piccola mansarda – e questa è la mia vita normale – e sopra di me vedo un lucernario ma non riesco mai a raggiungerlo. Poi, quando leggo questo libro, sento che cresco. Sento che c'è qualcosa che mi spinge in su, e per un attimo riesco ad aprire il lucernario e vedere fuori. Gli dò soltanto un'occhiata, al mondo che c'è al di là, capisci che cosa intendo dire? Però un'occhiata riesco a dargliela. E per un attimo capisco che c'è qualcosa di più grande di me stessa.»

Le parole di Sheila mi commossero profondamente.

E continuava a parlare, le parole che le uscivano velocemente di bocca come se temesse che potessi fermarla. Tutti quei pensieri, tutta quella capacità di capire che combatteva per venire alla luce in quel vuoto. Sentivo tutta la sua disperazione intellettuale.

«Ed è una storia tutta vera, sai», stava dicendo. «Sono andata a controllare i fatti. L'intero corso della storia del mondo occidentale fu influenzato da quello che fece quella coppia. Lo sapevi? Cleopatra era proprio una donna eccezionale. Era fortissima. Una regina potentissima. Eppure era così umana. Così sciocca. Così divertente. Dio, Torey, in certi punti è la cosa più divertente che abbia mai letto.»

Che diavolo ci faceva, quella ragazza, chiusa in un istituto di custodia? riuscivo soltanto a domandarmi. Perché era lì e non a un corso estivo di letteratura di un college o a studiare la storia antica, che evidentemente le interessava tanto? Dov'erano i mentori che avrebbero dovuto guidare quella ragazza? Io avevo talento per altre cose. Le cose che sapevo di Shakespeare, come quelle che sapevo dell'opera di Giulio Cesare, erano solo banalità. Dov'erano gli insegnanti di letteratura inglese? A loro sarebbe scoppiato il cuore di felicità, all'idea di una sedicenne infatuata della poesia di *Antonio e Cleopatra*.

Sheila, col viso che lentamente si intristiva, contemplava il libro che aveva in mano. Con un dito ne lisciava delicatamente un brandello coperto di nastro adesivo. «Sai, è molto triste, questa storia di Jeff. Avrei voluto vederlo. Avrei voluto fargli sapere che il libro mi è piaciuto.»

«Magari posso darti il suo indirizzo, se vuoi scrivergli», proposi.

«Mi sa che mi ero un po' innamorata di lui», disse. «Allora non sarei mai riuscita a dirglielo. Per fortuna, questo non l'avevo ancora letto, perché non sarei mai riuscita a dirgli che mi era piaciuto. Volevo fargli credere che lo odiassi.» Alzò gli occhi. «Non è incredibile? Non lo odiavo. Non l'ho mai odiato. Ma temevo che lui mi odiasse se io non l'avessi odiato per prima.» Pausa. «Adesso vorrei avergli detto la verità.»

* * *

Continuammo a parlare per più di due ore, quel sabato pomeriggio. Quasi tutti gli altri ragazzi, compresa la compagna di stanza di Sheila, avevano guadagnato abbastanza punti per andare in città, e dopo un bel po' di rumorosi preparativi, fummo lasciate in pace. E questo andava benissimo a tutt'e due.

Sheila, una volta tanto, era molto aperta e loquace. Temevo che fosse il risultato di tutto quel tempo trascorso da sola. Sola e triste, era sensibile alla mia voce. Anche la depressione aveva la sua parte. In generale, ebbi l'impressione, quel pomeriggio, che Sheila fosse gravemente depressa. Aveva perso ogni entusiasmo e, tranne che per il suo commento ad *Antonio e Cleopatra*, mostrò interesse per pochissime cose. Così, credo che fosse troppo abbattuta per mascherare i suoi pensieri con la stessa abilità di un tempo.

Preoccupata per le sue minacce di suicidio, mi sentii obbligata a introdurre il discorso della lettera che mi aveva mandato l'autunno passato. «Mi dispiace per l'autunno scorso», dissi, «per non aver risposto alla tua lettera.»

«Ah, già», disse Sheila, e distolse lo sguardo. «Quella lettera.» Fece una smorfia. «Scusami se ti ho sconvolta. Adesso che l'ho scritta mi sento stupida.»

«No, non devi sentirti stupida. Quelli erano sentimenti veri. È colpa mia. Allora ero via. Ero in Galles, e lo seppi soltanto settimane dopo, quando tornai a casa. Stavo male al pensiero che tu mi avessi scritto e non ti avessi risposto.»

«Non parliamone, d'accordo?»

La osservai. Aveva la testa china e stava studiando qualcosa che aveva sull'unghia. Sheila era sempre stata una via di mezzo tra la tigre e l'agnello, feroce ed energica da una parte e spaurita e vulnerabile dall'altra. Il suo lato selvatico mi aveva sempre esasperata, ma era stato quello ad attrarmi, di lei. Studiai le sue spalle rotonde e i suoi capelli arruffati, e la tigre che si nascondeva lì sotto.

«Mi capita spesso di pensare a mia mamma», disse, dolcemente. Una pausa. «Colpa tua anche questo. Ricordi l'ultimo discorso che abbiamo fatto? In macchina? Quando per tutto il tempo vi avevo confuse?»

Annuii.

«Be', ci ho pensato e ripensato... ho cercato di separarvi, credo. Non so che cosa c'entri, tu. Tu non mi hai abbandonata. Tu eri soltanto la mia maestra. Facevi soltanto quello che fanno le maestre. Sono stata soltanto una stupida, credo. Cercavo di sopravvivere.»

«Che cosa vuoi dire?» domandai.

Scrollò le spalle. «Non so. Cercavo di non pensare a quegli anni. Di dimenticarli. Perché è questo che ho fatto. Dimenticai tutto. Sì, *ricordo* di aver dimenticato. Ero conscia di farlo. Ogni volta che mi sistemavo in un posto nuovo, come un istituto, o di nuovo con mio padre, pensavo: 'Adesso ricomincerò da capo.' E poi andavo, non so, a scuola, per esempio, e quando qualcuno mi chiedeva del mio passato, mi limitavo a dire: 'Non me lo ricordo.' Ed era vero. Ogni volta era come se rinascessi, come se tutto il mio passato appartenesse a un'altra vita. Quasi come se non si trattasse di me.»

«E questo ti aiutava a non pensare a tua madre?» domandai.

«Già. E a non pensare a te. E a non pensare alla signorina McGuire, perché anche nella sua classe sono stata molto felice. Non volevo ricordare di essere stata felice. Non volevo pensare a quei tempi, perché altrimenti avrei pianto. Ricordare le cose brutte non mi fa né caldo né freddo. Penso: 'Ma sì, tutta merda.' E finisce lì. Ma ricordare che sono stata felice mi distrugge. Così, ogni volta che mi capitava, dicevo: '*No*, non farlo.' E presto i ricordi se ne andavano.»

La guardai. Sollevò la testa, mi diede un'occhiata e poi tornò a guardarsi le mani. «Poi sei venuta tu, a scompigliare tutto. Sei una che non lascia mai in pace nessuno, sai?» disse. Il tono era affettuoso, e abbozzò anche un sorriso, ma sapevo che c'era un fondo di verità, nelle sue parole.

«Avresti voluto che ti lasciassi in pace?» domandò.

Si fermò a lungo a riflettere; intanto si mordeva assorta l'unghia del pollice. Poi, finalmente, scrollò lentamente le spalle. «Non so. Forse la mia vita sarebbe stata molto più semplice, se l'avessi fatto. Per una ragione o per l'altra, mi hai fatto soffrire un bel po', in questi anni, ma...» Mi guardò. «Il fatto è che la mia vita sarebbe stata molto più semplice se tutti quelli che conosco ne fossero stati fuori – mia madre, mio padre, questo posto, le famiglie adottive, l'Assistenza Sociale. Quindi tu non fai eccezione.»

Sorrisi. E questo indusse Sheila a ricambiare il sorriso. «Non ti dispiace che ti dica queste cose?» domandò.

«No. Probabilmente sono vere.»

Ci fu un silenzio. Sheila, sdraiata sul letto, incrociò le mani dietro la testa. Con gli occhi in su, contemplò a lungo il soffitto. Io mi girai a studiare i poster di Angel. Molti erano di rock star di cui non avevo mai sentito parlare.

«Adesso penso molto spesso a mia mamma», disse Sheila, dolcemente. «Sì, insomma, mi chiedo dov'è e cose del genere. Che cosa fa. Non la conosco nemmeno, Torey.»

«Scriverlo è stata una buona idea, credo», dissi.

«Cerco di immaginare perché ha fatto quello che ha fatto quando mi ha lasciata su quell'autostrada. Forse non intendeva farlo. Potrebbe essere stato un incidente, non so, magari la maniglia della portiera che si è aperta. Magari sono *caduta* fuori dalla macchina.» Ancora con gli occhi al soffitto, sembrava persa nei suoi pensieri. «Magari, se sapesse che me la cavo bene, che voglio vederla...»

Incerta su che cosa rispondere, tacqui. Sheila finalmente si girò a guardarmi. «Non ti mando quelle lettere perché creda che tu sia mia mamma.»

«No, lo so.»

«Non lo credo più. Te le mando perché... be', sono delle *lettere*. Significano qualcosa soltanto se vengono spedite.»

«Ho capito, e mi fa piacere riceverle.»

«Puoi conservarle?» chiese. «Perché un giorno la troverò e gliele darò. Voglio che mi conosca, che sappia che cosa ho provato, in tutti questi anni. Ecco che cosa ho deciso. Quando uscirò di qui, troverò mia madre.»

28

Cara mamma,

sai quanto sono stata infelice? Sai che vita è stata, la mia? Perché mi hai fatto questo? Di notte ci pensavo, cercavo di capire perché non andavo bene per te, ma sai che cosa significa, essere abbandonati?

Ero molto preoccupata per Sheila. L'avevo trovata isolata e depressa, e temevo che l'idea del suicidio potesse profilarsi di nuovo come soluzione. Inoltre il personale dell'istituto non sembrava riconoscere esattamente i suoi bisogni. Come in molte altre istituzioni simili a quella, lo staff lavorava sotto organico e ai limiti delle sue possibilità. Il *turnover*, soprattutto, era insostenibile Gli assistenti erano in gran parte persone poco esperte che lavoravano part-time, avevano retribuzioni minime e lasciavano il posto nel giro di una settimana o poco più; e questo impediva loro di instaurare con i ragazzi rapporti che non fossero superficiali. Di tutto il personale interno, soltanto Jane Timmons e i suoi assistenti avevano una competenza specifica per lavorare con ragazzi disturbati, e di loro, soltanto uno era al ranch da più di due anni. Jane stessa aveva preceduto Sheila di poco.

Questi sarebbero stati di per sé motivi sufficienti di preoccupazione, nel caso di Sheila, dal momento che nessun adulto le era stato vicino abbastanza a lungo per instaurare con lei rapporti significativi; ma il severo approccio skinneriano usato per controllare i ragazzi e modificarne il comportamento sembrava particolarmente inadatto a lei. Tanto per cominciare, incoraggiava rapporti distaccati e impersonali tra lo staff e i ragazzi. E poi Sheila, per carattere, trovava difficile accettare la coercizione (era così che interpretava il sistema a punti) e tendeva a trincerarsi nelle sue posizioni. Questo portò, ipso facto, all'isolamento prolungato.

Purtroppo, io non ero nelle condizioni di fare granché, dal momento che i nostri incontri non erano di natura professionale. Jane Timmons non lo sapeva e, poiché non mi sembrava saggio metterla al corrente di questo, non glielo dissi; tuttavia, sapevo che non avrei dovuto oltrepassare il segno. Così, per assicurarmi di poter vedere Sheila quando volevo, mi limitai ad annunciare a Jane le mie visite, piuttosto che richiedergliele. Inoltre, di tanto in tanto, avevo un «colloquio» con Jane. Immaginavo che, credendomi lì per motivi professionali, si aspettava che volessi sapere qualcosa della vita al ranch di Sheila, così ne approfittavo.

Il sabato pomeriggio, se potevo, andavo a trovare Sheila. Il viaggio, dalla città, era un po' lungo, ma anche molto piacevole, e spesso Hugh mi accompagnava. Portava con sé la sua attrezzatura per la pesca e, mentre io parlavo con Sheila, lui scompariva giù al fiume per un'ora o due. E così passò gran parte del resto dell'estate.

Jane Timmons mi presentò un quadro piuttosto deprimente del comportamento sociale di Sheila. Che Sheila non fosse quel che si dice una persona di mondo, credo di averlo sempre sospettato. E il sospetto era diventato certezza l'estate in cui aveva lavorato con Jeff e me, perché non aveva mai fatto il minimo accenno ad amiche o amici. Io non avevo mai insistito sull'argomento, in parte perché non ero in condizione di porre rimedio al problema e in parte perché capivo che le sue capacità intellettive, in qualche modo, interferivano con i suoi rapporti con i coetanei. Era un problema difficile da affrontare, soprattutto considerate le condizioni di Sheila, e avevo finito col credere che, probabilmente, il tempo e la maturità sarebbero stati i rimedi migliori.

«Come dici?» domandò Jane. «Che cosa? Un QI superiore?»

«Sì, lo sai, no?»

«No che non lo so. Un QI di quanto?» domandò.

Ero allibita. Dopo tanti sforzi, miei e dei miei colleghi, per confermare le doti straordinarie di Sheila quando aveva sei anni, il suo dossier non ne parlava neppure? «Sheila ha un QI di più di centottanta», dissi.

«*Cosa?*» Sgranò gli occhi. «Centottanta? Stai scherzando.»

«Non è riportato sul suo dossier?»

«*Centottanta*? Sheila Renstad? La *nostra* Sheila Renstad? Scherzi, vero? Chi te l'ha detto?»

«Ero presente anch'io», dissi. «Lo so. Lavoravo con lei, quando è stato fatto il test.»

Jane si appoggiò pesantemente contro lo schienale. «Ragazzi, nessuno me l'aveva mai detto.»

Piena di risentimento per un sistema che trattava le vite umane con tale atroce disinvoltura, percorsi il corridoio con Holly, che di volta in volta mi apriva le porte. Sheila, come sempre, era sola nella sua camera.

«Bisogna farti uscire di qui», dissi.

«Non dirlo a me.»

«No, dico sul serio, Sheila. Questo posto non fa per te. Perché mai sei qui? Non hai commesso nessun reato. Perché ti hanno chiusa qui dentro? È tuo padre che deve stare in prigione.»

Seduta a gambe incrociate sul letto, guardò in su, verso di me. «Già. Be', benvenuta nel mio mondo.»

Scostai la sedia dalla scrivania e mi ci sedetti. Poi calò il silenzio, che smorzò la mia rabbia.

«Dopo un po', Torey, ci si abitua al fatto che le cose stanno così. Combattere non serve a niente.»

«Io non posso accettarlo», dissi.

«Io sì. Ho dovuto.»

Cara mamma,

che cosa fa Jimmie, adesso? Ora probabilmente è più alto di me. Stavo pensando che deve avere almeno quattordici anni. Non ricordo più esattamente se aveva due anni meno di me o ancora meno. Forse un anno e mezzo? Continuo a pensarci, a sforzarmi di ricordare. È strano accorgersi di aver dimenticato il proprio fratello.

Jane Timmons voleva che affrontassi con Sheila l'argomento del suo comportamento sociale, e senza dubbio era un problema che occorreva sondare, ma non quel pomeriggio. Almeno per quelle poche ore, volevo che Sheila sentisse di avere il controllo della situazione; così lasciai che fosse lei a guidare la conversazione.

Quel pomeriggio, come tanti altri, era oppressa dalla tristezza. Se ne stava sdraiata sul letto, con gli occhi rivolti al soffitto. Le proposi una passeggiata, ma rifiutò. Non le era consentito di uscire dal ranch, e l'idea di passeggiare lungo il recinto di filo spinato non la allettava.

«Che cosa hai voglia di fare?» domandai alla fine, quando il silenzio si era fatto così pesante che minacciava di schiacciarmi.

«Niente, davvero.»

Ci fu una pausa. Era ancora sdraiata sul letto, ma si portò una mano alla fronte.

«Be'...» Fece un'altra pausa, passandosi un dito lungo l'attaccatura dei capelli. «Ricordi tanto tempo fa, quando ero nella tua classe?»

«Sì.»

«Ricordi che mi pettinavi sempre? Mi piaceva moltissimo come mi spazzolavi i capelli e me li acconciavi.» Mi guardò. «Potresti.... insomma, se ti dessi.... Be', sembrerà stupido, ma mi pettineresti?»

«Sì, certo.»

Si alzò dal letto e andò a prendere la spazzola sul cassettone. Si fermò davanti allo specchio, dove si diede qualche colpo di spazzola e fece qualche smorfia. «Se riesco a farmi dare un paio di forbici, me li taglieresti?»

«Oh, non saprei», dissi. «Non valgo granché, come parrucchiera.»

Mi tese la spazzola. «Voglio tagliare via queste punte. Ti prego, Torey. Sono stufa di come sono.»

* * *

Delicatamente, cominciai a lisciarle i capelli, prima con la spazzola, poi col pettine. Dopo anni di tinte e decolorazioni, erano proprio un disastro. Presi le forbici dalla scrivania di Jane e cercai di fare quello che Sheila mi aveva chiesto. Tagliai via quel che restava della permanente e, per quanto possibile, la parte tinta. Alla fine i capelli le sfioravano quasi le spalle, in un taglio deciso, non proprio da professionista. Poi spazzolai.

Sheila stava gustando quello che facevo, era chiaro; e mentre lavoravo mi venne in mente che, per colpa del suo isolamento al ranch, probabilmente era un pezzo che nessuno la toccava. Quell'idea mi sorprese; ma più riflettevo, più mi convincevo che probabilmente era proprio così. Anzi, pensai che, forse, Sheila aveva avuto pochissimi contatti fisici positivi nell'intero arco della sua giovane vita.

«Ce l'hai, il ragazzo?» domandai.
«Io? Qui? Impossibile.»
«Non ne hai mai avuto uno?»
Non rispose subito. Mi voltava le spalle, perché stavo ancora spazzolandole i capelli, così non potevo vedere la sua espressione, ma sentivo che esitava. «No», disse, finalmente.
«Vorresti averlo?» domandai. «I ragazzi ti piacciono?»
«Vuoi sapere se sono lesbica?» replicò, scostandosi da me e girandosi a guardarmi. Fece una smorfia. «Non devi pensare questo di me solo perché non ho un ragazzo.» Con uno scatto, si girò dall'altra parte. «Adesso magari stai pensando che è per questo che ho voluto farmi pettinare da te. Merda. Dammi qua. Ridammi la mia spazzola.»
«Uh, non ho detto questo. E poi, che importanza avrebbe? Non me ne importerebbe. Se non mi importavano le preferenze di Jeff, perché dovrebbero importarmi le tue? È una cosa personale, Sheila. Era soltanto una domanda.»
«Già, perché? Sono fatti tuoi, se ho un ragazzo o no? Io non ti chiedo che cosa fai, no?» rispose stizzita.
«Va bene, va bene. Scusami», dissi.
Lei sbuffò e tornò sul suo letto. «È stata Jane a metterti la pulce nell'orecchio, eh? Quella ficca il naso dappertutto.»
«D'accordo. Scusami.»
Silenzio. Sheila fissava la spazzola che aveva ancora in mano. La sollevò e se la passò sui capelli, da un lato, fino a sentire le punte che le avevo tagliato. Il silenzio persisteva, facendosi sempre più triste. Per un attimo credetti che Sheila fosse lì lì per piangere.
«No, non ce l'ho, il ragazzo», disse, piano. «E non ne ho mai avuto uno. I ragazzi mi piacciono. Jeff mi piaceva. Era proprio uno in gamba e...» Pausa. «Ma alla fine si tratta sempre di scopare, Torey. E di cazzi ne ho già visti troppi.»
«Potrebbe trattarsi di qualcosa di più, Sheil.»
«Lo sapevi, che non posso avere figli? Dopo quello che mi ha fatto mio zio quella volta. Ricordi? Quando ero nella tua classe. Non posso avere bambini. E allora, che scopo ci sarebbe?» domandò.
Non sapendo che cosa rispondere, me ne stetti seduta in silenzio.
«Mi piacerebbe uno che mi coccoli e basta. Capisci che cosa intendo dire? Qualcuno che mi abbracci senza aspettarsi niente

in cambio, ma non credo che lo troverò mai. Così, ho deciso che ne farò a meno del tutto.»

* * *

Cara mamma,

ho letto sui giornali di una donna assassinata venticinque anni fa della cui scomparsa nessuno si era mai accorto. Tutti dicevano che se n'era andata e nessuno si era mai preoccupato di cercarla. Credevano che non volesse tornare. Temo tanto che a te possa essere successa una cosa del genere. Voglio trovarti. Voglio parlare con te e sapere che stai bene. Voglio assicurarmi che non sia quello il motivo per cui non sei mai tornata.

Il sabato seguente, portai a Sheila qualche articolo per acconciature che avevo comprato al drugstore. Niente di speciale: del balsamo, una bomboletta di mousse e una fascia azzurra perché la frangia, troppo cresciuta, non le coprisse gli occhi. Lei accolse tutto quanto con grande entusiasmo.

«Oh! Stupendo!» Strappò il sacchetto, più che aprirlo, ne tirò fuori la fascia e la indossò. «Avevo sempre desiderato portare una fascia. Ma siccome avevo la frangia, non aveva senso portarla, così non ne avevo mai avuta una. Ma questa è stupenda. Perché l'hai fatto?»

Scrollai le spalle. «Ho pensato che ti avrebbe fatto piacere.»

«Sì, sono molto contenta. Grazie.»

Per un minuto o due Sheila ispezionò ben bene le altre cose che le avevo portato. Svitò il coperchio del vasetto del balsamo, lo toccò con un dito, riavvitò il coperchio e poi lesse le istruzioni. «Probabilmente non mi lasceranno mai usare questa roba, qui dentro. Ti requisiscono tutto. Mi sa che crederanno che questa roba voglia fumarmela, o qualcosa del genere. Chissà!»

Mi sedetti sul letto di Angel. Aveva almeno due dozzine di piccoli peluche allineati contro il cuscino, e col mio peso ne avevo spostati parecchi. Mi piegai e cercai di rimetterli al loro posto.

«Ho saputo quando mio padre verrà rilasciato in libertà vigilata. Il ventotto ottobre», disse Sheila.

«E che ne pensi?»

Si strinse nelle spalle. Ruotò la bomboletta della mousse e si spruzzò sulla mano un po' di schiuma, poi l'avvicinò al naso, la annusò e la schiacciò tra i palmi.

«Che cosa farà? Ha un lavoro?» domandai.

«Tornerà a Broadview. Ha degli amici, a Broadview. Sai, è lì che è cresciuto. È lì che abitava mia nonna, quando era ancora viva.» Si strofinò la mousse sui capelli.

Era la prima volta che la sentivo parlare di un altro famigliare. Sapevo che aveva dei parenti, tra i quali il fratello di suo padre, Jerry, quello che, con tanta crudeltà, aveva violentato Sheila quando lei aveva sei anni. Tuttavia, Sheila non parlava quasi mai dei suoi parenti, tranne che degli stretti famigliari.

«Be', comunque è una bella notizia», dissi. «Significa che potrai andartene di qui.»

Lei increspò le labbra, in un'espressione di contrariata incertezza. «Non so. Non credo di voler tornare a vivere con mio papà. Sai, l'aveva ripetuto almeno un milione di volte, che avrebbe smesso con quella roba, e non l'ha mai fatto. Dubito che lo farà questa volta, e sono proprio stufa di finire in questi posti di merda.»

Tacqui.

Mi guardò un istante. «Sai che cosa voglio fare? Trovare mia mamma. E vedere se posso vivere con lei.»

«E come farai a trovarla?»

«Be', rimanga tra noi.» Si guardò attorno furtivamente come se qualcuno potesse sentirla. «È un po' che metto da parte i soldi, perché mio papà me ne manda un po', ogni tanto. E l'ultima volta che sono stata in città, sono andata in biblioteca e ho preso l'indirizzo di un giornale della California. Poi gli ho mandato dei soldi perché mi pubblicassero un annuncio. Un annuncio che diceva chi ero e che stavo cercando mia madre.»

«La California è grande. Un giornale non basta.»

«Be', sì, lo so. Ma man mano che metterò via dei soldi, farò pubblicare altri annunci», disse Sheila. «E uno di quelli, lei lo leggerà, ne sono certa.»

La guardai. «E poi cosa farai?»

«Be', potrò parlarle, no? E magari potrò andare a vivere con lei.»

«Sheila, non credo che...»

Mi fece una smorfia. «Adesso mi dirai che sono tutte cazzate, vero? Lo sapevo che me lo dicevi.»

«No. Dico soltanto che devi andarci piano, in questa faccenda.»

«So che cosa faccio», replicò. «Probabilmente lei sarà felicissima che io l'abbia trovata. Si sente parlare continuamente di ragazzi adottati e di quanto i loro veri genitori siano sempre felici, quando i figli li trovano.»

«*Quasi* sempre.»

«E lei sarà sistemata, e mio fratello sarà con lei, e...»

«Non farti troppe illusioni, Sheil.»

Esasperata, scrollò le spalle. «Non avrei dovuto dirtelo. Lo *sapevo*, che non avrei dovuto. Tu dici che sono tutte cazzate.»

«Non è vero, Sheila. Sto solo dicendo...»

«Lo so, Torey, ma non sarà come pensi. Merda, non voglio vivere con mio padre. E di certo non voglio nemmeno stare qui. Io voglio stare con *lei*. Probabilmente sarà felice che io mi sia data tanto da fare per trovarla. È successo tutto tanto tempo fa. Potrebbe essere stato un incidente. Magari sono caduta fuori dalla macchina. Magari lei se ne accorse quando ormai era troppo tardi. Probabilmente le farà piacere sapere che me la cavo bene.»

29

Cara mamma,
voglio vivere con te. Sono stufa di vivere con papà. Non che sia successo qualcosa di brutto, perché è un pezzo che non succede niente di brutto; è solo che sono così stufa del suo modo di fare. Sono stufa di preoccuparmi per lui, per l'alcol e la droga, per come finiranno i nostri soldi; sono stufa di chiedermi se si metterà di nuovo nei guai e, se ci si metterà, che cosa mi succederà. Voglio stare con te e Jimmie. Ti prego, non potremmo fare così, per un po'?

«Puoi tirarmi fuori di qui?» domandò Sheila quando arrivai per la mia solita visita del sabato. «Qui dentro sto impazzendo.»

«Intendi dire, trovarti un altro istituto?» domandai.

«No. Per l'amor di Dio, no. Fammi uscire. Sono mesi che non metto piede fuori dal ranch», rispose. «Voglio venire a casa tua. Mi ci porti?»

«Non credo che Jane me lo permetterà. Di punti non ne hai molti, sulla tua scheda.»

«Ah!» esclamò, deliziata. «Invece ne ho *moltissimi*. Tra poco vincerò un tostapane.» E ridacchiò per la sua battuta.

«Sì, be', temo che sia proprio come ho detto. E a Jane non riuscirai a strappare un'altra opportunità.»

Sheila emise un sommesso gemito di esasperazione. «Da te non scapperei, Torey. Lo sai.»

Veramente non lo sapevo. Non che credessi che Sheila stesse mentendo. Sapevo benissimo di quali stratagemmi era capace, ma con me era sempre stata straordinariamente sincera. E nemmeno in quel momento avevo motivo di dubitare della sua onestà; tuttavia, era un'opportunista nata. Se le si fosse presentata l'occasione di scappare, avrebbe potuto resistere alla tentazione? Non volevo nemmeno pensarci.

«Su. Per favore. Non vuoi provarci?» mi implorò. «Non ne posso più, di questo posto.» Una breve pausa e poi si illuminò tutta. «Potrei farti da mangiare. Ricordi? Come l'ultima volta. Ti è piaciuto, no? Ti prego.»

«Se glielo chiederò, sai che cosa comporterà, questo?» replicai.

«Che cosa?»

«Il sistema a punti. Dovrai guadagnare dei punti.»

Lei si coprì teatralmente gli occhi col braccio e si lasciò cadere all'indietro sul letto. «Oh, merda. Anche tu. *Dio*, Torey.»

«Devi cooperare, Sheila. Probabilmente saresti potuta uscire di qui mesi e mesi fa, se avessi fatto quello che ti chiedevano.»

«Dio. Avrei dovuto stare al loro stupido gioco? Raccogliere quelle merde di... che cosa sono? *Tee da golf*, o qualche altra cazzata del genere. Credi che possa permettere di farmi disciplinare la vita con dei *tee da golf*? Per l'amor di Dio.»

La scrutai. «Lo farai, se vuoi venire a casa mia.»

«Merda, Torey, ti credevo diversa.» Arrabbiata, aggrottò la fronte e si lasciò cadere di nuovo all'indietro sul letto.

La tigre si stava svegliando. Di colpo, mi resi conto che Sheila stava combattendo. E io, deliziata, continuai a provocarla. «Chiameremo qui Jane. Potremo stabilire con lei un programma di punti e un week-end a casa mia per quando l'avrai completato. Ti va, l'idea?»

«Mi fa schifo.»

«Benissimo. Fa' come vuoi.»

Sheila si drizzò a sedere. «Non intendevo questo. Dio, oggi hai proprio la luna. Che cosa c'è? Hai le tue cose, forse?»

Sorrisi dolcemente.

Lei, irritata, digrignò i denti e poi si trascinò fino ai piedi del letto a strappare un pezzetto di carta. «D'accordo. Allora chiama Jane. Togliamoci questo cazzo di peso e non pensiamoci più.»

* * *

Sheila si applicò, e guadagnò velocemente i suoi punti. Jane era esterrefatta, e ho il sospetto che fosse proprio questa la reazione che Sheila sperava di suscitare in lei. E quando si riprese e all'istituto non si poté più ignorare la forza in cui Sheila si era trasformata, Jane apparve un po' allarmata per i sentimenti che erano stati risvegliati.

Due sabati dopo, quando tornai in città, Sheila era seduta in macchina accanto a me. «Dio, che bello», continuava a dire. «Gli alberi. Guarda quegli alberi. Ecco che cosa mi manca tanto, là dentro. Là sembra un deserto.»

A casa mia, Sheila entrò in tutte le stanze, una dopo l'altra. «Caspita, sembra incredibile essere di nuovo qui. Sai quando ci sono venuta, l'ultima volta? Quella sera con quel ragazzino. Alejo. Caspita, un *déjà vu*, direi. No, no, l'ultima volta non è stata quella, vero? È stata la volta che ho cucinato per te. Quella è stata dopo. Dio, Torey, sembra una vita fa.» Fece una pausa e mi guardò. «Ricordi la settimana scorsa, quando ti ho detto che riesco a cacciare dai miei pensieri dei momenti della mia vita? Come se fossero cose successe a un'altra persona?»

Annuii.

«Ecco, uno di quei momenti è quello che ho vissuto qui. Non volevo cacciarlo. Non ho cercato consapevolmente di dimenticarlo, ma adesso che sono ritornata, la sensazione è questa. Un vero e proprio *déjà vu*. Un po' come se ricordassi un'incarnazione precedente, perché... credo di non essere mai tornata in un posto dove tutti gli altri stavano facendo ancora la loro vita, esattamente come quando li avevo lasciati.»

Gironzolando in cucina, le cadde lo sguardo su alcune fotografie attaccate al frigorifero con le calamite. Si fermò e le esaminò attentamente. «Quelle sono foto della mia gita in tenda», dissi. «Guarda. Avevo preso la trota più grande.»

«E chi è quel tizio che è con te?»

«Hugh. Lo conoscerai tra poco, perché stasera ci porterà fuori a cena.»

«Così, è lui la scopata del momento.»

«Non lo definirei esattamente così», replicai.

«Però te lo scopi, immagino.» Stava ancora studiando le foto.

«Questa, Sheila, è una domanda che rientra nella categoria delle 'domande personali'».

Si girò a guardarmi. «Noi siamo amiche, no?»

«Be', sì...»

«Quindi non c'è niente di male a dirmelo, ti pare? Scopi con lui, vero?»

«Non scopo, faccio l'amore. È diverso.»
Scrollò le spalle. «Per me è sempre scopare.»

* * *

Quel pomeriggio, avevo deciso di portare Sheila al centro commerciale. Dopo tanti mesi di isolamento, aveva una gran voglia di godersi le immagini e i rumori dei luoghi gremiti di gente, e il sabato pomeriggio il centro commerciale era tra quelli più affollati. Facemmo uno spuntino e poi, prima che uscissimo, andai in bagno a lavarmi i denti.

Sempre con lo spazzolino in mano, stavo gironzolando fuori dal bagno quando udii dei lievi colpetti. Girai l'angolo, entrai nel soggiorno e vidi Sheila con la cornetta del telefono in mano. «A chi telefoni?» domandai, sorpresa.

«A nessuno.»

Mi sembrava alquanto improbabile; avrei dovuto vigilare.

Sheila aveva un'espressione un po' sciocca in faccia. «Scusami. Stavo giocando. Così, tanto per fare qualcosa. Mi dispiace. Ma, vedi, con questi tasti si possono suonare dei motivetti. E volevo soltanto provarci...»

La guardavo ancora con aria scettica.

«Sì, vieni qui, ché ti suono 'Twinkle Twinkle Little Star'».

L'episodio del telefono non mi lasciava del tutto tranquilla. Forse stava davvero giocando con i tasti e mi preoccupavo inutilmente, ma l'istinto mi diceva che non era così. Per tutto il pomeriggio fui rosa dalle domande che l'episodio aveva sollevato. A chi stava telefonando? Perché? E perché aveva voluto tenermene all'oscuro?

In generale, fu un pomeriggio di notevole tensione, per me. Con il passato di fughe che Sheila aveva alle spalle, sapevo che portarla al centro commerciale sarebbe stato rischioso. Volevo regalarle qualche momento felice e spensierato che rievocasse i vecchi tempi in cui eravamo state insieme. E mi sembrava altrettanto importante convincerla che mi fidavo di lei. Ma la verità, nuda e cruda, era che non mi fidavo. Lavoravo con quei bambini da troppo tempo per non essere scettica, e quella telefonata misteriosa non aveva fatto altro che acuire la mia diffidenza.

In realtà, la mia preoccupazione si rivelò infondata. Sheila fu felicissima della nostra visita al centro commerciale. Entrò in tutti i negozi, senza tralasciarne neanche uno, toccò tutto quello che poteva toccare, provò una quantità inverosimile di vestiti, cappelli e gioielli e consumò innumerevoli ciambelline, caramelle, biscotti, tranci di pizza e gelati, il tutto innaffiato di litri di succo d'arancia. S'innamorò di un bizzarro vestitino che sembrava pronto per finire tra gli stracci di casa. Il corpetto era prestrappato e tenuto insieme da spille da balia convenientemente appuntate. La gonna le copriva a malapena il sedere. Siccome aveva già comprato con i suoi soldi una T-shirt – atroce – mi offrii di pagarle il vestito. Mi sembrava un prezzo ragionevole da pagare, per poter vederla sfoggiare un altro esempio del suo gusto bizzarro in fatto di abbigliamento.

Quando arrivammo a casa, Hugh era già là. Sheila fu colta alla sprovvista. Aveva preso la mia chiave di casa per aprire la porta e chiaramente non si aspettava di trovare dentro qualcuno. Lanciò un urlo di sorpresa e corse di nuovo fuori da me, sul pianerottolo.

Hugh, inguaribile burlone, aspettò che Sheila e io entrassimo. Poi le diede un'occhiata, sollevò le braccia, lanciò un urlo di sorpresa identico al suo e corse a rifugiarsi in camera da letto.

Sheila rimase a bocca aperta. «Dio, e chi è quello?»

«Sono un ladro. Andate via», fu la vocina che arrivò dalla camera da letto.

«È vero?» domandò lei.

«Quello è Hugh», dissi, e l'esasperazione che trapelò nella mia voce gli fece capire che per quel giorno ne avevamo avuto abbastanza.

Hugh comparve da dietro l'angolo con in testa un cappellino ornato di fiori che avevo indossato a un matrimonio la settimana precedente; ma l'espressione era funerea. «Già», disse, con una voce profonda da contrabbasso, «sono Hugh, l'amico di Torey.»

Sheila aveva gli occhi sgranati. «E io che credevo che Jeff fosse uno strano», mormorò. «Dio, Torey, ma dove li trovi?»

* * *

Fu una serata bellissima. Sheila se ne stette in bagno ore, a prepararsi. Si agghindò con i nuovi acquisti, la sua atroce T-shirt e tutto il resto, e poi si servì a piacimento del mio make-up. Dopodiché, Hugh ci portò in un ristorante giapponese dove lo chef, maneggiando il coltello con una precisione d'artista, ci preparò la cena direttamente al tavolo. Sheila, che non aveva mai usato i bastoncini, armeggiava, rideva e tornava ad armeggiare, rovesciandosi continuamente in grembo parte della pietanza. In circostanze normali, Sheila non era incline all'umorismo. La sua dignità e la sua stima di sé erano ancora troppo fragili per reggere alla risata aperta. Tuttavia, quella sera riusciva a vedere il lato buffo dei suoi tentativi maldestri e, cosa ancora più importante, non soltanto a tollerare ma anche ad assecondare gli sciocchi commenti di Hugh. Erano commenti così assurdi che ben presto tutt'e tre fummo presi da una convulsione di risa, tanto che Sheila non fu più la sola ad aver problemi a maneggiare i bastoncini.

Poi andammo a vedere un film di fantascienza. Hugh comprò un sacchetto gigantesco di popcorn e si sedette tra Sheila e me perché tutt'e due potessimo servirci. In attesa che cominciasse il film, loro due si divertirono a lanciare il popcorn in aria cercando di farselo ricadere in bocca. Quella baldoria cominciava a imbarazzarmi un po', perché intuivo che agli altri poteva dare sui nervi e temevo che qualcuno si lamentasse. Sì, avremmo fatto meglio a calmarci, riconobbe Hugh. In una rara manifestazione di affetto, Sheila gli si aggrappò al braccio e gli si premette contro quasi abbracciandolo.

Quella sera stessa, a casa mia, dopo che Hugh se ne fu andato, Sheila e io decidemmo come disporci per la notte. Lei avrebbe dormito sul divano, in soggiorno; così tolsi i cuscini dello schienale per farle più spazio.

«Aveva bevuto, o preso qualcosa?» domandò Sheila, mentre eravamo al lavoro.

«Chi? Hugh? No, è sempre così.»

«Però!» Fece una pausa per lisciare il lenzuolo sui cuscini. «Sei sicura che non aveva preso qualcosa? Non so, magari prende qualcosa senza dirtelo.»

«No. È fatto così», risposi. «Credo che questo sia uno dei motivi per cui mi affascina tanto. Mi piace farmi delle belle risate.»

Annuì. «Non credevo che si potesse essere così, senza essere fatti o ubriachi. Non credevo che si potesse essere così allegri.»

* * *

Quando Sheila si fu sistemata sul divano, mi preparai per andare a letto. Mi lavai, le augurai la buona notte e poi scomparvi in camera da letto. Era molto tardi, ed ero stanca, così, poco dopo aver spento la luce, mi addormentai.

Mi svegliai di soprassalto. La stanza era buia. Mi girai a guardare la sveglia sul comodino e vidi che ero a letto soltanto da un'ora e mezzo, ed ebbi l'inquietante sensazione di non essere più sola in camera. Mi girai e mi tirai su. « Sheila? » sussurrai nel buio.

Per qualche istante non ci fu risposta, poi Sheila uscì dall'oscurità, accanto alla porta. « Scusami. Non volevo svegliarti. »

« Che stai facendo? »

Poiché non rispondeva, feci per accendere la luce.

« No! » mi pregò. Così non la accesi.

Mi sporsi dal letto e vidi che la coperta del divano era lì per terra. Lei vi si avvicinò e vi aggiunse il cuscino.

« Che stai facendo? » ripetei.

« Non riesco a dormire. » Aveva una vocetta infantile. « È strano, qui. Non sono molto abituata a dormire sola. Angel russa, e sono abituata a sentire quel rumore. Ti dispiace se dormo qui? »

« Non credo di russare. »

Fece una risatina. « Non fa niente. »

Si coricò per terra e si tirò su la coperta. Poi ci fu silenzio. Avevo sonno, e mi appisolai.

« È stata una bella serata », disse Sheila, piano, nel buio. « Hugh mi piace. Sei fortunata. »

« Sì. »

« Mi sono proprio divertita. Era un pezzo, credo, che non ridevo così », disse.

« Mmmmm. »

« Spero di avere un ragazzo come Hugh, un giorno. »

Mi stavo riaddormentando, e forse non risposi.

« Tor? »

Mi svegliai. « Sì? »

« Davvero scopi con lui? »

« Mi pare di averla già sentita, questa domanda », mormorai. « Il tuo interesse per la mia vita sentimentale mi sembra un po' eccessivo. »

« Il fatto è che non riesco a immaginarti mentre lo fai. »

Sorrisi nel buio.

« Veramente », continuò, « non sono sicura di volerlo fare. Mi sembra così terribile. Dico sul serio. Non lo farò mai, se non mi ci costringeranno. »

«Quando arriverà il ragazzo giusto, probabilmente non la penserai più così.»

«Non credo.»

Seguì un momento di silenzio, un silenzio profondo, carico di riflessioni e acuito dal buio. Poi, finalmente, la sua voce: «Tor?»

«Mm?»

«Secondo te ce l'avrò mai, un ragazzo? Sì, insomma, ci sarà qualcuno che mi vorrà, anche se non vorrò fare sesso con lui?»

«Un vero ragazzo ti amerà per molto di più del sesso. E poi, chi lo sa? Magari non la penserai più così. Quando ami un ragazzo, è naturale volerlo toccare, voler farsi toccare da lui.»

Lei non reagì.

«Tu hai avuto delle brutte esperienze, Sheil. Esperienze orribili, che nessun bambino dovrebbe mai avere. Ti hanno fottuto la vita, nel vero senso della parola, e questo è tragico. Ma quel sentimento naturale non è scopare. È amore; è parte dell'amore, e lo riconosci, quando arriva, perché ti rende felice.»

Poi la conversazione si smorzò. Sentii di nuovo le mute riflessioni, e poi soltanto il silenzio. Tornai sotto le coperte e chiusi gli occhi.

«Spero che sarà come Hugh. Divertente come lui», disse.

«Sì, anch'io lo spero. Hugh è un bravo ragazzo.» Una pausa. «E adesso, scusami se faccio la guastafeste, ma è molto tardi. Saremo a terra, domattina, se non dormiamo.»

Da giù mi arrivò un piccolo schiocco della lingua sul palato. Poi ci fu silenzio.

E poi, di nuovo, la sua voce sommessa nel buio. «Sai che cosa mi ricorda, questa serata?»

«Che cosa?»

«Ricordi quella volta con l'altro tuo ragazzo? Com'è che si chiamava? Chad? Ricordi quando ci portò fuori a mangiare la pizza? Questa serata assomiglia a quella. Divertente come quella.»

«Te la ricordi?» domandai, perché rammentavo perfettamente che, a quattordici anni, aveva detto di non ricordarla.

«Sì. Più o meno. Be', non proprio tutti i particolari, ma ricordo che cosa provavo. Ero felice. Ero con voi due ed ero così felice. Ricordo di aver pensato, probabilmente è questo che si prova, quando si hanno mamma e papà.»

Sorrisi nel buio. «Sì, ricordo di essere stata bene, quella sera.»

«Anche stasera, più o meno, è stato così. Un po' come sentirsi in famiglia. Sai... be', un senso di intimità.»

«Sì.»

«È bello provare questi sentimenti. È bello pensare che le persone con cui sei non stanno aspettando il primo momento buono per aprire una portiera e scaricarti.»

30

Cara mamma,

a quei tempi combinavo un mucchio di guai. Forse è per questo che hai dovuto fare quello che hai fatto. Credo di capirlo, perché probabilmente era la sola cosa che potevi fare. Ma adesso sono migliorata molto. Ecco i miei punti forti:

1) So cucinare

2) Sono bravissima nei lavori di casa

3) Quando uscirò di qui troverò un lavoro e guadagnerò dei soldi

4) A scuola prendo quasi sempre il massimo dei voti e così sono sull'albo d'onore (be', ero sull'albo d'onore quando andavo alla vecchia scuola. Qui l'albo d'onore non c'è, ma se andrò in un'altra scuola mi ci metteranno).

5) Adesso farò quello che vuoi, perché sono abbastanza grande per capire.

Arrivò ottobre. Sapendo che ero l'unica ad andare a trovarla, continuavo a farlo quasi ogni settimana, e all'inizio dell'autunno Sheila fece progressi straordinari. Adesso si metteva d'impegno a guadagnarsi dei punti, con la speranza di trascorrere il sabato pomeriggio fuori dal ranch, e Jane registrò ogni settimana un aumento della sua cooperazione. Sheila evitava ancora la compagnia degli altri ragazzi, ma di questo non mi preoccupavo granché.

Poiché suo padre sarebbe uscito in libertà vigilata alla fine del mese, erano in corso progetti anche per il rilascio di Sheila. Jane voleva tenerla al ranch fino a metà novembre per dare al signor Renstad l'opportunità di sistemarsi. Dopo il nostro sgradevole congedo, non avevo mai più parlato con lui, e non sapevo se fosse al corrente del fatto che avevo ripreso a vedere Sheila. Così, tutte le informazioni che avevo, me le dava Jane. Mi aveva già detto che l'Assistenza Sociale gli avrebbe permesso di riprendere con sé Sheila soltanto a condizione che dimostrasse di condurre una vita abbastanza stabile; tuttavia, in ottobre, Jane disse che, attraverso un corso di riabilitazione per carcerati, gli era stato trovato un posto di lavoro, e adesso occorreva soltanto trovargli una casa.

Sheila accolse tutte queste notizie e questa attività con notevole calma. Ci era già passata altre tre volte, così manteneva lo scetticismo tipico di chi finché non vede non crede. E poi, ovviamente, c'era un altro problema.

«Torey! Torey! Vieni qui.» Mi accolse con dei gesti concitati, quando arrivai il sabato prima del Columbus Day. Quando entrai, chiuse in fretta la porta della camera alle mie spalle e balzò sul letto. «Siediti. Voglio farti vedere una cosa.»

Mi sedetti.

Sheila si piegò sopra il bordo del letto e tirò fuori la scatola in cui custodiva tutti i suoi tesori. Sollevò il coperchio di cartone e prese una lettera. Se la premette al petto e mi lanciò un sorrisino. «Indovina un po'! Indovina che cos'è.» Ma prima che potessi tirare a indovinare, me la cacciò in mano. «È di mia madre.»

Presi la lettera.

«Ricordi quell'annuncio che ho fatto pubblicare? Sai, sul giornale? Be', ha funzionato! Lei l'ha visto e mi ha scritto questa lunghissima lettera.»

Per essere lunga, lo era. Dovevano essere dieci, dodici pagine scritte su una facciata e sull'altra a caratteri minuti e quasi illeggibili. L'aprii, me la lisciai sulle ginocchia e cominciai a leggere.

Dopo i primi capoversi, provai una stretta al cuore. C'era una nota strana, disperata, in quelle righe. Quella donna diceva che aveva fatto adottare sua figlia, e poi andava avanti pagine intere a raccontare una complicatissima storia di problemi emozionali e violenza tra le pareti domestiche.

«Sheil, mi ferisce dirtelo, ma... sono certa che questa non è tua madre.»

«Sì, invece. Dice che sua figlia aveva quattro anni. E io ne avevo quattro», replicò Sheila. «A quante bambine di quattro anni può essere successo?»

«Be', non a molte, in circostanze identiche alle tue, ma lei non parla delle circostanze precise. E poi, dice di averla fatta adottare, sua figlia. Non si può dire che tua madre ti abbia fatta adottare.»

«Sì, lo so, ma era sconvolta», obiettò Sheila. «Guarda quante volte dice che era sconvolta. Dio, quel fatto ha... le ha rovinato tutta la vita. E lo sapevo, che mia madre si sentiva così. Sapevo che a mia madre dispiaceva che fosse successo, e che mi avrebbe voluta di nuovo con lei, se solo avesse saputo dove trovarmi.»

Sollevai la testa e la scrutai. Quante volte avevo visto quell'espressione, nei suoi occhi. Con quella commovente vulnerabilità negli occhi, era come se fosse tornata la bambina di sei anni. Voleva che fosse vero, lo voleva tanto disperatamente. Feci per sfiorarle la spalla, ma lei si ritrasse.

«Dice che mi chiamo Sheila. Lo sa, il mio nome», insistette.

«Amore mio...»

«Ma lo *dice.*»

«Gliel'hai detto tu. Sull'annuncio c'era il tuo nome, no?»

«Ma lo *dice*. Perché una dovrebbe mentire sul nome? Perché dovrebbe voler mettersi in contatto con me, se non fossi sua figlia?»

«Perché qualche volta ci sono persone che hanno dei gravi problemi e non sanno distinguere ciò che è reale da ciò che non lo è.»

Gli occhi le fiammeggiarono di rabbia. «Ti riferisci a me, vero? È così che mi credi. Matta. Forza, Torey, dillo, perché è questo che stai cercando di dire.»

«*Non è* questo che sto cercando di dire. Mi riferisco a lei, a quella donna che ti ha scritto, non a te. Credo che voglia che tu sia sua figlia. Forse lo crede davvero, ma non è così.»

«Sì, invece! È mia madre. Lo so. Leggi tutta la lettera. Hai letto solo poche pagine. Parla anche di Jimmie, lì. Parla di lui e di altri miei quattro fratelli. Più piccoli, perché si è risposata.»

Scrollai le spalle. «Ma avevi scritto anche il nome di Jimmie, sull'annuncio, Sheila. Conosceva il nome di Jimmie ancora prima di scrivere la lettera perché *tu* gliel'hai detto.»

Le lacrime le salirono agli occhi. «Vuoi solo farmi un dispetto. Non vuoi che io trovi mia mamma.»

Di nuovo, tesi il braccio verso di lei. «Su, Sheila.»

Combattendo per darsi un contegno, si girò dall'altra parte.

«Sheil, io *voglio* che tu trovi tua mamma. Niente mi farebbe più felice, semplicemente perché so quanto renderebbe felice te;

ma non voglio che tu rimanga ferita più profondamente di quanto lo sei già. E temo tanto che succeda, in questa faccenda.»

«Vattene via.»

«Sheil...»

«Vattene via. Forza. Non voglio vederti, questo week-end. Vattene via.»

* * *

Quella settimana non ricevetti biglietti di «Cara mamma», e il week-end seguente, quando andai da Sheila, lei non accennò alla lettera. Non era la Sheila socievole di sempre, così capii che l'avevo ferita profondamente, durante quella discussione, e teneva ancora le distanze. Mi sembrava poco saggio sollevare l'argomento, e pensai che sarebbe servito di più mostrarle affetto e sostegno e aspettare che fosse lei a fare la mossa successiva. Chiacchierammo abbastanza piacevolmente. La conversazione s'incentrò soprattutto sui preparativi per la partenza dal ranch. Avrebbe cambiato scuola: da quella piccola e autonoma, con una sola classe, del ranch, sarebbe passata a una grande scuola superiore di Broadview, ed era curiosa di sapere quali programmi offriva. Discutemmo di vari corsi di studio e le dissi che sarebbe stato vantaggioso scegliere un programma che agevolasse la sua ammissione al college.

Era la prima volta che veniva sollevato l'argomento della vita di Sheila dopo il diploma. Ormai era all'ultimo anno di scuola, ed erano decisioni che probabilmente si profilavano gravi, ma fino ad allora non avevo partecipato quasi mai a discussioni sul suo futuro scolastico, in parte perché la scuola era l'unico campo in cui Sheila sembrava cavarsela benissimo da sola, e in parte perché il presente di Sheila era così caotico che era difficile concentrare l'attenzione sul suo futuro. Fu un colpo, per me, quando Sheila disse che non aveva alcuna intenzione di andare al college dopo il diploma.

«Stai scherzando.»

«No», replicò. «Non voglio andarci.»

«Ma certo che ci andrai», dissi.

«No. Sono stufa della scuola. Voglio mantenermi da sola. Avere una casa in cui sia io a comandare. Non voglio finire la scuola e tornare subito a studiare.»

Ero frastornata. Con il suo QI, con l'interesse che aveva per la storia antica e la facilità con cui imparava il latino e leggeva i testi classici, non potevo credere che non desiderasse andare all'università. Cercai di spiegarle com'era diversa la vita universitaria da quella scolastica, e quanto avrebbe trovato facile quello stile di vita. Da tempo aveva sviluppato la capacità di studiare da sola, perché l'ambiente in cui era vissuta non era certo di quelli che stimolano a coltivare la propria istruzione, e osservai che quello sarebbe stato un vantaggio per lei, all'interno della comunità universitaria, e che aveva già grandi probabilità di riuscita.

Furono parole vane. Al contrario della settimana precedente, Sheila non si arrabbiò. Non credo che avesse investito granché in quella discussione. Per lei non era un tema importante, e non si dava la briga di difendere la sua posizione; tuttavia, rimase inflessibile. Quando la scuola sarebbe terminata, avrebbe cercato un lavoro, una casa e avrebbe vissuto la sua vita. Il college poteva aspettare.

* * *

Il mercoledì seguente, nel nostro ufficio, Jules e io stavamo chiacchierando del più e del meno davanti a un caffè quando squillò il telefono. L'apparecchio era su una sedia tra le due scrivanie, così facemmo tutt'e due per rispondere, ma Jules era più vicino. Tirò su la cornetta e poi fece una smorfia. «Figurati! Quando rispondo io, è sempre per te.» Mi passò il ricevitore.

All'altro capo del filo c'era Jane Timmons. «Abbiamo un problema, qui», disse. «Sheila è scomparsa.»

«Dove? Quando?»

«Stamattina Annie l'ha accompagnata in città per comprare dei vestiti; l'aveva portata ai grandi magazzini MacGregor's. Davvero, Torey, fino ad allora non pensavamo che fosse un pericolo. E poi mancavano soltanto tre settimane al rilascio. È andata in bagno e Annie è rimasta davanti alla porta ad aspettare, ma lei non è mai uscita.»

«Che cosa è successo? C'era una finestra, o qualcosa del genere?» domandai.

«Sì. Ma era al secondo piano. Chissà come ha fatto. Chissà da dove è passata. Il tetto era piatto, ma...»

Con quella breve conversazione, Sheila si trasformò ancora una volta dalla ragazza simpatica e vivace che conoscevo in un'estranea, una che aveva familiarità con mondi che non potevo nemmeno immaginare.

«La mia domanda, scontata, è...» continuò Jane, «non si è fatta viva, da quelle parti, vero?»

«No.»

«Be'...»

«Posso fare qualcosa?» domandai.

«No, davvero. Abbiamo avvertito la polizia. E ci siamo messi in contatto con Marysville, dove si trova il padre, anche se voglio sperare che lei non abbia in mente di fare tanta strada.» Pausa. «Hai un'idea di dove possa essere andata? Qualche amica, o qualcosa del genere?»

Ovviamente, la prima ipotesi che mi venne in mente fu sua madre. «Ha ricevuto una lettera...» cominciai, e poi le parlai brevemente degli sforzi di Sheila in quella direzione.

«Sì, sappiamo tutto», disse Jane.

«Ah, sì?» Ero sorpresa, perché Sheila non mi aveva mai fatto capire di averne parlato con il personale.

«Precauzioni di routine. Ispezioniamo periodicamente le cose dei ragazzi. Sapevamo che stava scrivendo a dei giornali californiani, ma avevo chiuso un occhio. Sì, insomma, mi sembrava abbastanza innocuo, e poi, chissà, se quella ragazza trovasse un altro parente disposto a prenderla con sé, sarebbe soltanto una benedizione. Suo padre non è quel che si dice un angelo, giusto?»

«Ma sapevi di quella lettera?» domandai. «Di quella donna della California settentrionale?»

«Sì, l'ho vista. Holly me l'ha portata la settimana scorsa perché dessi un'occhiata», rispose Jane. «Triste, eh?»

La disinvoltura con cui le cose di Sheila venivano ispezionate e le sue azioni liquidate mi infastidì profondamente, e per questo evitai di scendere nei dettagli e parlare dell'importanza del ruolo che, secondo me, quella lettera giocava nella scomparsa di Sheila. Jane non mi era mai piaciuta molto, ma adesso mi disgustava.

Quell'unica telefonata fu anche l'ultima che mi arrivò, sull'argomento. Jane non si fece più viva. Giovedì e venerdì telefonai al ranch, ma Jane era occupata e l'assistente mi disse che fino a quel momento non erano riusciti a trovare Sheila.

* * *

Nei giorni successivi alla fuga di Sheila, mi aspettavo che mi telefonasse, o che, come quella volta con Alejo, si presentasse sulla soglia di casa mia. Ero preoccupata perché temevo per la sua salute, ma ero ancora fiduciosa che tutto si sarebbe risolto presto. Dopo tutto, quanto tempo poteva rimanere nascosta?

Un bel po', come avrei scoperto. I giorni diventarono settimane. Una, due settimane. Il signor Renstad venne rilasciato e tornò a Broadview, e Sheila non si era ancora fatta viva.

Non potevo crederlo. Non potevo credere che quella ragazza potesse scomparire senza lasciare traccia, e per la prima volta mi scontrai con l'angosciosa realtà di come la polizia e le agenzie dell'Assistenza Sociale affrontano il problema dei ragazzi che scappano. E, non per la prima volta, fui costretta a riconoscere quanto il mondo di Sheila fosse diverso dal mio.

Era impossibile non preoccuparsi per lei. Facevo congetture di ogni genere, non ultima quella che avesse davvero trovato quella pazza californiana. O magari la madre. Nella migliore delle ipotesi, la vedevo riunita alla mamma e a Jimmie, a vivere la vita che aveva sempre desiderato, e cercai di convincermi che era andata proprio così e che non mi aveva telefonato per questo. Purtroppo, continuavano a infilarsi nei miei pensieri le diverse possibili varianti di quell'ipotesi.

Arrivò novembre, e dovetti accettare il fatto che Sheila era uscita di nuovo bruscamente dalla mia vita. Come le altre volte, il tempo finalmente cominciò a sanare il mio senso di frustrazione, e così pure le torture della preoccupazione. Una sera, incappai nelle lettere di «Cara mamma» che avevo conservato nella parte anteriore del mio schedario. Invece di lasciarle dov'erano, le tirai fuori e le misi in una scatola in soffitta, con tutti gli altri ricordi dei bambini con cui avevo lavorato. La mattina dopo, presi la copia di *Una bambina* che di solito tenevo sulla mia scrivania e la spostai dove non avrebbe potuto cadermi l'occhio.

* * *

Ero nel bel mezzo di una seduta di ludoterapia con Bobby, un bambino di quattro anni che non parlava. Era un caso difficile, che mi era stato passato da un altro psichiatra perché lo valutassi, visto che nessuno era riuscito a capire quale fosse il motivo del suo mutismo. Non mi aspettavo di essere disturbata: tutti sapevano che stavo riprendendo in video la seduta. Ciò nonostante, proprio mentre stavo strappando a Bobby qualche balbettio eccitato facendogli fare bolle di sapone, squillò il mio beeper. Cercai di ignorarlo e non risposi, ma squillò di nuovo.

Irritata, mi alzai e andai al telefono alla parete della sala per la terapia; mentre, con una mano, componevo il numero dell'ufficio principale, con l'altra cercavo di spegnere la telecamera. Divertito dalle mie acrobazie, Bobby gettò la sua coperta sulla telecamera, ponendo una fine nebulosa alla registrazione.

«Be', ero io che chiamavo», disse Rosalie, che lavorava nell'ufficio principale. «Abbiamo appena ricevuto un fax per te e credo che dovresti venire qui a dargli un'occhiata.»

«Subito? Ma sono in terapia», dissi.

«Sì, Torey, credo che dovresti venire qui subito.»

* * *

Portandomi appresso Bobby, andai giù all'ufficio nella parte antistante dell'edificio e presi il fax dal mucchio della mia posta. Lo lessi.

Vieni via, figlia dell'uomo!
Verso l'acqua, la foresta,
accompagnata da una fata,
perché ci sono più lacrime al mondo di quanto tu non sappia.

Il mondo non è fatto per noi, Torey. Il piccolo principe l'aveva scoperto. Anche Cleopatra, e credo di averlo scoperto anch'io. Per me non c'è niente, qui. Il mio posto è altrove. Non sono di qui. Ci sono più lacrime al mondo di quanto io non sappia.

Grazie per aver tentato. E non cercare di mandarmi un fax. Ti sto mandando questo da un negozio e non voglio una risposta.

Con affetto, Sheila.

«Oh, Gesù», esclamai, quando l'ebbi letto.

«Già», disse Rosalie. «Quando l'ho visto, ho pensato che avresti fatto meglio a leggerlo subito.»

«Devo rintracciarla.» Diedi una scorsa al foglio e, lungo il bordo superiore, scritti a caratteri piccolissimi, vidi i dati del mittente. Afferrai il telefono sulla scrivania di Rosalie e telefonai all'ufficio abbonati. Il numero del fax corrispondeva a una località della California settentrionale, e pochi istanti dopo ottenni il numero del negozio dal quale Sheila aveva spedito il fax. Telefonai immediatamente.

«Pronto, sì, ho appena ricevuto un vostro fax. Dovrebbe essere di una ragazza. Sedici anni. È ancora lì? È molto importante. Devo parlarle.»

La persona all'altro capo del filo mi mise in attesa; mi parve di aspettare cent'anni. Poi mi arrivò un clic e una voce.

«Pronto?» Era Sheila.

31

«Sheila? Sheila, sono io. Torey.»

Nessuna risposta. Era ancora lì. Dai chilometri e chilometri che ci dividevano, mi arrivava il debole soffio del suo respiro.

«Sheil? Stai bene?»

«Come hai fatto a trovarmi?»

«Stammi a sentire. Stai bene?» ripetei. «Dove sei? Che posto è, quello dove sto telefonando?»

«E un negozio Copyprint», rispose. La sua voce era come intorpidita. Pensai che il fatto che l'avessi rintracciata così velocemente l'avesse veramente stupita e non sapesse esattamente come reagire.

«Stai bene?»

«Non voglio parlare con te.»

«No, Sheila, non mettere giù. Per favore. *Per favore.*»

«Lasciami in pace, va bene?» C'erano lacrime, nella sua voce. Le sentivo nella debole discontinuità del suo respiro, ma lei combatteva per controllarle.

«No, Sheila. Su, parla con me. Rimani un po' al telefono. Dimmi che cosa hai fatto, in questi giorni.»

Silenzio.

«Che cosa è successo?»

Un respiro brusco.

«Sheila, non riagganciare.»

«Non riaggancio», disse la vocina sottile all'altro capo del filo.

«Le cose non vanno molto bene?»

«No.»

«Che cosa è successo?» domandai. «Puoi dirmelo?»

«Non posso parlare, qui. Mi sentono tutti.»

«Be', io invece voglio parlare con te. Non puoi cercare un altro telefono? No... aspetta, non riagganciare. Aspetta. Fammi pensare.»

«Non riesco a trovarla, mia madre, Torey», disse. «L'ho cercata dappertutto, ma non sono riuscita a trovarla.»

«Oh, amore mio.»

«Oh, cazzo. Adesso mi metterò a piangere. Oh, no. Non voglio piangere qui. No.»

«Sheil, vengo a prenderti.»

«Eh?»

«Non fare niente, d'accordo? Va bene? Vengo a prenderti. Ti porto a casa. Puoi dirmi dove sei? Dove abiti?»

«Non abito da nessuna parte. Sono da sola.»

«Va bene, be', senti, rimani dove sei. Ho il numero di fax. Metto a posto alcune cose e poi ti mando un fax lì. Ma rimani dove sei e aspettami. *E non fare niente*. D'accordo? Promesso?»

Stava piangendo. Se per l'angoscia o il sollievo, non saprei dirlo, ma tra le lacrime promise che sarebbe rimasta al Copyprint finché non avessi mandato il fax.

L'ora successiva fu frenetica. Sheila era nella California settentrionale, in una città relativamente piccola che non era servita da un aeroporto civile. Era a due ore buone di macchina da San Francisco, la città più vicina per la quale ci fosse più di un volo al giorno dalla mia città. E il volo durava due ore. Così, potevo aspettarmi che ci fosse un volo di lì a quattro ore, al massimo. Poi, il disastro. Mancava poco al week-end del Giorno del Ringraziamento; così, quando telefonai all'aeroporto per prenotare il biglietto, scoprii che i posti economici erano al completo, e non soltanto per il volo successivo, ma anche per l'altro ancora. Questo significava che sarei potuta partire, al più presto, soltanto verso mezzogiorno del giorno dopo. Era terribile. Sentivo che era indispensabile che andassi da lei; non potevo fidarmi a lasciarla tornare da sola, nello stato d'instabilità in cui si trovava, soprattutto perché non era mai stata in aereo e non aveva dimestichezza con le varie operazioni preliminari all'imbarco. E, temendo una sua reazione negativa, non mi fidavo nemmeno a chiedere aiuto a esterni, come la polizia o l'Assistenza Sociale della località californiana in cui si trovava.

Poi, nel bel mezzo del panico, squillò di nuovo il mio beeper. «Accidenti a questo coso», borbottai a Jules. Me lo strappai di dosso e lo buttai sulla scrivania.

Jules guardò prima il beeper, che squillava ancora, e poi me. «Non credi che dovresti rispondere?» domandò.

Stancamente, telefonai a Rosalie, che mi passò la telefonata. «Aiuto! Aiuto! Sto morendo! Dottore, mi salvi! Presto! Una flebo di costata e cabernet sauvignon!» gridò debolmente la voce all'altro capo del filo. «Stasera alle sei?»

«*Hugh*! Ti prego. Lo sai, che non devi fare queste cose.»

Lui non provò il minimo rimorso, come sempre, ma mi fece tanto piacere sentire la sua voce che non riuscii ad arrabbiarmi. Gli raccontai quella drammatica storia di Sheila; gli dissi quanto mi sembrava importante che andassi da lei appena possibile e quanto, invece, sarebbe stato difficile.

Hugh ascoltò attentamente. «Prenota un biglietto di prima classe», rispose. «Quelli non saranno tutti prenotati.»

Sbuffai. «Per me un biglietto economico è già un lusso, Hugh, figuriamoci la prima classe. E di certo non potrei portarla indietro in prima. I posti li troverei, ma non posso. Il ritorno sarà ancora più difficile. Siamo vicini al Giorno del Ringraziamento: è questa la causa di tutto. Là non troverò niente.»

«Te lo pago io», disse. «Ti comprerò un biglietto. Poi, là potresti noleggiare una macchina. Dovrai noleggiarla in ogni caso, per andare da lei. E poi potete tornare a casa in macchina. Non preoccuparti. Ci penso io, d'accordo?»

Sbalordita da quell'offerta tanto generosa, rimasi senza parole.

«Be', è una brava ragazza», disse, rispondendo al mio silenzio. «E poi, che cosa sarà mai qualche dollaro nella vita?»

* * *

Dissi a Sheila di aspettarmi al McDonald's del luogo: era l'unico posto che mi veniva in mente che rimanesse aperto fino a tarda notte, fosse relativamente sicuro per lei e facile da trovare per me, che non conoscevo la città. Hugh mi comprò un biglietto di prima classe per San Francisco e io presi accordi per noleggiare un'auto da là, con la quale avrei risalito la costa e, dopo aver preso con me Sheila, mi sarei messa in viaggio per casa, un viaggio di più di milletrecento chilometri.

Non mi passò mai per la testa di non farlo, per Sheila. Ero sempre stata un po' impulsiva, e tendevo a lanciarmi nei «grandi gesti», come li definiva Hugh, ma credo che, per la mia tranquillità, non avrei potuto comportarmi diversamente. L'intuito mi assegnava dei compiti precisi, in determinate situazioni, e questo, anche se tendeva a farmi agire prima di pensare, raramente mi faceva fare cose di cui poi mi pentivo. Quella volta sentivo che andare di persona a prendere Sheila era la cosa più giusta da fare, tanto giusta che non presi mai in considerazione eventuali alternative.

Quando accostai sotto la luce giallo acceso degli archi di McDonald's, erano le dieci e quindici. Dalla vetrina vidi Sheila, una figura solitaria curva sopra un tavolino. Spensi il motore e scesi.

Lei non si alzò quando entrai; si limitò a sollevare la testa e a guardarmi. C'era l'ombra di un sorriso, nei suoi occhi, un'espressione che interpretai come sollievo. Mi avvicinai al tavolino, mi chinai e l'abbracciai. Lei ricambiò l'abbraccio senza farsi pregare, afferrando i risvolti della mia giacca di lana.

Scivolai sulla panca di fronte a lei e la osservai. Era sporca, sporca come un tempo, com'era stata quando era arrivata nella mia classe. I capelli, spettinati, scendevano a lunghe ciocche unte. Lo sporco le cerchiava le unghie e le segnava le pieghe della pelle. I vestiti erano spiegazzati e macchiati. E, come ai vecchi tempi, puzzava.

«Hai fame?» domandai.

«Be', ho mangiato delle patatine. Ma mi sa che farò meglio a prendere qualcos'altro, altrimenti mi cacceranno fuori.»

Quanto a me, non avevo fame. In aereo avevo mangiato in modo insolito, rispetto alle mie abitudini, e un Big Mac sarebbe stata una caduta di tono; tuttavia, andai alla cassa e ne ordinai uno per lei e uno per me, più una grande porzione di patatine. Avevo avuto l'accortezza di portare un thermos di caffè per tenermi in forze durante il lungo viaggio che ci aspettava, così chiesi alla commessa di riempirmelo e poi presi un milk shake per Sheila.

Sheila divorò il suo hamburger e, quando le dissi che non avevo fame, aggredì anche il mio. Di nuovo, mi sentii trasportare indietro nel tempo e rividi quella bimba di sei anni disperatamente affamata, che usava tutt'e due le mani per riempirsi la bocca di cibo alla mensa scolastica. Quella sera non aveva modi più raffinati; era da un po', credo, che non vedeva granché da mangiare.

«Allora, dove hai dormito?» domandai.

Scrollò le spalle. «Dove ho potuto.»

«Quanti soldi hai?»

«Adesso? Ottantacinque cent. Sono partita con ventitré dollari e mezzo, dopo aver comprato il biglietto dell'autobus, e ho cercato di starci attenta, ma...» Sorrise mortificata.

Così, mentre mangiavamo, chiacchierammo come se nulla fosse successo. Scoprii che quel sabato aveva usato il mio telefono per avere informazioni sugli orari e i prezzi degli autobus. Mi spiegò che era riuscita a mettere da parte i soldi di cui aveva bisogno risparmiando qualcosa dell'assegno destinato ai ragazzi del ranch. Sentire tutto questo era affascinante, perché mostrava un disegno complesso, e nemmeno io mi ero mai accorta di nulla. Non mi disse, tuttavia, perché l'aveva fatto e qual era stato il risultato. Mi appoggiai allo schienale per poter osservarla più attentamente, mentre parlava, e cercai eventuali segni di disperazione suicida, che infatti trovai ancora.

Quando ebbe finito, diedi un'occhiata all'orologio. «Be', credo che faremmo meglio a metterci in viaggio.»

Sheila se ne stette seduta, senza reagire.

La studiai.

«Non voglio tornare al ranch, Torey. Se hai fatto tanta strada per portarmi di nuovo là, potevi anche startene a casa, perché non ci tornerò. È un deserto, quello; con quel posto ho chiuso.»

«No. Troveremo una soluzione. Tuo papà ha un appartamento a Broadview. Si è sistemato...»

Sheila non reagì.

«Su, tesoro, andiamo.»

Lei emise un sospirone lunghissimo e scrollò le spalle. Poi si tirò su a fatica dalla sedia e mi seguì.

Svoltai fuori dal parcheggio del McDonald's, mi immisi nella via principale e poi in autostrada. Amo guidare, soprattutto quando il viaggio è lungo, per il senso di rilassata autonomia che mi dà. Quando parto davvero, è quasi un'esperienza trascendente, che mi dà la sensazione di espandermi fino a raggiungere la libertà assoluta. E, poiché ero riuscita a portare a termine la parte principale della mia missione – mettere Sheila in macchina perché tornasse a casa con me – ero di ottimo umore.

Accanto a me, Sheila sedeva ingobbita. Tacque per parecchi chilometri. Sulle prime credetti che si sarebbe addormentata, perché era chiaro che era stanchissima, ma non si addormentò. Se ne stava seduta e basta, il gomito contro la portiera, la mano contro la guancia a sorreggere la testa, gli occhi sulla strada davanti a noi. Non viaggiavamo sull'autostrada principale, ma su una secondaria che portava a est. A quell'ora non c'erano altre automobili in giro. Per lunghi tratti non c'erano nemmeno luci, da nessuna parte, neanche quelle delle fattorie.

Nello spazio ristretto dell'abitacolo, captavo il dolore di Sheila molto più chiaramente di quanto non fossi riuscita nella finta allegria di McDonald's. Era quasi tangibile. Se avessi teso una mano, mi sarei aspettata di toccarlo, e per parecchi chilometri non seppi che cosa fosse meglio fare. Starmene zitta? Incoraggiarla a parlare? O magari, semplicemente, continuare a far finta che sfrecciare nella notte a milletrecento chilometri da casa fosse una cosa assolutamente normale, e aspettare il corso naturale degli eventi?

Sheila abbassò la mano con cui si reggeva la guancia e incrociò le braccia sul petto. Si soffiò via i capelli dal viso e si girò a guardarmi. «Come mai l'hai fatto? Come mai hai fatto tanta strada per venire a prendermi?»

«Perché ti voglio bene. Semplice.»

Levò gli occhi da me e guardò fuori, nel buio pesto, e se ne stette così un bel po'. Quando finalmente tornò a guardare me, vidi che aveva le guance bagnate di lacrime. Brillavano debolmente alla pallida luce verde del pannello di controllo.

«Vuoi parlarne?»

Scosse il capo. Sollevò una mano e si asciugò le lacrime, ma ne scesero altre. E altre ancora. Cominciò ad agitarsi visibilmente; era arrabbiata perché non riusciva a frenare le lacrime.

«Ci sono dei fazzoletti, nella mia borsa», dissi, e indicai il sedile posteriore.

«Non voglio. Non *voglio* piangere.»

«Non fa niente, tesoro. Non m'importa.»

«Ma a me sì», ribatté. «Non *voglio* piangere. Se incomincio, poi non smetto più.»

«È la paura che hai avuto per tanto tempo, vero?»

Annuì, e le lacrime scesero più forte, ma lei continuava a combattere. «Sono così incazzata! Non voglio arrendermi. Non voglio piangere. Così sono più debole e basta.»

«No, debole no.»

«Non è giusto! Non dovresti esserci tu, qui. Tutte queste cose, avrebbe dovuto dirmele mia mamma. Non una maestra.» Alzò la testa e mi guardò. «Scusami il termine, Torey, ma è questo che sei. Dove sono quelli che *dovrebbero* volermi bene?»

La guardai.

«Dove cazzo sono? Dov'è mia mamma? E dov'è mio papà, se è per questo? Perché devono essere sempre persone come te a fare queste cose per me? Perché i miei genitori non si sono mai presi cura di me? Sono così cattiva?» E le lacrime ebbero la meglio. Colta da rumorosi, sgraziati singhiozzi, si accoccolò contro la cintura di sicurezza e pianse.

Io tacqui. Ci sono momenti in cui le parole sembrano una buona idea, ma in realtà sono ben poca cosa, rispetto a quanto c'è da fare.

Ricordai un altro di quei momenti. Trasportata indietro nel tempo, non ero più nel buio notturno della macchina, ma nel buio diurno del piccolo stanzino dei libri, a scuola, con Sheila che piangeva tra le mie braccia. Era stata un tigrotto feroce per così tanto tempo che quelle erano le prime lacrime che la vedevo versare, anche se l'anno scolastico era quasi finito. Aveva sempre temuto l'abisso sotto le sue lacrime.

Sheila pianse per un pezzo. Tirò su le gambe, vi premette contro le braccia, nascose il viso e pianse nella stoffa lacera della sua giacca. Io non dissi né feci niente, nient'altro che guidare nel buio. Ormai eravamo in montagna, e gli alberi arrivavano fino al ciglio della strada, da una parte e dall'altra. Aveva cominciato a nevicare, e i grandi fiocchi soffici che cadevano davanti ai fari avevano un effetto ipnotico. L'ora tarda, il buio, gli alberi, la neve: tutto questo, insieme, creava un'atmosfera magica, quasi fossimo nell'aldilà. Le cose sembravano aver perso un po' della loro qualità reale.

Finalmente Sheila aveva smesso. Tirava su col naso, singhiozzava e respirava a fatica, ma il pianto era cessato. Seguì il silenzio, un silenzio lungo e profondo, tanto gremito di pensieri da renderli quasi tangibili.

«Ricordo quel bambino», disse, a voce bassa, bassissima, in cui trapelavano gli ultimi residui di pianto, «quel bambino che ho portato nei giardinetti.»

Continuai a guardare la neve tra i tergicristalli, standomene perfettamente immobile. Sheila non aveva mai parlato del rapimento che l'aveva portata nella mia classe e che per un soffio non l'aveva fatta condannare a trascorrere l'infanzia in un'istituzione psichiatrica. In quegli anni Sheila aveva detto tante cose, ma a quell'episodio non aveva mai accennato.

«Lo osservavo nel suo cortile. Aveva un'altalena, e sua mamma lo portava fuori, lo metteva sull'altalena e lo spingeva. Io me ne stavo lì a guardare. Aveva una macchina di plastica a forma di elefante, di quelle su cui si può salire. Lui ci si sedeva sopra e suo papà lo spingeva. Io lo guardavo. E poi... un giorno era là fuori, tutto solo, e io dissi: 'Vuoi venire con me?' O qualcosa del genere. Adesso non ricordo esattamente. Ma aprii il cancello del suo cortile e lo feci uscire. E lo portai ai giardinetti.

«Non credo che avessi intenzione di fargli del male. Avevo con me un pezzo di corda, ma era solo una cosa che avevo trovato giù sui binari della ferrovia. Non l'avevo portata per l'occasione; ce l'avevo così, per caso. E non ricordo di aver avuto *intenzione* di fargli del male, non all'inizio, almeno. Ricordo che camminai finché arrivammo ai giardinetti... Gli feci tirare giù i pantaloni. Volevo vedere il suo pene. Me lo ricordo. Ricordo di aver pensato, è proprio come Jimmie. Ed *era* come Jimmie. E lo odiavo. Torey, avevo dei pensieri, in testa, in quel momento, che... sì, li ricordo come se fosse ieri. Ricordo *esattamente* che cosa provavo, guardando quel bambino. Lo odiavo così tanto e pensai... Quando lo sentirai, mi odierai, ma... Pensai, voglio ucciderlo.»

Ci fu una lunga pausa. Sheila abbassò la testa e si guardò le mani in grembo. «Ero proprio una bambina cattiva. Come diceva pa'.»

Tacqui.

Sheila mi guardò. «Adesso mi odii?»

«No.»

«E perché no? L'avrei fatto, sai. Se non fosse stata la giornata fortunata di quel bambino, l'avrei ucciso.»

Guardavo la strada, ma con la coda dell'occhio la vedevo. Continuava a guardarmi. Finalmente, distolse lo sguardo. «Sono un'assassina.»

«Non è morto, Sheila.»

«Ma poteva morire. Non è morto per pura fortuna.» Tirò un lungo respiro. «Non lo dimenticherò mai. Non l'ho mai detto a nessuno. Non ho osato dirlo a nessuno; ma ce l'ho sempre in testa. Ogni cosa bella che mi capita viene divorata da quella cosa che mi tormenta. Penso: sono così cattiva. Non c'è da stupirsi che continuino a succedermi cose brutte. Me le merito. Sono così cattiva che nemmeno mia madre è riuscita a sopportarmi.»

«Tua madre non ha niente a che fare con questa faccenda. Ti ha lasciata molto prima che tu portassi via quel bambino. Anzi, volendo azzardare una spiegazione, è esattamente il contrario. Non ti ha lasciata perché facevi cose simili. Tu facevi cose simili perché lei ti ha lasciata.»

«E allora perché mi ha lasciata?»

«Molto probabilmente perché aveva dei problemi suoi. Perché era molto giovane. Aveva soltanto quattordici anni quando sei nata. Lo sapevi? *Quattordici.*»

Nessuna risposta.

«Quindi, quella notte che se n'è andata ne aveva soltanto diciotto. Più o meno un anno e mezzo più di te adesso. E aveva due figli per cui preoccuparsi e il marito in prigione.»

Si morse il labbro inferiore.

«Non credo che tua madre avesse intenzione di abbandonarti, non più di quanto tu avessi intenzione di far del male a quel bimbo. Credo che, semplicemente, non ce la facesse più. Era arrivata al limite e non riusciva più ad affrontare niente, nemmeno una bambina che faceva un po' la sciocca sul sedile di dietro. E, come quasi tutti noi, quando non ha più potuto combattere, è scappata.»

Sheila si lasciò sfuggire una risatina beffarda. «Be', ho proprio preso da lei, eh? Anch'io scappo sempre, davanti ai problemi.»

«Ah, no», dissi. «Tu non le somigli. Tu sei molto più forte. Decisamente migliore.»

«Come fai a dirlo?»

«Sì, magari scappi, quando le cose si mettono male, ma la differenza è che tu torni.»

Sheila rifletté; dopodiché, lentamente, annuì. «Già, forse è così.»

32

Durante la fase adrenalinica di quell'avventura, avevo immaginato che avremmo viaggiato tutta la notte senza fermarci, ma verso l'una cominciai a capire quanto quell'idea fosse folle. Dopo aver disceso le montagne, quando cominciammo ad attraversare la vasta pianura del Nevada, aguzzai gli occhi in cerca di un motel che, a quell'ora di notte, mostrasse alla reception qualche segno di vita, e finalmente ne trovai uno alla periferia di una cittadina.

Troppo stanca per qualcosa di più di una ripulita veloce, mi infilai a letto poco dopo che eravamo entrate in camera; Sheila, invece, che, a giudicare dall'aspetto, non toccava acqua calda da settimane, prese d'assalto il mio beauty-case, s'impadronì di shampoo e balsamo e scomparve in bagno per più tempo di quanto potei tenere gli occhi aperti.

Il rumore di lei che frugava tra le sue cose, quando uscì dal bagno, mi svegliò, e me ne stetti sdraiata a guardarla mentre si preparava per andare a letto. «Come vorrei avere qualcosa di pulito da mettermi», borbottò. «Fa tutto schifo.» Poi s'infilò nel letto e spense la luce.

Un calorifero antidiluviano accanto al mio letto gemeva e sospirava nel buio. Mi tirai su ben bene le coperte per allontanare la notte novembrina.

Sheila si girava nel letto. «Non ho sonno», mormorò. «Continuo a pensare a tutte le cose di cui ho parlato stasera.»

Il calorifero gemette, ansimò e tornò quieto.

«E sai una cosa? In un certo senso, provo una gran rabbia contro i miei genitori. Ero così piccola. Mi sento ingannata. Avrebbero dovuto proteggermi da tutto questo.»

«Sì, credo che tu abbia ragione.»

«Mi viene in mente adesso che... be'... forse non potevo non essere così. Ero una ragazzina orribile, lo so, ma... forse quello che mi hanno fatto i miei genitori, non me lo meritavo.»

Bene, pensavo.

* * *

Sheila sarebbe stata ben contenta di dormire tutto il giorno, credo, e senza dubbio ne aveva bisogno, perché immagino che quello fosse il primo vero letto in cui dormiva da un po'. Tuttavia, il tempo peggiorava, e io volevo mettermi in viaggio; così, alle nove e trenta la feci alzare.

Sheila era provata dalla stanchezza. L'umore sembrava migliorato, rispetto alla sera prima, ma non aveva nessuna voglia di chiacchierare. Ci scambiavamo una battuta o due e poi, prima di quella successiva, ce ne stavamo in silenzio dieci, quindici minuti. Io mi distraevo cercando di tenere la radio sintonizzata.

«Sono andata a trovare quella signora che ha risposto al mio annuncio. E, come tu avevi già capito, non era mia madre. *Grazie a Dio.*» Un sorrisino. «Era solo matta. Come avevi detto tu.»

Sorrisi. Lei scrollò le spalle.

«Che altro hai fatto?» domandai.

«Niente. Per un pezzo ho creduto che... be', ho continuato a sperare di trovarla. Ero in California, e lei era in California. Da qualche parte. Continuavo a sperare...» Si girò dall'altra parte e guardò fuori dal finestrino. «È stato proprio orribile. Non avevo un posto dove andare. Non avevo molti soldi. Ho dovuto dormire quasi sempre per terra. Nei portoni o cose del genere. E cercare di stare alla larga dalla gente strana. E faceva così freddo. E avevo fame...»

«Perché non mi hai telefonato?» domandai.

Si strinse nelle spalle. «Non so. All'inizio pensavo di non dirtelo. Detesto quando hai ragione. Non che poi tu giri il coltello nella piaga, però... è come se me lo ricordassi continuamente. E poi, non volevo tornare indietro. Neanche adesso vorrei tornare, veramente.»

Pausa.

«Secondo te che cosa dovrei fare, adesso?» domandò. «Tornare da mio papà?»

«Sì, credo di sì. E se vuoi proprio sapere la mia opinione, dovresti metterti sotto con lo studio, in modo da prendere una borsa di studio. C'è ancora tempo, e con il talento che hai, ci saranno un mucchio di università ben contente di accettarti. So che hai detto di non voler andare all'università subito dopo la scuola, Sheil, ma credimi, sono convinta che quella sarebbe la sistemazione migliore, per te. Ti piacerebbe tanto. Avresti tutta la libertà di cui hai bisogno, e tuttavia saresti ancora in un ambiente protettivo. Potrai studiare solo le cose che vorrai e prendere il volo. Far correre la mente. Credo che ti farebbe molto bene.»

Lei sospirò. «Sì, forse sì.»

* * *

Dopodiché, Sheila si addormentò. Stavamo percorrendo gli ultimi duecentocinquanta chilometri e io cercavo di immaginare come si sarebbe sistemata al ritorno. Suo padre non l'aspettava, e io non volevo certo metterla nelle mani di Jane o di qualche assistente sociale. La soluzione migliore sembrava quella di portarla a casa mia e poi avvertire suo padre. L'indomani sarebbe stato il Giorno del Ringraziamento, così mi trastullavo con l'idea di invitare il signor Renstad a casa mia e cucinare un grande pranzo per tutti quanti. In un certo senso, mi sembrava giusto così.

Sheila si svegliò quando i semafori della città ci costrinsero a procedere a singhiozzo. Si drizzò sul sedile, si stiracchiò e si strofinò la faccia. «Dio, sono tornata», disse, guardando fuori dal finestrino. Dal tono della voce non capii se era contenta o no. Le illustrai i miei progetti.

«No», disse.

«No?»

«No. Portami a casa da mio papà.» Mi guardò. «Era mezz'ora che me ne stavo qui con gli occhi chiusi, ma non ero del tutto addormentata. Pensavo. Rimuginavo le cose di cui abbiamo parlato, e ho deciso di tornare a casa.»

Sorpresa, annuii. «D'accordo.»

«Ricordi l'estate che ho lavorato con te e Jeff al corso estivo?»

«Sì.»

«Be', ricordi quella volta che ti ho chiesto se secondo te le cose si sarebbero mai messe a posto per me? Se la mia vita sarebbe mai stata normale? E ricordi che cosa mi hai detto?»

Esitai, cercando di ricordare.

«Io lo ricordo, perché avevo ascoltato bene. Hai detto che dovevo venire a patti con alcune cose. Che dovevo accettare che mia mamma mi aveva lasciata. Accettare che forse era successo perché doveva succedere, e non per colpa mia. E poi hai detto che dovevo perdonare e non pensarci più.»

Annuii.

«Be', al primo punto, credo di esserci arrivata. Me ne stavo seduta qui, a pensarci su, e sai, non credo più che sia stata colpa mia. Mi brucia ancora da impazzire. Vorrei ancora che non fosse mai successo, ma è successo, e adesso capisco che forse mia mamma aveva i suoi problemi e che forse sono stata soltanto sfortunata a essere parte di quei problemi.»

Rifletté un momento. «E forse la stessa cosa vale per mio papà. Chissà. Comunque sia, penso che... è un fatto che non posso ignorare, né passandoci sopra, né sotto, né di lato – e ho tentato in tutti e tre i modi – quindi farò meglio ad affrontarlo.»

Un breve silenzio.

«Credo di vedere le cose con altri occhi, adesso», riprese. «Credo di poterle accettare.»

«Bene.»

Quando arrivai alla svolta per casa mia, mi fermai a lungo all'incrocio, ma poiché Sheila non aggiunse altro, premetti l'acceleratore e attraversai l'incrocio per immettermi nell'autostrada per Broadview.

«Sai», disse Sheila, «ho pensato soprattutto a quello che hai detto riguardo al fatto di non pensarci più. Accettare, perdonare e non pensarci più. Credo di poter accettare. E credo anche di poter perdonare. Ma sul fatto di non pensarci più, ci ho riflettuto parecchio. Ho cercato di capire che cosa significa 'non pensarci più', e la sola cosa che mi è venuta in mente è che significa vivere la vita che si ha davanti. Cominciare a pensare al futuro più che al passato.»

«Sì, credo che questo spieghi bene il concetto.»

Un breve silenzio carico di riflessione. «Sai, non credo di aver mai vissuto la vita che avevo davanti», disse. «Anche quando non ricordavo niente, avrei sempre voluto tornare indietro.»

Annuii.

«Se mia mamma aveva quattordici anni, quando sono nata», continuò, «e se mio papà era la solita testa matta che è sempre stato con me, allora non è mai stata una gran bella vita. È strano, adesso, rendersi conto che non c'è mai stato veramente un 'passato'.»

* * *

Sheila tornò da suo padre. L'indomani non cucinai per loro il grande pranzo all'americana del Giorno del Ringraziamento, che sarebbe stato un lieto fine ideale. In realtà, dopo aver lasciato Sheila a casa sua, non la vidi più per tre settimane.

Tuttavia, il viaggio di ritorno dalla California in quella nevosa oscurità si rivelò un'esperienza molto più illuminante di quanto pensassi. Anche Sheila si avventurò fuori da quell'oscurità. Al nostro incontro successivo, pochi giorni prima di Natale, la trovai molto cambiata. Rilassata e allegra, mi invitò a pranzo in centro e raccontò per tutto il tempo aneddoti scolastici.

Non era particolarmente entusiasta della sua nuova scuola, né del programma di studio, ma se la cavava bene – straordinariamente bene, per essere una che aveva alle spalle un anno scolastico tanto disastrato. Soprattutto, mi fece piacere sapere che era entrata nel club dei latinisti. E, cosa più straordinaria di tutte, ammise quasi che le piaceva.

Non parlammo mai del nostro viaggio notturno, né di sua madre, né di qualsiasi altra cosa del passato. Invece, mangiammo croissant, andammo insieme a fare spese natalizie e restammo a guardare i pattinatori sulla pista del parco. Come regalo di Natale, le comprai la trilogia dell'*Orestea* di Eschilo, che parla della famiglia di Agamennone, sapendo che quell'antica storia di matricidio e perdono le avrebbe toccato corde profonde. Lei mi regalò *Antonio e Cleopatra* nell'edizione Arden e poi, per scherzo, vi aggiunse il bigino relativo.

Quanto alla mia vita, stava prendendo una piega inaspettata, in quel periodo. Un paio di settimane prima, aprendo il giornale della domenica, avevo visto un annuncio per un posto di insegnante in una classe speciale per bambini emotivamente labili, che sarebbe stato disponibile a metà anno. La scuola era in una piccola località di uno stato confinante. La cosa strana è che allora non stavo cercando un lavoro. Credevo di essere del tutto soddisfatta, alla Sandry. Eppure, nell'istante stesso in cui avevo visto l'annuncio, avevo provato un terribile desiderio di tornare in una classe.

Dissi a Sheila che avevo fatto domanda per quel posto, anche se allora non sapevo se l'avrei ottenuto o no. Prese la notizia con la stessa serenità con cui io avevo preso la sua sulla scuola e il club dei latinisti. Rimase stupefatta, quando le dissi che avevo deciso di abbandonare un lavoro ben pagato in una clinica privata per tornare in una classe. Il denaro cominciava a diventare un problema importante per lei, e le costò non poca fatica capire la logica sulla quale si basavano le mie azioni; tuttavia, l'idea che avrei ripreso a insegnare sembrava farle piacere.

* * *

Ottenni il posto, e ai primi di gennaio mi ritrovai a più di trecento chilometri di distanza dalla città, in una cittadina che si chiamava Pecking. Di tanto in tanto, Sheila mi mandava sue notizie. Scrivere lettere non era mai stata la sua passione, quindi ne ricevevo di rado, e quando capitava, di solito non si trattava di una lettera in senso tradizionale. Così, non sempre ero al corrente di quello che le succedeva. Dalle notizie che avevo, sapevo che le cose procedevano bene sia a scuola sia con suo padre, che si stava sforzando, ancora una volta, di uscire dai guai. Sentii un gran parlare di Alcolisti Anonimi. Sheila si iscrisse a Alateen, e fu lì che conobbe Claire. Claire, che aveva diciotto anni e frequentava anche lei l'ultimo anno della scuola di Sheila, non aveva alle spalle lo stesso misero passato di Sheila. Anzi, la sua era stata un'infanzia privilegiata, trascorsa tra lezioni di tennis e campeggi estivi. Eppure, dietro tutto questo, si nascondeva un mondo famigliare di alcolismo e maltrattamenti. Claire e Sheila trovarono l'una nell'altra la comprensione che i loro coetanei non potevano offrire loro, e la loro amicizia crebbe.

Nei due giorni di vacanza da scuola che avevamo in marzo, tornai in città. Quando andai a trovare Sheila, ebbi l'opportunità di conoscere Claire. Era una ragazza seriosa, con lunghi capelli neri e un paio di occhiali che le davano un'espressione un po' vacua. Aveva quella terribile aria solenne, tipica degli adolescenti, che ben si adatta alle discussioni su Sartre o sui problemi dell'ecologia; e ogni volta che mi indirizzava una delle sue oscure e profonde asserzioni, Sheila si mostrava d'accordo con lei. Per la prima volta vidi Sheila com'era veramente: una ragazza intelligente e capace di esprimersi in modo articolato che si stava creando una sua identità.

* * *

La rividi soltanto a maggio, quando ci incontrammo per pranzare insieme in una pizzeria della città. Quando la vidi, quasi non la riconobbi. La frangia, che sembrava crescere tanto lentamente, aveva finalmente raggiunto la lunghezza degli altri capelli, e ora era stata pareggiata in un taglio liscio e deciso che le lasciava il viso scoperto e le arrivava alle spalle. Aveva usato un leggero riflessante, che faceva risaltare il biondo naturale e ne accentuava la luminosità. I vestiti punk erano spariti, ma non il suo fiuto per l'abbigliamento. Si era infilata, uno sopra l'altro, due T-shirt, un vestito di cotone e un giubbotto di jeans, il tutto accompagnato da grossa bigiotteria di creta. Aveva il look moderno e raffinato che si vede in passerella.

«Santo cielo, stai proprio bene», dissi.

«Sì, grazie.» Scostò la sedia di fronte a me e ci si sedette. «Sarà che la libertà è vicina. Ancora sei giorni di scuola.»

La osservai. Quanto ai suoi progetti per dopo il diploma, era stata reticente. In una lettera o due le avevo fatto qualche domanda al riguardo, ma lei non aveva mai risposto, nemmeno per dirmi a quale borsa di studio avrebbe concorso. Così, ero incuriosita, e mi aspettavo una sorpresa. Dentro di me, speravo che fosse stata accettata da una delle università migliori e che avrebbe approfittato di quel pranzo per dirmelo.

Chiacchierammo amabilmente, ordinammo le nostre pizze e chiacchierammo ancora. Sheila mi disse che Claire era stata accettata a Stanford, l'università che aveva indicato come prima scelta.

«E tu?» domandai, incapace di contenere più a lungo la curiosità. «Che progetti hai?»

Parlando con me, si era piegata in avanti e aveva incrociato le braccia sul tavolo; poi chinò il capo. C'era un sorriso sulle sue labbra, ma per un bel po' rimase in quella posizione. «Non so come dirtelo, Torey.»

Aspettai.

Finalmente, alzò gli occhi. «Non andrò al college. Tre settimane fa ho trovato un lavoro da McDonald's, e quando avrò finito la scuola, comincerò a lavorare a tempo pieno.»

«Da McDonald's?» dissi, stupita. «Gesù, Sheila, da *McDonald's*?»

«Sst.» Tese una mano sopra il tavolo e mi sfiorò le labbra. «Vuoi farlo sapere a tutti, qui dentro?»

«Stai scherzando. Vero? Mi prendi in giro.»

Scosse la testa. «No, Torey. Non ti prendo in giro.»

«Un cervello come il tuo e vai a servire hamburger? Oh, Sheila, stai scherzando, per forza.»

«Mi piacciono, gli hamburger.»

«Ma *Sheila*...» protestai.

Aveva ancora quel mezzo sorriso sulle labbra. «Sta' a sentire, mamma, io devo farlo.»

«Non sono tua mamma. Non permetterei mai a mio figlio di passarla liscia, se mi dicesse una cosa del genere.»

«Tu sei mia mamma. Se mai ho una mamma, quella sei tu, perché ti voglio bene come se tu lo fossi. E so che anche tu mi vuoi bene.» Fece un sorriso affettuoso. «E adesso, mamma, è ora che tu mi faccia crescere. L'università, dopo. Forse. Chissà? Ma per adesso, servirò hamburger.»

«Oh, Sheila, ti prego. Dimmi che non è vero.»

«Non criticare. D'accordo?» disse. «Fa' come ai vecchi tempi. Di': 'Sheila, qualsiasi cosa tu decida, andrà bene. Se hai bisogno di me, io sono qui. Qui dietro di te'. Dimmelo.»

La guardai. Per un lungo momento tenni gli occhi fissi nei suoi, che erano grigio-azzurri nella luce fioca della pizzeria. Poi sospirai e feci un sorrisino. «Benissimo. Fa' come ti sembra giusto. Mi fido di te.»

«Grazie, mamma.»

Epilogo

Sono passati quasi dieci anni da quel pomeriggio in pizzeria, e Sheila, adesso, ha più anni di quanti ne avevo io quando era nella mia classe. Lavora ancora nell'industria del fast food; ma non sta più al banco. Avendo rivelato un inaspettato fiuto per gli affari, adesso dirige un locale e ben presto diventerà uno dei più giovani titolari di licenza di *franchising* della zona.

Devo ammettere che, nonostante il suo successo, probabilmente non è questo che avrei scelto per lei, e trovo ancora abbastanza difficile accettare che tanto talento venga sprecato in hamburger. Sheila, quando è in vena di orribili giochi di parole, dice che è un lavoro da leccarsi i baffi. E temo che si lecchi i baffi anche pensando alla mia sconfitta; ma questo, probabilmente, è il segnale più positivo di tutti. Adesso è padrona di se stessa, a suo agio con il suo nuovo io. Le sue decisioni, i suoi progetti, il suo valore non dipendono dall'approvazione di nessuno, né mia né d'altri.

Ovviamente ha ancora qualche difficoltà, di tanto in tanto. La sua è stata un'infanzia di estrema miseria e violenza, e sarebbe poco realistico non aspettarsi che quelle esperienze riaffiorino, ogni tanto. Succede soprattutto nelle sue relazioni interpersonali. A quanto pare se la cava bene nei rapporti già ben delineati del luogo di lavoro, soprattutto nella sua posizione di manager, dove la vita personale è tenuta nettamente distinta da quella professionale. Tuttavia, la sua vita privata continua a essere una sfida, per lei; trova difficile, soprattutto, instaurare dei rapporti d'affetto con gli uomini. Ma, in generale, è diventata una giovane donna stabile e competente.

Forse il modo migliore di concludere è l'ultima lettera di

«Cara mamma» che mi ha mandato. Intorno ai quindici, sedici anni, aveva tenuto un diario, e vi aveva copiato le lettere di «Cara mamma» che mi aveva spedito. Qualche anno fa, trovò per caso il suo vecchio diario e, dopo aver letto quelle lettere, mi scrisse per parlarmene. Dietro al foglio aveva attaccato questo biglietto:

Cara mamma,

le cose adesso vanno a gonfie vele. Ho un lavoro stupendo, un appartamento mio e un cane di nome Mike. Mi dispiace, non ti penso più molto spesso. Vorrei farlo, ma non ne ho il tempo. È proprio un peccato che tu non mi abbia conosciuta. Credo che ti sarei piaciuta. Credo che saresti stata fiera di me.

Con affetto, Sheila.

Finito di stampare nel mese di agosto 1999
presso il Nuovo Istituto Italiano d'Arti Grafiche - Bergamo
Printed in Italy

SUPERPOCKET
Periodico settimanale, anno III, n.87
Registrazione n. 707 del 30.11.1996 presso il Tribunale di Milano
Direttore responsabile: Mario Spagnol

TOREY L. HAYDEN

È nata negli Stati Uniti ma da molti anni vive nel nord della Scozia con il marito e la figlia. La sua esperienza di insegnante nelle scuole speciali per bambini emotivamente labili ha fatto di lei una specialista nell'ambito della psicopatologia infantile.
In Italia Corbaccio ha pubblicato con grande successo *Una bambina*, *Come in una gabbia*, *Una bambina e gli spettri*, *Figli di nessuno*, *La figlia della tigre* e *Una di loro*. Nel 1999, sempre presso Corbaccio, è apparso il suo primo romanzo, *Il gatto meccanico*. I libri della Hayden hanno venduto milioni di copie in tutto il mondo.

SUPERPOCKET

grandi best-seller da grandi editori

ULTIMI VOLUMI PUBBLICATI

36. Luis Sepúlveda, *Patagonia Express*
37. Wilbur Smith, *L'orma del Califfo*
38. Alessandro Baricco, *Oceano mare*
39. Fred Uhlman, *Trilogia del ritorno*
40. Susanna Tamaro, *La testa fra le nuvole*
41. Noah Gordon, *Lo sciamano*
42. Rosetta Loy, *Cioccolata da Hanselmann*
43. Andrew Klavan, *Prima di mezzanotte*
44. Beppe Severgnini, *Un italiano in America*
45. Erica Jong, *Ballata di ogni donna*
46. Patrick Robinson, *Classe Nimitz*
47. Stephen Hawking, *Dal Big Bang ai buchi neri*
48. Dacia Maraini, *Voci*
49. Clive Cussler, *Tesoro*
50. Torey L. Hayden, *Una bambina*
51. Andrea De Carlo, *Uto*
52. Michael Crichton, *Rivelazioni*
53. Roddy Doyle, *Paddy Clarke ah ah ah!*
54. Alice Sturiale, *Il libro di Alice*
55. Nell Kimball, *Memorie di una maîtresse americana*
56. Richard North Patterson, *Giudizio finale*
57. Oriana Fallaci, *Lettera a un bambino mai nato*
58. Wilbur Smith, *L'ultima preda*

59. Mario Puzo, *Il padrino*
60. Richard Bach, *Illusioni*
61. Dacia Maraini, *Dolce per sé*
62. Clive Cussler, *Dragon*
63. Jacques Prévert, *Poesie d'amore e libertà*
64. Wilbur Smith, *Il canto dell'elefante*
65. Andy McNab, *Pattuglia Bravo Two Zero*
66. Maria Venturi, *L'amore stretto*
67. Christiane F., *Noi, i ragazzi dello zoo di Berlino*
68. Noah Gordon, *L'eredità dello sciamano*
69. Marco Buticchi, *Menorah*
70. Patrick Robinson, *Classe Kilo*
71. Ellis Peters, *Il novizio del diavolo*
72. Helen Fielding, *Il diario di Bridget Jones*
73. Milan Kundera, *L'immortalità*
74. Tiziano Terzani, *La porta proibita*
75. Marion Zimmer Bradley, *Le querce di Albion*
76. Tom Clancy, *Op-Center Parallelo Russia*
77. Jung Chang, *Cigni selvatici*
78. Luis Sepúlveda, *Incontro d'amore in un paese in guerra*
79. John G. Neihardt, *Alce Nero parla*
80. James Patterson, *Il collezionista*
81. Beppe Severgnini, *Italiani con valigia*
82. Nicholas Evans, *L'uomo che sussurrava ai cavalli*
83. Irvine Welsh, *Trainspotting*
84. Michael Crichton, *Jurassic Park*
85. Umberto Eco, *Il pendolo di Foucault*
86. Wilbur Smith, *La Volpe dorata*
87. Torey L. Hayden, *La figlia della tigre*

TOREY L. HAYDEN, *La figlia della tigre*

Per poterle garantire un servizio in linea con le sue aspettative, la preghiamo di compilare questo breve questionario. La ringraziamo per la collaborazione.

Dove ha acquistato questo libro?
❒ libreria ❒ supermercato ❒ edicola

Come è venuto a conoscenza di questa collana?
❒ TV o radio ❒ stampa ❒ consiglio di amici
❒ libreria ❒ edicola ❒ supermercato

Ha acquistato altri titoli della collana "Superpocket"?
❒ sì ❒ no

Se sì quanti? ....

Pensa di acquistare altri titoli della collana "Superpocket"?
❒ sì ❒ no

Ha letto altre opere dell'autore di questo volume?
❒ sì ❒ no

Quanti libri acquista in un anno?
❒ meno di 5 ❒ da 5 a 10 ❒ più di 10

La maggior parte dei libri che acquista ha un prezzo:
❒ inferiore a 20.000 lire ❒ superiore a 20.000 lire

Che genere di lettura preferisce? (barrare al massimo 2 caselle)
❒ romanzi letterari ❒ romanzi di svago ed evasione
❒ romanzi rosa ❒ saggi tecnico-scientifici / storici
❒ romanzi d'attualità ❒ gialli / spionaggio
❒ manuali ❒ fantascienza
❒ azione / thriller ❒ altro

Quale autore vorrebbe che la collana proponesse,
o riproponesse, in futuro? ....

I suoi dati anagrafici:

❒ uomo ❒ donna

Età

❒ 13-17 ❒ 18-24 ❒ 25-34
❒ 35-44 ❒ 45-54 ❒ oltre 54

Titolo di studio

❒ elementare ❒ media inferiore
❒ media superiore ❒ università

Professione

❒ studente ❒ impiegato
❒ operaio ❒ insegnante
❒ casalinga ❒ commerciante
❒ dirigente ❒ libero professionista
❒ pensionato ❒ altro

FACOLTATIVO

Nome ....

Cognome ....

Via .... N. ....

Città ....

CAP ....

"Ai sensi della legge 675/96 in materia di tutela dei dati personali, la R.L. Libri s.r.l. si impegna ad utilizzare i dati raccolti esclusivamente per ricerche interne o per l'invio di materiale promo-pubblicitario, e a non divulgarli esternamente."

Per favore ritagli lungo la linea tratteggiata e spedisca in busta affrancata, indirizzando a:

SUPERPOCKET
presso
Marketing R.L. Libri s.r.l.
via Mecenate, 91 - 20138 Milano